INSTITUTES
DE DROIT CIVIL
FRANÇAIS.

Noms des Libraires de la France, chez lesquels se vend cet ouvrage.

Aix.	MM.	MOURET.
Bruxelles.		LECHARLIER.
Caen		MANOURY aîné.
Dijon.		COQUET.
Gênes		YV. GRAVIER.
Grenoble.		DURAND.
Lyon		RUSAND.
Milan.		GIEGLER.
Poitiers.		DAUVIN.
Rennes.		FROUT.
Strasbourg		TREUTTEL et WURTZ.
Toulouse		BONNEFOI.
Turin		BOCCA.

INSTITUTES
DE DROIT CIVIL
FRANÇAIS,

CONFORMÉMENT AUX DISPOSITIONS

DU CODE NAPOLÉON,

AVEC LES EXPLICATIONS ET INTERPRÉTATIONS RÉSULTANTES
DES CODES, LOIS ET RÉGLEMENS POSTÉRIEURS;

Par M. DELVINCOURT,

Professeur de Code Napoléon, à l'École de Droit de Paris.

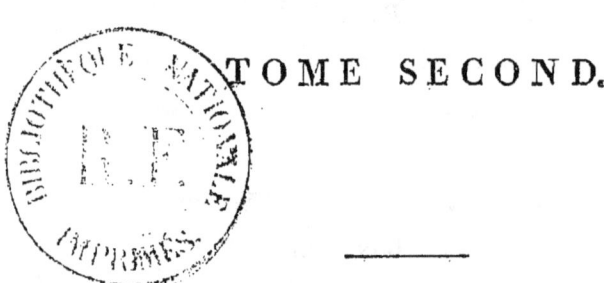

TOME SECOND.

A PARIS,

Chez P. GUEFFIER, Imprimeur, rue du Foin-
Saint-Jacques, n°. 18.

1808.

Nota. On trouvera dans ce volume et le suivant moins de notes que dans le premier. Cette différence provient d'abord de ce qu'une grande partie des notes du premier volume avoit pour objet d'expliquer les mots, pour ainsi dire techniques, de la science. Ceux qui liront le second et le troisième volume sont censés connoître ces explications. Il eût été inutile de les répéter.

Et en second lieu, de ce que les matières des deux derniers volumes tenant en quelque sorte plus au raisonnement qu'au droit positif, il étoit nécessaire, pour bien en faire saisir l'enchaînement, de donner au texte plus de développemens. J'ai donc dû insérer dans le texte même des détails que, dans le premier volume, j'ai pu rejeter dans les notes.

INSTITUTES DE DROIT CIVIL FRANÇAIS.

LIVRE TROISIÈME.

Des différentes Manières d'acquérir la Propriété.

DIVISION GÉNÉRALE.

La propriété s'acquiert de six manières :
 Par l'Occupation ;
  l'Accession ;
  la Succession ;
  la Donation ;
  les Contrats translatifs de propriété ;
et par la Prescription (1).

---

(1) La loi est aussi une manière d'acquérir ; par exemple, l'usufruit des pères et mères sur les biens de leurs enfans est acquis par la seule force de la loi.

TITRE PREMIER.

De l'Occupation (1).

L'Occupation est une manière d'acquérir, par laquelle les choses désignées ci-après sont acquises au premier occupant.

715. Ce sont : 1°. les bêtes sauvages, sauf l'exécution des lois relatives à la chasse ou à la pêche (2).

On entend par bêtes sauvages, celles qui jouissent de toute leur liberté (3). Nous avons vu, au Livre précédent, que celles qui peuvent être regardées comme l'accession d'un fonds, telles que les pigeons d'un colombier, les lapins d'une garenne, les poissons d'un étang, appartiennent au propriétaire de ce fonds. Mais comme il ne les a pas, à propre-

---

(1) Voyez le *Traité de la Propriété*, de Pothier, partie 1re, chap. 2, sect. 1 et 2.

(2) Pour la chasse, voyez principalement la loi du 28 avril 1790; et pour la pêche, le titre 5 de la loi du 14 floréal an 10. (*Bulletin*, n°. 1490.) Pour la pêche sur les rivières navigables, et pour la pêche sur celles non navigables, voyez l'avis du conseil d'état, approuvé le 30 pluviôse an 13. (*Bulletin*, n°. 932.)

(3) Oiseaux, quadrupèdes, poissons.

ment parler, sous sa puissance immédiate, et qu'il ne les possède que comme faisant, en quelque manière, partie de l'objet qui les renferme, il en résulte que, si par cas fortuit, et sans qu'il y ait fraude ni artifice, elles passent dans un autre étang, garenne ou colombier, elles cessent de lui appartenir, et sont acquises au propriétaire de la nouvelle demeure. 564.

2°. Les choses trouvées ; elles sont de deux espèces : 1°. le trésor, c'est-à-dire toute chose cachée ou enfouie (1), sur laquelle personne ne peut justifier sa propriété. Le trésor appartient en totalité à l'inventeur, s'il l'a trouvé dans son propre fonds ; sinon la moitié appartient au propriétaire (2) du fonds, et l'autre moitié à l'inventeur, si toutefois ce dernier l'a trouvé par le pur effet du hasard (3). Dans

---

(1) *Cachée ou enfouie* : Donc si elle n'étoit ni cachée ni enfouie, ce ne seroit pas un trésor, mais une chose perdue, à laquelle on appliqueroit la disposition qui va suivre.

(2) *Quid*, si le fonds dans lequel le trésor a été trouvé, étoit soumis à un usufruit? Le trésor n'étant pas un fruit, l'usufruitier ne peut y prétendre aucun droit, et il appartient, soit en entier, soit en total, à celui qui a la nue propriété. S'il est trouvé par l'usufruitier, celui-ci en a la moitié, mais comme inventeur. (Art. 598.)

(3) Cette restriction est prise dans le droit romain. L. *unic.* Cod. *De Thesauris.* Elle a pour motif d'empêcher des étrangers d'aller inconsidérément fouiller les champs d'autrui pour y chercher des trésors. Il est, au surplus, évident que cette restriction n'a pas lieu, quand le trésor a été trouvé par le propriétaire lui-même.

le cas contraire, il appartient en entier au propriétaire du fonds (1).

La seconde espèce de choses trouvées, ce sont les choses abandonnées (2) et celles perdues dont le propriétaire ne se représente pas. Le droit sur ces choses est réglé par des lois particulières (3). Il en est de même des effets jetés à la mer, pour soulager le navire en cas de gros temps (4); de ceux rejetés par

---

(1) Cette disposition n'est pas contenue textuellement dans l'article 716; mais comme cet article admet la distinction faite par la loi, Cod. *De Thesauris*, sur le trésor trouvé à dessein ou par hasard dans le fonds d'autrui, j'ai pensé que le législateur avoit également admis, au moins implicitement, la peine portée par cette même loi, contre celui qui auroit fouillé de dessein prémédité, peine qui consiste dans la privation de tout droit au trésor.

(2) Les choses abandonnées peuvent être mises au nombre des biens vacans qui appartiennent à l'Etat, ainsi qu'il a été dit au livre précédent.

(3) Je ne connois pas de lois relatives à ce genre d'acquisition. Les lois anciennes accordoient la chose trouvée, dite *Epave*, au seigneur justicier. L'Etat a-t-il succédé au droit du seigneur à cet égard? Je le répète : Je ne connois pas de loi qui l'ait décidé; et il paroît que, dans la pratique, la chose trouvée appartient à l'inventeur, quand le propriétaire ne se représente pas dans les trois ans. S'il revendique dans cet intervalle, l'inventeur est tenu de la restituer, s'il l'a encore en sa possession. S'il l'a vendue, le propriétaire a également le droit de la revendiquer contre le nouveau possesseur, et même sans indemnité, à moins que celui-ci ne prouve qu'il l'a achetée dans une foire, dans un marché, dans une vente publique, ou d'un marchand vendant des choses pareilles; auquel cas, le propriétaire ne peut se la faire rendre, qu'en restituant au possesseur ce qu'elle lui a coûté. (Art. 2279 et 2280.)

(4) Voyez le *Code de Commerce*, liv. 2, tit. 12.

la mer (1) ; et des plantes et herbages qui croissent sur ses rivages (2).

Il est encore plusieurs manières d'acquérir par l'occupation, telles que la découverte d'une île inhabitée, le butin fait sur l'ennemi, les prises maritimes, etc. Mais comme ces objets tiennent plutôt au droit public qu'au droit privé, les règles qui y sont relatives n'entrent pas dans le plan de ce traité.

---

(1) **Voyez** les articles 19 à 42 du tit. 9 du liv. 4 de l'*Ordonnance de la Marine*, de 1681 ; la *loi du 13 mai 1791*, relative à la caisse des Invalides de la marine ; l'*Arrêté des Consuls*, du 17 floréal an 9. (*Bulletin*, n°. 665.)

(2) Ce sont ces plantes que l'ordonnance de la marine, (Liv. 10, tit. 4,) appelle *varech, vraicq, sar* ou *goesmon*. Voyez l'*Arrêté des Consuls*, du 10 thermidor an 10. (*Bulletin*, n°. 1885.)

TITRE II.

De l'Accession (1).

546. L'ACCESSION est une manière d'acquérir, par laquelle la chose accessoire appartient au propriétaire de la chose principale.

Ibid. Une chose peut être l'accessoire d'une autre, de deux manières; ou parce qu'elle est produite par elle, ou parce qu'elle y a été unie ou incorporée.

CHAPITRE PREMIER.

Du Droit d'Accession sur ce qui est produit par la chose.

547. Le droit d'accession sur ce qui est produit par la chose, s'applique principalement (2) aux fruits. Nous avons vu, au titre *de l'Usufruit*, livre précédent, ce qu'on doit entendre par fruits, et quelles sont leurs différentes espèces.

---

(1) Voyez POTHIER, *de la Propriété*, partie. 1re., chap. 2, sect. 3.

(2) *Principalement :* Parce que ce droit s'applique également à tous les produits provenans de la chose, quoiqu'ils n'en soient pas des fruits; par exemple, au trésor trouvé dans le fonds, etc.

Régulièrement, les fruits d'une chose appartiennent à celui qui en est propriétaire, ou à ceux à qui il a donné le droit de les percevoir (1), à la charge de tenir compte des frais de labour, travaux et semences faits par des tiers (2). 547.

548.

Si cependant la chose a été possédée de bonne foi par un autre que le propriétaire, les fruits perçus (3) appartiennent au possesseur. 549.

On entend par possesseur de bonne foi, celui qui possède comme propriétaire, en vertu d'un titre translatif de propriété, dont il ignore les vices. Par conséquent, sa bonne foi cesse, du moment que ces vices lui sont connus; mais elle est toujours présumée, quand il y a titre; et c'est alors à celui qui allègue la mauvaise foi, à la prouver. 550.

2268.

Si la mauvaise foi est prouvée, et que la

---

(1) L'usufruitier, le fermier, le créancier avec antichrèse.

(2) Même quand ces tiers auroient été possesseurs de mauvaise foi ; et, en effet, le propriétaire eût toujours été obligé de faire ces dépenses. Il faut cependant excepter le cas de l'usufruit. Nous avons vu, livre précédent, que les fruits pendans par racines au moment de la dissolution de l'usufruit, appartiennent au propriétaire, sans récompense pour les frais de labour et semences. (Art. 585.)

(3) *Perçus :* Il suffit qu'ils soient perçus. On ne distingue pas, comme chez les Romains, s'ils sont consommés ou encore existans.

chose principale ne soit pas prescrite (1), la restitution des fruits (2) est ordonnée. Cette restitution a lieu à compter du jour où la mauvaise foi a commencé. Elle doit se faire, autant que possible, en nature pour la dernière année, et, pour les précédentes, suivant les mercuriales du marché le plus voisin, ou, à défaut de mercuriales, à dire d'experts. Si la restitution en nature pour la dernière année est impossible, elle se fait comme celle des années précédentes.

CHAPITRE II.

Du Droit d'Accession sur ce qui est uni ou incorporé à la chose.

Les règles relatives à cette espèce d'accession étant différentes, suivant que la chose est mobilière ou immobilière, nous allons traiter séparément ce qui concerne chacune des deux espèces.

---

(1) Il est évident qu'une fois que le possesseur a prescrit la propriété de la chose, il n'est plus tenu à aucune restitution de fruits; ils lui appartiennent tous, comme accessoires de sa propriété.

(2) Non seulement de ceux que le possesseur a perçus, mais encore de ceux qu'il auroit pu percevoir, et qu'il n'a pas perçus par sa négligence.

Tit. II. *De l'Accession.*

Section première.

De l'Accession par union ou incorporation, relativement aux choses mobilières.

Il est difficile, pour ne pas dire impossible, d'établir des règles générales et précises relativement au droit d'accession, quant aux choses mobilières. Aussi, en établissant d'abord généralement que ce droit est entièrement subordonné aux principes de l'équité naturelle, il suffira ensuite de poser quelques règles particulières, propres à déterminer le juge dans les cas analogues et non prévus. 565.

Ces règles sont relatives à trois cas :

Union de deux choses appartenant à divers propriétaires ;

Formation d'une nouvelle espèce, avec une matière appartenante à autrui ;

Mélange de plusieurs matières appartenantes à divers propriétaires.

§. Ier.

Union de deux choses appartenantes à divers propriétaires.

Lorsque deux choses appartenantes à différens propriétaires ont été unies de manière à former un seul tout (1), ce tout appartient au

---

(1) Par exemple, un diamant enchâssé dans une bague ; une doublure mise à un habit.

propriétaire de la chose principale, quand même les deux choses seroient séparables, et pourroient subsister l'une sans l'autre, à la charge toutefois par lui de rembourser la valeur de l'autre objet.

566.

Est réputée partie principale, celle pour l'usage, l'ornement ou le complément de laquelle l'autre a été ajoutée (1). Si néanmoins il étoit difficile de discerner laquelle est l'accessoire de l'autre (2), alors il faudroit réputer chose principale, celle qui seroit la plus considérable en valeur, ou en volume si les valeurs étoient à-peu-près égales.

567.

569.

Le principe que nous venons de poser souffre cependant une exception, quand la valeur de la chose unie est beaucoup plus considérable que celle de la chose principale (3). Dans ce cas, le propriétaire de l'objet accessoire peut, si la chose a été employée à son insu, demander qu'elle soit séparée (4) pour

---

(1) Ainsi, dans les exemples de la note précédente, le diamant et le dessus de l'habit sont les choses principales.

(2) Comme dans un meuble, quelle est la chose principale, de l'étoffe ou du bois ?

(3) Par exemple, un gros diamant à la poignée d'une épée. Ici, rigoureusement parlant, l'épée est la chose principale ; mais cependant, comme dit l'article, s'il y a une disproportion considérable dans le prix, le propriétaire du diamant pourra le revendiquer.

(4) C'est l'action *ad exhibendum*, des Romains. Voyez au digeste, le titre de ce nom.

lui être rendue, quand même il devroit résulter de l'opération quelque dégradation de la chose principale. 568.

§. II.

Formation d'une nouvelle espèce avec une matière appartenante à autrui.

Ce cas est celui qui est appelé, en droit romain, *Spécification.*

Le principe général à cet égard est que, dans tous les cas, et soit que la matière puisse ou non reprendre sa première forme (1), celui qui est propriétaire de la matière en totalité, a le droit de réclamer la nouvelle espèce, en remboursant le prix de la main-d'œuvre. Mais 570. si l'ouvrier est en même temps propriétaire d'une partie de la matière (2), et que la séparation ne puisse se faire sans inconvénient, alors la nouvelle espèce lui est commune avec le propriétaire de l'autre partie, en raison, quant à ce dernier, de la partie de matière qui lui appartient; et quant à l'ouvrier, en raison

---

(1) Un gobelet d'argent peut être remis au creuset, et redevenir lingot; mais le bois avec lequel on a fait un meuble ne peut redevenir ce qu'il étoit; etc.

(2) Par exemple, une chose fabriquée avec des métaux appartenans en partie au fondeur.

tout-à-la-fois et du prix de sa matière, et de celui de sa main-d'œuvre (1).

Cependant, comme ces principes, tout équitables qu'ils paroissent être, deviendroient rigoureux et même injustes, dans le cas où le prix de la main-d'œuvre surpasseroit de beaucoup celui de la matière (2), l'on doit regarder alors l'industrie comme la chose principale, et décider que l'ouvrier a le droit de retirer la chose travaillée (3), en indemnisant le propriétaire de la matière (4).

De même, quand le propriétaire de tout ou partie de la matière a ignoré l'emploi qui en a été fait (5), comme il seroit contre l'équité de le forcer de faire, contre son gré, une dé-

---

(1) *Exemple* : La pièce fabriquée est estimée en entier 3000 fr. La portion de matière appartenante à l'ouvrier est estimée 800 fr. ; celle appartenante à autrui 1000 fr. ; la main-d'œuvre 1200 fr. L'ouvrier ayant fourni d'abord, matière 800 fr., plus 1200 fr. de main-d'œuvre, en tout 2000 fr., sera propriétaire des deux tiers de la chose totale.

(2) Cela peut arriver souvent pour des pièces d'orfévrerie, de tapisserie, pour des tableaux, etc.

(3) Cette disposition est de toute justice quand l'ouvrier est de bonne foi ; mais je ne pense pas qu'elle doive être appliquée dans le cas où il a employé la matière de mauvaise foi. (*Argument tiré de l'art.* 577.)

(4) C'est-à-dire, en lui remboursant le prix de la matière, avec dommages-intérêts s'il y a lieu. (Art. 577.)

(5) S'il a connu l'emploi, et que, pouvant l'empêcher, il ne l'ait pas fait, il est censé l'avoir approuvé.

pense qu'il n'a pas prévue (1), il peut, même dans les cas où la loi lui donne le droit de réclamer la propriété de tout ou partie de la nouvelle espèce, exiger, à son choix, de l'ouvrier, ou la valeur de sa matière, ou la restitution en même nature, quantité, poids, mesure et bonté (2). 576.

§. III.

Formation d'une chose par le mélange de plusieurs matières appartenantes à divers propriétaires (3).

Dans ce cas, si l'une des deux matières, à raison de la grande disproportion dans la quantité et le prix, peut être regardée comme la chose principale, celui qui en est propriétaire peut (4) réclamer le mélange entier, en remboursant à l'autre la valeur de sa matière. 574.

---

(1) Celle du prix de la main-d'œuvre.

(2) Le tout avec dommages et intérêts, si l'ouvrier étoit de mauvaise foi.

(3) Il ne s'agit point ici d'une nouvelle espèce, mais du simple mélange de deux matières de même espèce, comme du blé, du vin; ou d'espèce différente, mais cependant de nature à ne faire qu'un seul corps, comme des métaux fondus ensemble. On suppose, au surplus, dans ce paragraphe, que tous les propriétaires n'ont pas consenti au mélange; autrement la chose leur seroit commune dans tous les cas, et sans aucune distinction, en proportion de la quantité et de la valeur de la matière appartenante à chacun d'eux.

(4) *Peut :* C'est une faculté qu'il peut ne pas exercer, et alors on appliquera la règle établie pour le cas où les matières ne peuvent se séparer.

Dans le cas contraire, il faut distinguer :

Si les matières peuvent se séparer (1), celui à l'insu duquel elles ont été mélangées, peut demander la division.

573. Si la séparation ne peut avoir lieu, ou qu'il en résulte un inconvénient notable, la chose devient commune aux propriétaires, en proportion des quantité, qualité et valeur de la matière appartenante à chacun d'eux.

§. IV.

Dispositions applicables aux trois cas ci-dessus.

575. Elles sont au nombre de deux : la première, c'est que dans tous les cas où la chose reste commune, elle doit être licitée (2) au profit commun.

577. Et la seconde, que ceux qui ont employé des matières appartenantes à autrui, à l'insu des propriétaires, peuvent être condamnés aux dommages-intérêts de ceux-ci, sans préjudice des poursuites extraordinaires (3), si le cas y échet.

---

(1) Comme dans le cas de fusion de deux métaux ensemble.
(2) *Licitée :* c'est-à-dire adjugée au plus offrant.
(3) Telles que l'accusation de vol ou d'escroquerie.

SECTION II.

De l'Accession par union ou incorporation, relativement aux choses immobilières.

Les choses qui se rapportent à cette espèce d'accession, sont :

1°. Les constructions, plantations et autres ouvrages du même genre ;

2°. Les alluvions ;

3°. Les îles formées dans les rivières.

§. Ier.

Des Constructions, Plantations, etc.

En général, la propriété du sol emporte celle du dessus et du dessous. De-là il résulte :

1°. Que le propriétaire du sol peut faire au-dessus toutes les plantations et constructions qu'il juge à propos, en se conformant aux réglemens de police (1), et sauf les droits des tiers, pour raison des servitudes qu'ils peuvent avoir ;

2°. Qu'il peut faire au-dessous toutes constructions et fouilles, et tirer de ces fouilles tous les produits qu'elles peuvent fournir, sauf

---

(1) Relativement à la hauteur des bâtimens ; aux précautions exigées dans certaines constructions (art. 674) ; au chemin à laisser le long des rivières navigables, etc.

l'exécution des lois de police (1), et de celles relatives à l'exploitation des mines (2);

3°. Que toutes constructions, plantations et ouvrages faits sur un terrain ou dans l'intérieur, sont présumés faits aux frais et avec les matériaux du propriétaire, sauf la preuve contraire, et sans préjudice du droit de propriété qu'un tiers pourroit acquérir ou avoir acquis par prescription, soit d'un souterrain sous le bâtiment, soit de toute autre partie du bâtiment (3).

Nous disons *sauf la preuve contraire,* parce qu'il peut être prouvé que les ouvrages ont été faits ou par le propriétaire du sol, avec les matériaux d'autrui, ou par un tiers avec ses propres matériaux.

Dans le premier cas, le propriétaire du fonds n'est pas tenu de restituer les matériaux en espèce; mais il est tenu d'en payer la valeur, sans préjudice des dommages et intérêts, s'il y a lieu (4).

Dans le second cas, le propriétaire du fonds

---

(1) Les lois de police concernant l'exploitation des carrières.

(2) Voyez, tome Ier., la note 4 de la page 318.

(3) Dans les pays, par exemple, où les divers étages d'une maison appartiennent à différens propriétaires, il est évident que la propriété d'un étage peut être acquise par prescription.

(4) Sur-tout s'il est de mauvaise foi, et sans préjudice des poursuites extraordinaires, si le cas y échet. (Art. 577.)

a le choix ou de retenir les ouvrages, en remboursant la valeur des matériaux et le prix de la main-d'œuvre, sans égard à la plus ou moins value du fonds (1); ou d'obliger celui qui a fait les ouvrages, de les enlever à ses frais, et même de lui payer, s'il y a lieu, des dommages et intérêts (2).

Si cependant les ouvrages ont été faits par un possesseur de bonne foi, le propriétaire ne peut en demander la suppression; mais il a le choix, ou de rembourser ce que les ouvrages ont coûté, ou de payer une somme égale à l'augmentation de valeur du fonds. 555.

§. II.

De l'Alluvion.

L'alluvion est un accroissement qui se

---

(1) C'est-à-dire, sans égard à la plus ou moins grande augmentation de valeur que le fonds a pu éprouver en raison des ouvrages faits. Ainsi, si les ouvrages ont coûté 10,000 fr. et qu'ils aient augmenté la valeur du fonds de 20,000 fr., le propriétaire pourra les retenir pour 10,000 fr.; mais aussi, dans le cas contraire, qui est le plus fréquent, si les ouvrages ont coûté 20,000 fr. et n'ont augmenté la valeur du fonds que de 10,000 fr., le propriétaire ne pourra les retenir qu'en payant 20,000 fr. Il est vrai que, comme il a le droit de forcer celui qui les a faits, de les enlever, comme nous allons voir tout-à-l'heure, il pourra l'obliger par-là de consentir à une diminution.

(2) Pour raison du retard qu'il aura pu éprouver dans la jouissance du fonds, des dégradations que les ouvrages et leur destruction auront pu occasionner, etc.

forme successivement et imperceptiblement aux fonds qui bordent un fleuve ou une rivière.

556. *Un accroissement :* il peut avoir lieu de deux manières, ou par la jonction successive de terres charriées par le fleuve, ou par des relais que forme quelquefois l'eau courante, en se retirant insensiblement de l'une de ses rives, pour se reporter sur l'autre. L'alluvion appartient, dans les deux cas, au propriétaire riverain, sans aucune indemnité pour celui de la rive opposée ; mais à la charge, s'il s'agit d'une rivière navigable ou flottable, de laisser le marche-pied ou chemin de halage, conformément aux réglemens.

557.

556. *Successivement et imperceptiblement :* en conséquence, si une partie considérable et reconnoissable d'un champ riverain, est enlevée par la crue subite d'une rivière, navigable ou non, et portée vers un champ inférieur ou vers la rive opposée, le propriétaire de cette partie peut la réclamer, mais dans l'année seulement, à moins cependant que le propriétaire du champ auquel la partie enlevée a été unie, n'en ait pas pris possession : auquel cas la réclamation pourra être faite, tant que la prise de possession ne sera pas effectuée.

559. Par une conséquence du même principe, si une rivière navigable, flottable ou non, aban-

Tit. II. *De l'Accession.*

donne son lit (1) pour s'en former un nouveau, il n'y a pas lieu au droit d'alluvion ; mais le lit abandonné appartient, à titre d'indemnité, aux propriétaires des fonds nouvellement occupés par le fleuve, chacun en proportion du terrain qui lui a été enlevé. 563.

Qui bordent un fleuve ou une rivière : parce que l'alluvion n'a pas lieu, 1°. à l'égard des relais de la mer (2) ; 557.

2°. A l'égard des lacs et étangs. Le propriétaire de l'étang conserve toujours le terrain que l'eau couvre, quand elle est à la hauteur de la décharge, et ce, quand même le volume d'eau viendroit à diminuer ; comme aussi il n'acquiert aucun droit sur les terres riveraines que l'eau de son étang viendroit à couvrir dans des crues extraordinaires. 558.

§. III.

Des Iles formées dans les Rivières.

Nous avons vu, livre précédent, que les îles formées dans les rivières navigables ou flottables appartiennent à l'État, s'il n'y a titre ou prescription contraire.

***

(1) Mais il faut que cet abandon se fasse d'une manière sensible et prompte ; car s'il étoit lent et successif, on pourroit le regarder comme un alluvion.

(2) Ils appartiennent à l'État. (Art. 538.)

Il en est de même des attérissemens (1) qui
560. se forment dans le lit des mêmes rivières.

Quant aux îles et attérissemens formés dans les autres rivières, ils appartiennent aux propriétaires riverains; mais pour déterminer la manière dont cette propriété doit être distribuée, il faut supposer une ligne tracée au milieu de la rivière; si l'île est toute entière d'un côté, elle appartient en entier aux propriétaires de ce côté, qui prennent chacun la portion qui se trouve en face de leur héritage.

Si l'île est coupée par la ligne du milieu de la rivière, alors la portion qui se trouve de chaque côté de la ligne appartient aux propriétaires
561. de ce côté, qui se la partagent comme ci-dessus.

Ces dispositions s'appliquent seulement aux îles formées, soit par la dessication d'une portion du lit, soit par un amas de sable charrié par la rivière; mais si l'île est formée par un simple détour de la rivière, qui, au moyen d'un bras nouveau, coupe et embrasse le champ d'un propriétaire riverain, la propriété n'est pas changée, quand même il s'agiroit
562. d'une rivière navigable ou flottable.

---

(1) Je crois que l'île diffère de l'attérissement, en ce que l'île est une portion du lit même du fleuve, qu'il laisse à découvert, en s'élargissant d'un côté et de l'autre, au lieu que l'attérissement est un amas de sable que le fleuve amoncèle sur un seul point, et qui finit par s'élever au-dessus de la surface de l'eau.

TITRE III.
Des Successions (1).

Le mot de *succession*, dans le langage ordinaire, et souvent même dans celui des lois (2), signifie la masse ou l'universalité des biens et charges qu'une personne laisse en mourant. Mais quelquefois, et principalement dans ce Titre, on entend par *succession*, le droit de recueillir cette masse ou universalité, et l'on appelle ordinairement *héritier* (3) celui auquel ce droit est dévolu.

C'est sous ce dernier rapport que la succession peut être regardée comme la troisième manière d'acquérir la propriété. On en distingue deux espèces : la légitime, qui est dé-

---

(1) Il existe sur cette matière deux traités, l'un de *Le Brun*, bon ouvrage, mais diffus, comme tout ce qui est sorti de la plume de cet auteur; l'autre, de *Pothier*, ouvrage posthume à la vérité, mais qui contient des choses excellentes, notamment pour ce qui concerne la matière des *rapports* et celle des *partages*.

(2) Art. 869 et suivans.

(3) *Ordinairement :* D'après les art. 756 et 758, les enfans naturels ont, dans certains cas, le droit de recueillir même la totalité de la succession, et cependant ils n'ont pas le titre d'héritier.

férée par la loi seule; et la testamentaire, qui est déférée par la volonté de l'homme, d'après la permission de la loi.

On verra dans le Titre suivant, quels sont les cas dans lesquels l'une de ces successions doit être préférée à l'autre.

La succession testamentaire étant réellement un effet de la libéralité du testateur, se rapporte naturellement à la quatrième manière d'acquérir (1). Il ne sera donc parlé ici que des successions légitimes; et nous verrons, en premier lieu, comment s'ouvrent les successions;

2°. Quels sont les divers ordres de succession;

3°. Quelles sont les qualités requises pour pouvoir succéder;

4°. De quelle manière ceux auxquels une succession est dévolue, peuvent l'accepter ou la répudier;

5°. Enfin, quelles sont les obligations de l'héritier qui a accepté, tant à l'égard de ses cohéritiers, qu'à l'égard des créanciers de la succession.

---

(1) Qui est l'objet du titre suivant.

CHAPITRE PREMIER.

De l'Ouverture des Successions.

Il est important de fixer le moment de l'ouverture de la succession, parce que c'est de ce moment que s'ouvre aussi le droit de l'héritier (1). *La place du défunt,* dit l'orateur du Conseil-d'État, *ne peut rester vacante, ni le sort de ses propriétés incertain;* tellement que l'héritier, n'eût-il survécu que d'un instant au défunt, il est censé avoir recueilli sa succession, et l'avoir transmise, avec la sienne, à ses propres héritiers (2). Il est donc nécessaire d'établir les règles servant à déterminer l'instant de cette ouverture.

Et d'abord, on ne succède point à une personne vivante. En conséquence, la succession ne peut s'ouvrir que par la mort, soit naturelle, soit civile, soit présumée (3). 718.

Nous avons vu, au titre *de la Mort civile,* à quelle époque cette mort est encourue, et en conséquence la succession ouverte; nous avons 719. vu également, au titre *des Absens,* ce qui ré-

---

(1) C'est aussi ce moment qu'il faut considérer pour savoir si l'héritier est, ou non, capable de succéder. (Art. 725 et 906.)
(2) C'est l'explication de cet adage : *le mort saisit le vif.*
(3) En cas d'absence.

sulte de la présomption de mort des personnes absentes.

Il sembleroit qu'il ne dût y avoir aucune difficulté pour fixer le moment de l'ouverture d'une succession par la mort naturelle. Cependant il peut arriver que deux personnes, héritières l'une de l'autre, décèdent ensemble dans un naufrage, un incendie, etc.; et comme il est très-souvent important de déterminer quelle est celle qui est morte la première (1), il faut bien, dans ce cas, à défaut de preuve certaine, s'en rapporter à des présomptions.

La principale est celle qui se tire des circonstances du fait, s'il en existe de suffisantes (2) : à défaut de circonstances, la présomption de survie est déterminée suivant l'âge et le sexe, conformément aux règles suivantes :

720.

Le plus âgé est présumé avoir survécu dans deux cas :

---

(1) Supposons qu'un père et un fils unique ont péri ensemble ; si le fils a survécu, il a recueilli la succession de son père, et, en mourant, il l'a transmise à ses propres héritiers, qui sont ses plus proches parens paternels pour une moitié, et ses plus proches parens maternels pour l'autre. (Art. 733.)

Si, au contraire, le fils est mort le premier, il n'a pu recueillir la succession de son père, qui est dévolue aux parens paternels et aux maternels de ce dernier, et les parens maternels du fils en seront exclus.

(2) Si un incendie a commencé par le premier étage d'une maison, celui qui demeuroit à ce premier étage est présumé mort avant celui qui demeuroit plus haut, et autres semblables.

1°. Si ceux qui ont péri ensemble, avoient tous moins de quinze ans ; 721.

2°. Si l'un avoit moins de quinze ans, et l'autre moins de soixante.

C'est, au contraire, le moins âgé qui est présumé avoir survécu dans les cas suivans :

1°. S'ils ont tous deux plus de soixante ans ;

2°. Si l'un a moins de quinze ans, et l'autre plus de soixante ; *Ibid.*

3°. A plus forte raison, si l'un a plus de quinze ans, et l'autre plus de soixante.

4°. Enfin, s'ils ont tous deux plus de quinze ans, et moins de soixante. Si cependant, dans 722. ce dernier cas, il y a diversité de sexe, et qu'il y ait égalité d'âge ou une différence seulement d'une année, le mâle est toujours présumé avoir survécu. *Ibid.*

CHAPITRE II.

Des divers ordres de Succéder.

Les successions sont régulières ou irrégulières.

Les successions régulières sont celles qui sont dévolues dans l'ordre de la parenté civile ou mixte.

Les successions irrégulières sont celles qui sont dévolues à des personnes qui n'étoient unies au défunt par aucun lien de parenté civile ou mixte, ou, à défaut de ces personnes, au domaine public (1).

Ces deux espèces de successions diffèrent, en ce que, dans les successions régulières, l'héritier est saisi de plein droit, du moment de la mort, des biens, droits et actions du défunt, sous la condition d'en acquitter les charges; tandis que ceux à qui les successions irrégulières sont dévolues, sont tenus de se faire envoyer en possession par justice (2), dans les formes qui seront ci-après déterminées.

Comme la représentation a lieu dans plusieurs espèces de successions, tant régulières qu'irrégulières (3), nous ferons connoître dans une première section, ce qu'on entend en droit par cette expression, et quels en sont les effets; et dans les deux sections suivantes, nous exposerons l'ordre dans lequel sont déférées les successions, tant régulières qu'irrégulières.

---

(1) Je n'ai pas dit que les successions irrégulières étoient celles qui avoient lieu à défaut de successions régulières, parce que la succession de l'enfant naturel est une succession irrégulière, et cependant il n'est pas exclus par les successeurs réguliers.

(2) Cependant l'enfant naturel ne doit recourir à la justice, que lorsqu'il prend la totalité de la succession. Dans le cas contraire, il doit seulement demander la délivrance aux successeurs réguliers, avec lesquels il concourt.

(3) Art. 740, 742 et 759.

Section première.

De la Représentation.

La représentation est une fiction de la loi, dont l'effet est de faire entrer les enfans ou descendans d'une personne prédécédée, dans le degré de cette même personne, et par suite, dans les droits qu'elle auroit eus, si elle eût survécu à l'ouverture de la succession. 759.

Nous disons *les enfans ou descendans*, parce que la représentation n'a jamais lieu qu'en faveur de la descendance de la personne représentée.

D'une personne prédécédée, c'est-à-dire, d'une personne décédée (1) avant celui de la succession duquel il s'agit. Il faut donc que la personne qu'on veut représenter soit morte, au moins civilement, avant l'ouverture de la succession. De-là cette maxime, qu'on ne peut représenter une personne vivante. En consé- 744. quence, si l'héritier au premier degré renonce, sa part accroît à ses cohéritiers; ou, s'il est seul, elle est dévolue au degré subséquent, et les enfans du renonçant ne peuvent venir à la 786.

---

(1) *Décédée :* Ce mot est pris ici *lato sensu*, pour la mort naturelle ou civile. Ordinairement, le mot *décès* se prend plus particulièrement pour exprimer la mort naturelle, tandis que celui de *mort* signifie également la mort naturelle ou civile.

succession à laquelle il a renoncé, qu'autant qu'ils y ont droit de leur chef, et sans le secours de la représentation (1).

787.

Dans le degré : de-là il résulte que le représentant montant au degré du représenté, exclut ceux d'un degré égal au sien, et même d'un degré plus proche, mais qui ne peuvent s'aider du secours de la représentation. Ainsi, l'arrière-petit-fils dont l'aïeul et le père sont morts, exclut de la succession du bisaïeul le petit-fils dont le père a renoncé.

Et dans les droits : ce qui signifie deux choses ; la première, que les représentans n'ont absolument que le même droit qu'auroit eu leur auteur, s'il avoit survécu. Si donc ce dernier ne pouvoit être héritier, pour raison d'indignité, par exemple, ses enfans ne pourroient le devenir de son chef, et en prenant sa place ; et la seconde, que les représentans, quel que soit leur nombre, ne peuvent prendre que la même part qu'auroit eue la personne qu'ils représentent ; c'est ce que l'on exprime, quand on dit que le partage se fait par souche, et ce qui a lieu dans tous les cas où la représentation

730.

---

(1) Un homme meurt, laissant deux enfans, dont l'un renonce à sa succession : elle est dévolue en totalité à l'autre fils, quand même le renonçant auroit des enfans, parce que ces enfans étant de leur chef au second degré, et ne pouvant représenter leur père, sont exclus par leur oncle, qui est au premier degré.

est admise, soit entre les différentes souches, soit entre les diverses branches d'une même souche (1). 743.

La représentation a lieu, 1°. en ligne directe descendante à l'infini (2), soit que les héritiers soient au même degré (3), ou à des degrés inégaux. 740.

2°. En collatérale, mais seulement en faveur des enfans et descendans des frères et sœurs du défunt, aussi à l'infini, soit qu'ils concourent avec d'autres frères ou sœurs, ou avec des enfans ou descendans de frères ou sœurs prédécédés, à degrés égaux ou inégaux. 742.

Elle n'a jamais lieu en ligne directe ascendante. Le plus proche ascendant dans chaque ligne exclut toujours le plus éloigné. 741.

Il faut observer, au surplus, que le repré-

---

(1) On entend par *souche*, l'individu qui tient immédiatement au défunt, et par *branches*, les divers individus issus de la même souche.

(2) C'est-à-dire, qu'à quelque degré que soit un descendant, il pourra toujours venir à la succession de son ascendant le plus éloigné, par représentation de ses auteurs prédécédés.

(3) Ainsi, quand même une personne, en mourant, n'auroit laissé que des petits-enfans, il pourra encore y avoir lieu à la représentation, s'ils sont issus de différentes souches; et il en résultera que si, par exemple, il y a eu deux fils morts tous deux, et laissant, savoir; l'aîné, un fils unique, et le cadet, quatre enfans; le fils de l'aîné prendra la moitié de la succession, et les enfans du cadet n'auront que l'autre moitié pour eux quatre.

744. sentant ne tient pas son droit du représenté, mais de la disposition de la loi seulement : de-là il suit qu'on peut représenter quelqu'un sans être son héritier ; par exemple, celui à la succession duquel on a renoncé.

Section II.

Des Successions régulières.

731. Il y a trois sortes de successions régulières :
Celle des descendans,
Celle des ascendans,
Et celle des collatéraux.

Nous allons exposer séparément les règles relatives à ces divers ordres de successions.

745. Rien de plus simple que celles concernant la succession des descendans. Ils succèdent à l'exclusion de tous autres, soit de leur chef, soit par représentation, sans distinction de lit, de sexe ou de primogéniture.

Nous disons *à l'exclusion de tous autres,* parce que le descendant, à quelque degré qu'il soit, et quand même il ne pourroit user du bénéfice de la représentation, excluroit toujours l'ascendant ou le collatéral, à un degré égal ou même plus proche.

Mais en ligne collatérale, ou directe ascendante, le principe général est que toute succession se divise en deux parts égales, dont l'une pour les parens les plus proches de la ligne paternelle, et l'autre pour les parens également les plus proches de la ligne maternelle, sans aucun égard à la nature ou à l'origine des biens. Cette première division opérée, il ne s'en fait plus entre les diverses branches de la même ligne. 733. 732. 734.

Ce principe néanmoins est susceptible de quelques modifications et exceptions, tant à l'égard des ascendans qu'à l'égard des collatéraux.

§. Ier.

Ligne directe ascendante.

Les ascendans sont au premier degré, c'est-à-dire, père ou mère, ou à un degré plus éloigné.

Succession des Père et Mère.

Pour déterminer les droits des père et mère dans la succession de leurs enfans, il faut distinguer deux cas :

Si le défunt n'a laissé ni frères ni sœurs, ni descendans d'eux, alors, d'après le principe général, la succession se divise par moitié entre le père et la mère, s'ils sont tous deux vivans; sinon, entre le survivant d'une part, et les plus proches parens de l'autre ligne, d'autre part. Mais dans ce dernier cas, le sur- 746.

vivant conserve l'usufruit du tiers des biens auxquels il ne succède pas.

754.

Si le défunt a laissé des frères ou sœurs, ou descendans d'eux, alors la succession se divise encore en deux parts égales; mais l'une est déférée auxdits frères, etc., et l'autre seulement au père et à la mère, par portion égale, s'ils sont tous deux vivans. Si l'un des deux est prédécédé, sa portion accroît à celle des frères, sœurs, etc., qui recueillent alors les trois quarts de la succession (1).

748.

749.
751.

Cette disposition a lieu en faveur des frères, quels qu'ils soient, germains, utérins ou consanguins (2) : il y a seulement cette différence, que s'ils sont tous de même lit (3), ils prennent part égale dans la portion dévolue aux frères; mais s'ils sont de lits différens, alors cette portion, pour ce qui concerne les frères (4), se

---

(1) Et, dans ce cas, c'est-à-dire lorsque le père et la mère, ou l'un d'eux, concourent avec des frères ou descendans d'eux, ils n'exercent point le droit d'usufruit dont nous venons de parler.

(2) *Les frères germains* sont ceux qui ont le même père et la même mère; les *utérins*, qui ont la même mère, mais un père différent; et les *consanguins*, qui ont le même père, mais non la même mère.

(3) C'est-à-dire, ou tous germains, ou tous utérins, ou tous consanguins.

(4) *Pour ce qui concerne les frères* : Parce que cette seconde division n'a d'autre motif que de fixer les droits respectifs des frères ou sœurs entr'eux, et ne concerne en aucune manière les père et mère, dont elle ne peut augmenter ni diminuer la part.

divise par moitié entre les deux lignes paternelle et maternelle du défunt : les germains, s'il y en a, prennent part dans les deux lignes, et les utérins et consanguins, ne prennent part que dans leurs lignes respectives. 752.

Succession des Ascendans autres que les Père et Mère.

Il faut apporter la même distinction qu'à l'égard des père et mère, mais avec des effets différens.

S'il y a des frères, sœurs (1), ou descendans d'eux, les ascendans sont exclus. 750.

S'il n'y a pas de frères, etc., alors le principe ci-dessus reprend toute sa force, et la succession se divise en deux parts égales, dont une pour les ascendans paternels, et l'autre pour les maternels, à l'exclusion de tous collatéraux. 746.

S'il n'y a d'ascendans que dans une ligne, ils n'ont toujours que la moitié, et le surplus est dévolu aux parens collatéraux les plus proches de l'autre ligne. 753.

La représentation, ainsi que nous l'avons dit, n'ayant pas lieu entre ascendans, celui qui se trouve le plus proche dans chaque ligne, recueille la moitié affectée à sa ligne, à l'exclusion de tous les autres ; et s'ils sont plusieurs au

---

(1) Quels qu'ils soient, germains, utérins, ou consanguins.

34 Liv. III. *Manières d'acq. la Propriété.*

746. même degré dans la même ligne, ils succèdent par tête.

Succession des Ascendans aux choses par eux données.

747. Il est un droit particulier aux ascendans, quels qu'ils soient (1); c'est celui de succéder, à l'exclusion de tous autres, aux choses par eux données à leurs enfans ou descendans décédés sans postérité.

Nous disons *le droit de succéder,* parce que ce n'est pas un droit de retour (2), mais une véritable succession. Les ascendans sont donc tenus des faits du défunt, pour ce qui concerne les objets auxquels ils succèdent. De-là il résulte :

1°. Qu'ils contribuent aux dettes de la succession, en proportion de la valeur desdits objets;

2°. Que ce droit ne peut être exercé qu'autant que le donataire n'a disposé des objets entre-vifs ni par testament, et qu'il ne peut être également exercé au préjudice des aliénations faites par le défunt;

3°. Que les objets donnés reviennent à l'as-

---

(1) Père, mère ou autres ascendans.
(2) Si c'étoit un droit de retour, les aliénations seroient résolues, et les biens rentreroient libres de toutes charges et hypothèques. (Art. 952.)

cendant donateur, avec les charges et hypothèques dont ils sont grevés, sauf leur recours contre la succession, si par l'effet de l'action hypothécaire (1) ils sont obligés de payer au-delà de leur portion contributoire dans les dettes (2).

A l'exclusion de tous autres : parce que ce droit appartient à l'ascendant, en sa seule qualité de donateur, et indépendamment de tout autre droit qu'il peut avoir d'ailleurs sur la succession. De-là il suit :

1°. Qu'il peut l'exercer, quand même il ne seroit pas héritier du défunt d'après les règles établies ci-dessus ;

Et 2°. que, lorsqu'il est d'ailleurs héritier, il succède aux choses données par lui, par préciput et hors part, c'est-à-dire, sans être tenu d'imputer ce qu'il en retire, sur la part héréditaire qu'il a droit de prétendre dans le surplus de la succession.

Aux choses par eux données : comme l'as-

---

(1) L'action hypothécaire est celle par laquelle le créancier auquel un immeuble a été hypothéqué, a le droit de le suivre, dans quelque main qu'il passe, et peut, en conséquence, exiger son paiement total, du détenteur quel qu'il soit.

(2) Parce que l'hypothèque, quoique donnant le *jus in re*, n'est cependant pas un démembrement de la propriété. Il en seroit autrement, si c'étoit un usufruit, une servitude. Le donateur n'auroit, dans ce cas, aucun recours contre la succession du donataire.

cendant donateur ne peut succéder qu'aux choses mêmes qu'il a données, il en résulte que son droit est nul, du moment que ces choses ne se trouvent plus en nature dans la succession du donataire. Si cependant le prix provenant de l'aliénation n'est pas encore confondu avec les autres biens de la succession, par exemple, s'il est encore dû, l'ascendant a droit de le recueillir. Il succède également à l'action en reprise que pouvoit exercer le donataire.

A leurs enfans ou descendans : ainsi l'aïeul qui a donné à son petit-fils, succède aux objets donnés, de préférence même à son fils, père du donataire.

Décédés sans postérité : parce que cette espèce de succession ne peut avoir lieu au préjudice de la postérité du donataire : l'ascendant est censé avoir embrassé dans sa libéralité toute cette postérité (1).

§. II.

Ligne collatérale.

Le principe de la division en deux lignes reçoit aussi deux exceptions en collatérale.

La première, lorsqu'il n'existe que des frères utérins ou consanguins ; ils excluent alors tous

---

(1) Argument tiré de l'article 1082, alinéa dernier.

Tit. III. *Des Successions.*

autres collatéraux; mais s'ils concourent avec des frères germains, alors l'application du principe a lieu, et ils ne prennent part que dans leur ligne, tandis que les germains prennent part dans les deux lignes (1).

750.
752.

733.

La deuxième exception consiste en ce que les parens au-delà du douzième degré ne succèdent pas : si donc il ne s'en trouve pas de plus proches dans une des deux lignes, ceux de l'autre ligne succèdent pour le tout.

755.

Section III.

Des Successions irrégulières.

Les successions irrégulières sont au nombre de quatre :

Celle des hospices, à l'égard des enfans qui y sont admis ;

Celle des enfans naturels ;

Celle du conjoint survivant ;

Et celle du domaine.

§. Ier.

De la Succession des Hospices.

La succession des enfans admis dans les

---

(1) Cette disposition s'applique aux autres parens susceptibles de la même distinction, tels que les descendans des frères germains, utérins, ou consanguins, dans le cas où ils ne viendroient pas par représentation.

hospices et décédés avant leur sortie, leur émancipation, ou leur majorité, appartient à leurs héritiers légitimes, s'il s'en présente, mais à la charge d'indemniser l'hospice des alimens fournis à l'enfant décédé, et des dépenses faites pour lui pendant le temps qu'il est resté à la charge de la maison, sauf à faire entrer en compensation, jusqu'à due concurrence, les revenus perçus par l'Établissement.

S'il ne se présente aucun héritier, l'hospice, à la diligence du receveur, et sur les conclusions du ministère public, est envoyé en possession des biens que l'enfant peut avoir.

S'il se présente des héritiers après l'envoi en possession, la succession leur est rendue, avec les fruits, à compter du jour de la demande (1).

§. II.

De la Succession des Enfans naturels.

Quoique la loi refuse à l'enfant naturel le titre d'héritier, elle lui accorde cependant le droit de prendre une portion, et quelquefois

---

(1) Loi du 15 pluviose an 13, art. 8 et 9. (*Bulletin*, n°. 526.)

Il paroît, d'après la teneur de cette loi, que la succession des enfans élevés dans les hospices, mais décédés après leur sortie, leur émancipation ou leur majorité, est dévolue à ceux qui y ont droit d'après les règles ordinaires, et sans indemnité pour la maison.

Tit. III. *Des Successions.* 39

même la totalité de la succession de ses père et mère, lorsqu'il a été légalement reconnu. 756.

Cette portion varie suivant la qualité des héritiers avec lesquels il concourt.

Si ces héritiers sont des enfans légitimes, sa portion est du tiers de ce qu'il auroit eu s'il eût été légitime lui-même; mais il faut, 757. en outre, dans ce cas, qu'il ait été reconnu avant le mariage dont sont issus les enfans avec lesquels il concourt (1). 337.

Il prend la moitié de la succession, s'il concourt avec des ascendans ou des frères et sœurs; les trois quarts, s'il concourt avec d'autres collatéraux; enfin il succède à la 757. totalité, lorsque ses père ou mère ne laissent pas de parens au degré successible. 758.

La représentation a lieu dans ce genre de succession, dans le sens que l'enfant naturel peut être représenté, mais non représentant: ainsi, quand il est prédécédé, ses descendans peuvent réclamer la portion qu'il auroit eue dans la succession de ses père et mère; mais 759. quant à lui, il n'a de droit, à aucun titre, sur

---

(1) Nous avons vu en effet que la reconnoissance d'un enfant naturel faite après le mariage, ne peut préjudicier aux droits des enfans issus de ce mariage. Si cependant il étoit provenu du commerce que les deux époux ont eu ensemble avant le mariage, nous avons vu également qu'il n'étoit pas à la vérité légitime, mais qu'il pouvoit réclamer au moins les droits d'enfant naturel.

les biens des parens de ces mêmes père et mère.

Dans tous les cas, l'enfant naturel ou ses descendans sont tenus d'imputer sur leur portion légale tout ce qu'ils ont reçu de celui auquel ils succèdent, si toutefois les objets donnés sont sujets à rapport, d'après les règles ci-après établies (1).

Tels sont les droits accordés par la loi à l'enfant naturel, et auxquels les père et mère ne peuvent rien ajouter, quoiqu'ils puissent néanmoins en diminuer l'effet ; car s'il a reçu d'eux, de leur vivant, un objet quelconque, avec déclaration expresse que leur intention est de le réduire à ce qu'ils lui ont assigné, il ne peut réclamer qu'autant que la valeur de l'objet donné est inférieure à la moitié de la portion légale ; et, dans ce cas même, il ne peut répéter que le supplément nécessaire pour parfaire cette moitié.

L'enfant naturel n'étant point héritier, mais seulement successeur irrégulier, ne peut prétendre, comme nous l'avons dit, à la saisine dont les héritiers seuls (2) sont investis par la loi. Il est donc tenu de demander aux héritiers légitimes la délivrance de la portion

---

(1) Voyez chap. 5 du présent titre, sect. 1re., §. 1er.

(2) *Les héritiers seuls :* Parce que nous ne parlons ici que des successions *ab intestat*. Il y a des cas où le légataire universel a la saisine, comme nous le verrons au Titre suivant.

Tit. III. *Des Successions.* 41

qui lui est attribuée ; et, lors même qu'il a droit à la totalité des biens, il doit se faire envoyer en possession par le tribunal dans le ressort duquel la succession est ouverte, après avoir préalablement fait apposer les scellés, et procéder à l'inventaire dans les formes qui seront déterminées ci-après pour le cas du bénéfice d'inventaire. Il est fait, en outre, trois publications et affiches dans les formes usitées (1), et l'envoi en possession ne peut être accordé qu'après l'observation de toutes ces formalités, et sur les conclusions du Procureur-Impérial. {770. 773.} 769. 770.

Cet envoi étant toujours présumé ordonné à la charge de restitution aux héritiers légitimes, s'il en existe, l'enfant naturel est tenu de faire emploi du mobilier, ou de donner caution suffisante pour en assurer la restitution aux héritiers qui se présenteroient dans l'intervalle de trois ans. Après ce temps, la caution est déchargée, sans préjudice néanmoins de l'action en pétition d'hérédité, qui peut être exercée tant qu'elle n'est pas prescrite, mais contre l'envoyé en possession seul, sans aucun recours contre les cautions. 771.

Toutes les formalités ci-dessus étant requises

---

(1) Ces formalités sont exigées, pour annoncer publiquement l'ouverture de la succession, et faire un appel aux héritiers légitimes, s'il en existe.

dans l'intérêt des héritiers qui viendroient à se présenter, leur inobservation pourroit, le cas échéant, donner lieu à des dommages-intérêts (1) contre l'enfant naturel qui auroit négligé de s'y conformer.

Les enfans naturels reconnus étant admis, comme on vient de le voir, à la succession de leurs père et mère, ceux-ci, par réciprocité, sont également appelés à la succession de ces mêmes enfans, mais seulement quand ceux-ci décèdent sans postérité.

Dans ce cas, si l'enfant a été reconnu par son père et sa mère, et qu'ils soient tous deux vivans, sa succession se partage entr'eux par égale portion. Si l'un d'eux est prédécédé, elle appartient en entier au survivant. Elle appartient également en entier à celui qui l'a reconnu, lorsqu'il ne l'a été que par un seul.

En cas de prédécès des père et mère, ou de celui des deux qui l'a reconnu, les biens qu'il en a reçus, et qui se trouvent encore en nature dans sa succession, passent à ses frères et sœurs légitimes. Il en est de même des actions en reprise, s'il en existe, ainsi que du prix des biens aliénés, s'il est encore dû. Tout

---

(1) Si, par exemple, le défaut d'apposition des scellés avoit donné lieu au divertissement des effets de la succession, quand même ce divertissement ne seroit pas du fait de l'enfant.

le surplus est dévolu à ses frères et sœurs naturels, ou à leurs descendans ; à leur défaut, au conjoint survivant et non divorcé ; et à défaut de conjoint, au fisc. 766.

L'enfant naturel ne pouvant réclamer la portion fixée par la loi, qu'autant qu'il est reconnu, il en résulte que l'adultérin et l'incestueux qui ne peuvent être reconnus, 335. n'ont aucun droit à cet égard. Si cependant il arrivoit que la paternité ou la maternité se trouvât prouvée, indépendamment de toute reconnoissance (1), alors l'enfant pourroit exiger des alimens, dont la quotité seroit 762. réglée, eu égard aux forces de la succession, au nombre, et à la qualité des héritiers. Si le 763. père ou la mère lui ont assuré des alimens de leur vivant, ou même s'ils lui ont fait apprendre un art mécanique, il ne pourra rien réclamer de leur succession. 764.

§. III.

De la Succession du Conjoint survivant et de celle du Domaine.

Lorsque le défunt ne laisse ni parens au degré successible, ni enfans naturels, ses biens passent à son conjoint non divorcé, et à défaut 767. de conjoint, au domaine. 768.

---

(1) Voyez tom. 1er., pag. 183, note (2).

Ces deux espèces de successions donnent lieu aux mêmes formalités que celle dévolue en totalité à l'enfant naturel, sauf cependant l'emploi du mobilier et l'obligation de donner caution, auxquels l'administration du domaine n'est pas assujettie (1).

CHAPITRE III.

Des Qualités requises pour succéder.

L'héritier étant, comme nous l'avons vu, saisi du moment de la mort, il s'ensuit que c'est de cette époque qu'il faut partir, pour déterminer son droit et sa capacité ; et comme le néant ne peut avoir aucun droit, il est évident que la première qualité requise pour succéder, est l'existence au moment de l'ouverture de la succession. L'enfant conçu étant regardé comme existant toutes les fois qu'il s'agit de ses intérêts, succède, pourvu toutefois qu'il naisse viable (2).

La seconde qualité est la jouissance des

---

(1) Il est encore d'autres cas dans lesquels la succession est dévolue au domaine, tels que celui de confiscation, quand elle a lieu ; la succession aux biens acquis par le mort civilement, depuis la mort civile encourue ; enfin, celle de l'étranger décédé en France, sauf la restriction portée en l'art. 11. (Voyez aussi tom. 1er., note (1) de la pag. 18.)

(2) L'enfant qui ne naît pas viable, est censé n'avoir jamais existé.

Tit. III. *Des Successions.*

droits civils. En conséquence, le mort civilement ne succède point. Il en est de même de l'étranger, sauf la restriction portée en l'article 11 (1).

Enfin la troisième qualité est de n'être point dans les cas d'indignité prévus par la loi.

Sont déclarés indignes de succéder :

1°. Celui qui a été condamné (2) pour avoir donné ou tenté de donner la mort au défunt ;

2°. Celui qui a porté contre lui une accusation capitale jugée calomnieuse ;

3°. Celui qui, étant majeur (3), n'a pas dénoncé à la justice le meurtre du défunt. Cependant cette dernière cause d'indignité ne peut être opposée aux proches parens du meurtrier, tels que ses ascendans ou descendans, ses frères, sœurs, oncles, tantes, neveux, nièces, ou alliés aux mêmes degrés. Il ne peut l'être, à plus forte raison, à son conjoint (4).

725.

726.

727.

728.

---

(1) C'est-à-dire, qu'il peut succéder dans les mêmes cas et de la même manière qu'un Français succéderoit à son parent dans le pays de cet étranger, d'après les traités faits avec la nation à laquelle il appartient.

(2) *Condamné :* Si donc l'héritier n'a pas été mis en jugement, ou s'il a été absous, on ne peut lui reprocher cette cause d'indignité.

(3) S'il est mineur, on ne peut rien lui imputer.

(4) On ne peut exiger qu'une femme dénonce son mari, un fils son père, un oncle son neveu, etc.

L'indignité devant être prouvée, et ne pouvant l'être qu'après la mort du défunt (1), n'empêche point la saisine ; mais si l'héritier jugé indigne, a perçu dans l'intervalle des fruits ou revenus de la succession, il est tenu de les restituer.

729.

Au surplus, l'indignité provenant d'un fait personnel, ne préjudicie pas aux enfans de l'indigne, qui peuvent en conséquence venir à la succession dont leur père est exclu, pourvu que ce soit de leur chef, et sans le secours de la représentation (2). Mais même dans ce cas, comme la loi ne veut pas que le père puisse retirer aucun profit de cette succession, elle l'exclut de l'usufruit légal (3) qu'il pourroit prétendre sur les biens qui en proviennent, par suite de la puissance paternelle.

730.

───────────────

(1) Jusque-là personne ne peut être reçu à l'alléguer, parce que personne n'a d'intérêt.

(2) La représentation n'a pas lieu pour deux raisons : la première, c'est qu'on ne représente pas une personne vivante ; la deuxième, c'est que la représentation a pour effet de donner les droits qu'auroit eus le représenté ; et ici le représenté n'a aucun droit : de-là il résulte que si c'est le fils du défunt qui a été déclaré indigne, ses enfans ne peuvent venir à la succession de leur aïeul qu'autant que ce dernier n'a pas laissé d'autres descendans ; car, s'il en avoit, fussent-ils même au quatrième degré, ils se trouveroient, par le secours de la représentation, placés au premier degré, tandis que les enfans de l'indigne ne pouvant s'aider du même secours, ne seroient qu'au second degré.

(3) Voyez au titre *de la Puissance paternelle*, tom. 1, pag. 191.

CHAPITRE IV.

De l'Acceptation et de la Répudiation des Successions.

Il existe sur cette matière deux principes de notre ancien droit, que le nouveau Code a consacrés :

1°. *Le mort saisit le vif;*
2°. *N'est héritier qui ne veut.*

Nous allons développer succinctement ces deux principes, qui au premier coup-d'œil paroissent contradictoires, et qui néanmoins se concilient facilement.

Le mort saisit le vif : c'est-à-dire, que l'héritier étant le successeur immédiat et universel du défunt, est, comme nous l'avons dit, saisi, dès le moment de sa mort, de tous les biens composant sa succession, et tenu d'en acquitter les charges.

Cette saisine a lieu de plein droit, c'est-à-dire, en l'absence de l'héritier, et même sans qu'il ait la moindre connoissance que la succession lui est déférée, tellement que, n'eût-il survécu au défunt qu'un seul instant, c'est assez pour qu'il ait recueilli sa succession, et pour qu'il la transmette, avec la sienne, à ses propres héritiers.

Mais si l'héritier peut acquérir une succession sans le savoir, il ne peut l'acquérir malgré lui. Sa volonté expresse, comme dit Pothier, n'est pas nécessaire pour la saisine ; mais sa volonté contraire l'empêche. De-là ce second principe, *n'est héritier qui ne veut ;* c'est-à-dire, que nul n'est tenu d'accepter une

775. succession qui lui est échue. En conséquence, quoique la saisine existe de plein droit, cependant son effet, quant à la personne en faveur de laquelle elle doit avoir lieu, est suspendu, jusqu'à ce que l'héritier au premier degré se soit expliqué sur l'acceptation ou la répudiation de la succession. S'il accepte, il est réputé avoir été saisi (1) du moment de

777. la mort. S'il répudie, il est censé n'avoir
785. jamais eu la saisine, qui appartient alors, et toujours rétroactivement (2), à celui qui se trouve appelé à son défaut.

Ces principes posés, nous aurons à voir comment on peut accepter ou répudier une succession. Si elle est répudiée par tous ceux qui y ont droit, elle est dite *vacante*, et il en résulte des formalités particulières à rem-

---

(1) Non seulement de sa part, mais encore des parts de ceux de ses cohéritiers qui viendroient à renoncer par la suite. (Art. 786.)

(2) *Et toujours rétroactivement :* C'est-à-dire, que, dans le cas de répudiation de l'héritier au premier degré, celui qui accepte à son défaut, est toujours censé avoir été saisi du moment de la mort.

plir. Le présent Chapitre sera donc divisé en trois Sections :

La première traitera de l'acceptation des successions ;

La deuxième, de leur répudiation ;

Et la troisième, des successions vacantes.

Section première.

De l'Acceptation des Successions.

L'héritier qui accepte, est tenu, comme nous le verrons par la suite, d'acquitter, même sur ses biens personnels, toutes les obligations du défunt. Cependant il peut se trouver des successions dont l'état soit tellement incertain, qu'il seroit difficile, et quelquefois même impossible, de prendre de suite à leur égard un parti définitif. Dans ce cas, la loi vient au secours de l'héritier, en lui procurant, sous certaines conditions, le moyen d'accepter, sans courir le risque d'une pareille responsabilité ; c'est ce qu'on appelle *le bénéfice d'inventaire.* En conséquence, nous distinguerons, en premier lieu, deux espèces d'acceptation ; celle pure et simple, et celle sous bénéfice d'inventaire. 774.

§. Ier.

De l'Acceptation pure et simple.

L'acceptation pure et simple est expresse ou tacite.

Elle est expresse, quand on prend la qualité d'héritier dans un acte authentique ou privé.

Elle est tacite, quand l'on fait un acte qui suppose nécessairement l'intention d'accepter, ou que l'on n'a droit de faire qu'en qualité d'héritier. Telle est : 1°. la donation, vente ou transport que feroit un héritier, de ses droits successifs, en faveur de quelque personne que ce fût, même de ses cohéritiers (1) ;

778.

2°. La renonciation même pure et simple à la succession, si elle n'est pas faite gratuitement ;

3°. La renonciation même gratuite, si elle n'est faite qu'au profit de quelques-uns des cohéritiers (2) ;

780.

4°. Enfin, toute disposition des effets de la

---

(1) On ne donne, on ne vend, on ne transporte que ce dont on est propriétaire ; et l'héritier ne peut être propriétaire de sa part, qu'autant qu'il a accepté.

(2) S'il avoit renoncé purement et simplement, sa renonciation auroit profité à tous ses cohéritiers : dès qu'il ne renonce qu'au profit de quelques-uns, c'est une véritable donation qu'il leur fait.

succession, qui ne peut être faite que par le propriétaire. Si cependant il existe des objets susceptibles de dépérissement, ou d'une conservation dispendieuse, l'héritier présumé peut, en sa seule qualité d'habile à succéder, et sans qu'on puisse en induire une acceptation, se faire autoriser par justice à procéder à la vente. L'autorisation est accordée, sur requête, par le président du tribunal de l'ouverture de la succession ; et la vente est faite par un officier public, après affiches et publications. 796.

{ Pr. 617
Pr. 986

L'héritier présumé peut faire également, et même sans autorisation, tous les actes purement conservatoires (1), de surveillance (2), ou d'administration provisoire (3), sans qu'on puisse en induire acceptation, pourvu qu'il n'y prenne pas le titre ou la qualité d'héritier (4). 779.

D'après les effets de la saisine dont nous

---

(1) *Actes conservatoires :* Inscriptions hypothécaires, saisies-arrêts sur les débiteurs de la succession ; demande à l'effet d'interrompre une prescription, etc.

(2) Il peut s'opposer au déménagement d'un locataire qui n'a pas payé, arrêter les dégradations qui pourroient se commettre sur les fonds de la succession.

(3) Si le défunt étoit propriétaire ou principal locataire d'une maison, l'héritier présumé peut recevoir les congés donnés par les locataires, louer les appartemens vacans, etc.

(4) Mais il procédera en qualité d'habile à se dire et porter héritier.

avons parlé au commencement de ce chapitre, l'héritier qui meurt après le défunt, mais avant d'avoir pris qualité (1), transmet à ses propres héritiers le même droit qu'il avoit. Ceux-ci peuvent donc, lorsqu'ils ont toutefois accepté sa succession, accepter ou répudier de son

781. chef celle qui lui est échue : mais ils ne peuvent l'accepter purement et simplement, qu'autant qu'ils sont tous d'accord ; dans le cas contraire, elle doit être acceptée sous bénéfice

782. d'inventaire.

L'acceptation d'une succession emportant, ainsi que nous l'avons dit, obligation, de la part de l'acceptant, de satisfaire à toutes les charges, il s'ensuit :

1°. Qu'elle ne peut être faite que par une personne ayant capacité de s'obliger. En conséquence, la succession échue à une femme mariée ne peut être acceptée par elle qu'avec

776. l'autorisation de son mari ou de justice ; et celle échue à un mineur (2) ou à un interdit, ne peut l'être que par le tuteur ou curateur, avec l'autorisation du conseil de famille, et

461. sous bénéfice d'inventaire ;

2°. Que l'acceptation ne peut être révoquée

---

(1) Prendre qualité, c'est déclarer si l'on entend accepter une succession, ou y renoncer.

(2) Même émancipé. (Art. 484.)

que pour les causes qui donnent lieu à la nullité des conventions, c'est-à-dire pour dol ou violence (1). Quant à la lésion, quelque considérable qu'elle soit, elle ne peut entraîner la nullité de l'acceptation, que dans le cas où la succession se trouveroit diminuée de plus de moitié, par l'effet d'un testament inconnu au moment de ladite acceptation. 783.

Les effets de l'acceptation étant, comme on le voit, de la plus grande importance, on a dû mettre à la disposition de l'héritier les moyens suffisans pour constater les forces de la succession. Les principaux de ces moyens sont l'inventaire et les délais pour délibérer. La confection de l'inventaire entraîne presque toujours quelque délai. D'ailleurs, dans tous les cas, il ne peut être commencé au plutôt que trois jours après l'inhumation; et comme *Pr.* 928. il est essentiel d'empêcher pendant ce temps le divertissement des effets de la succession, il y est pourvu par l'apposition des scellés.

Le scellé est l'application du sceau d'un juge-de-paix sur les effets de la succession qui en sont susceptibles (2). *Pr.* 907.

---

(1) L'erreur ne pourroit être une cause de nullité, qu'autant que l'héritier prétendroit qu'il s'est trompé sur les forces de la succession; et alors cela rentreroit dans le cas de la lésion.

(2) Pour les formes à suivre lors de l'apposition des scellés, voir les articles 907 à 925 du Code de Procédure.

L'apposition des scellés peut être requise :

1°. Par tous les prétendans droit à la succession, ou à la communauté (1).

2°. Par tout créancier fondé en titre exécutoire (2), ou muni d'une permission, soit du président du tribunal, soit du juge-de-paix du canton.

Pr. 909.

Les prétendans droit et les créanciers mineurs, peuvent requérir l'apposition des scellés, même sans l'assistance de leur curateur, pourvu qu'ils soient émancipés ; sinon elle est requise par leur tuteur, ou par un de leurs parens s'ils n'ont pas de tuteur, ou qu'il ne soit pas présent.

Pr. 910.

3°. En cas de non présence (3), soit du conjoint du défunt, soit des héritiers, ou de l'un d'eux, l'apposition des scellés peut être requise par les personnes qui demeuroient avec le défunt, ainsi que par ses serviteurs ou domestiques.

Pr. 909.

---

(1) *Ou à la communauté* : Dans le cas où le défunt étoit marié sous le régime de la communauté.

(2) Le titre exécutoire est celui dont l'exécution peut être poursuivie sur les biens du débiteur sans autre formalité préalable qu'un simple commandement : tels sont les jugemens et les actes notariés, lorsqu'ils sont revêtus de la formule prescrite par l'art. 141 du sénatus-consulte organique du 28 floréal an 12. (*Bulletin*, n°. 1.)

(3) *De non présence* : L'article dit *en cas d'absence* ; mais il est clair que par ces mots il faut entendre la simple non présence, et non pas l'absence déclarée, ni même celle présumée.

Tit. III. *Des Successions.* 55

4°. Enfin, le scellé est apposé à la diligence du ministère public, ou sur la déclaration d'un officier municipal, ou même d'office par le juge-de-paix, dans les trois cas suivans :

Si l'héritier mineur est sans tuteur, et que le scellé ne soit pas requis par un parent;

En cas de non présence du conjoint ou des héritiers, lorsque personne ne requiert l'apposition ;

Si le défunt étoit dépositaire public; mais, dans ce dernier cas, le scellé ne peut être apposé que pour raison de ce dépôt, et sur les objets qui le composent. *Pr.* 911.

Lorsque le scellé a été apposé, tous créanciers peuvent y former opposition (1), quoiqu'ils n'aient ni titre exécutoire, ni permission du juge. L'effet de l'opposition est que le 821. scellé ne peut être levé sans appeler l'opposant. *Pr.* 931.

La levée du scellé ne peut avoir lieu que trois jours après l'inhumation, si le scellé a été apposé auparavant; ou trois jours après l'apposition, si elle a été faite depuis l'inhumation (2); à moins, dans les deux cas, que pour des raisons urgentes il n'en soit autrement ordonné par le président du tribunal,

---

(1) Pour les formalités de cette opposition, voir l'art. 927 du Code de Procédure.

(2) C'est pour donner le temps aux ayans droit d'y former opposition.

qui alors (1) commet un notaire pour représenter les parties non présentes qui ont droit d'assister à la levée des scellés (2).

Pr. 928.

La levée des scellés est ordinairement accompagnée de l'inventaire.

L'inventaire est un acte contenant la déclaration des titres actifs et passifs de la succession, ainsi que la description des effets mobiliers qui en dépendent, et qui doivent être en outre estimés à juste valeur et sans crue (3).

Pr. 943.

L'inventaire même, quand il n'est pas précédé du scellé, ne peut être commencé au plutôt que dans le délai fixé ci-dessus pour la levée du scellé; et il doit être terminé dans les trois mois, à compter du jour de l'ouverture de la succession (4).

Pr. 928.

795.

―――

(1) *Alors :* Comme en général dans tous les cas où des présumés absens sont intéressés dans une succession ouverte avant leur disparition. (Art. 113.)

(2) Pour les formes à observer lors de la levée des scellés, voir les articles 928 à 940 du Code de Procédure.

(3) *Sans crue :* Ces mots sont relatifs à un usage qui existoit avant le Code, et d'après lequel les effets mobiliers d'une succession devoient toujours, sauf quelques exceptions, être prisés dans l'inventaire au-dessous de leur juste valeur; et l'on appeloit *crue*, la différence qui existoit entre cette juste valeur et le prix de l'estimation. Cette différence varioit suivant les pays. A Paris, elle étoit du quart en sus de la prisée; ainsi, des meubles estimés 400 fr., étoient censés en valoir 500.

(4) Pour le surplus des formalités de l'inventaire, voir les articles 941 à 944 du Code de Procédure. En général, l'inventaire doit être fidèle et exact. Nous verrons, ci-après, que l'héritier

Tit. III. *Des Successions.* 57

L'héritier a, de plus, pour prendre connoissance des forces de la succession, et pour délibérer sur son acceptation ou sa répudiation, un délai de quarante jours, qui commencent à courir du jour de l'expiration des trois mois ci-dessus (1), ou du jour de la clôture de l'inventaire, s'il a été terminé avant les trois mois. 795. Pendant ces délais, il ne peut être contraint à prendre qualité ; et, s'il renonce, les frais faits par lui légitimement jusques-là, sont à la charge de la succession. 797.

Il peut même, en cas de poursuites dirigées contre lui après l'expiration des délais, en demander un nouveau, que le tribunal accorde ou refuse suivant les circonstances ; 798. mais s'il renonce, les frais de poursuite sont à sa charge, à moins qu'il ne justifie, ou qu'il n'a pas eu connoissance du décès, ou que les délais ont été insuffisans, à raison, soit de la situation des lieux, soit des contestations survenues. 799.

Dans tous les cas, comme la faculté de renoncer, ainsi que celle d'accepter, ne se prescrivent que par trente ans (2), l'héritier pré- 789.

---

qui a diverti des effets de la succession, ou qui a omis par mauvaise foi de les comprendre dans l'inventaire, est tenu pour héritier pur et simple, et que, s'il a des cohéritiers, il est privé en outre de toute part dans les objets divertis ou omis.

(1) Quand même l'inventaire ne seroit pas terminé.

(2) Après trente ans, l'héritier est censé acceptant ou refusant, suivant l'intérêt de celui qui agit contre lui, ou contre lequel il agit.

sumé conserve pendant tout ce temps le droit de renoncer ou d'accepter, sous bénéfice d'inventaire, pourvu qu'il n'ait pas fait d'ailleurs acte d'héritier, et qu'il n'existe pas contre lui de jugement passé en force de chose jugée, qui le condamne en qualité d'héritier pur et simple.

§. II.

De l'Acceptation sous bénéfice d'inventaire.

Le bénéfice d'inventaire, d'après ce que nous avons dit, est la faculté accordée à l'héritier présumé d'accepter la succession, sans être tenu des charges au-delà de l'émolument.

L'héritier qui veut user de ce bénéfice, est assujetti à plusieurs formalités.

Il doit 1°. en faire la déclaration au greffe du tribunal dans l'arrondissement duquel la succession est ouverte, et sur le registre destiné à recevoir les actes de renonciation.

2°. Procéder, si fait n'a été (1), à un inventaire fidèle et exact des biens de la succession, conformément aux dispositions du paragraphe précédent. L'héritier qui se rendroit coupable de recélé, ou qui omettroit sciemment et par mauvaise foi, de comprendre dans l'inven-

---

(1) *Si fait n'a été :* Par conséquent, l'inventaire peut avoir lieu, soit avant, soit après la déclaration.

Tɪᴛ. III. *Des Successions.*

taire quelques-uns des effets de la succession, seroit déchu du bénéfice, et tenu pour héritier pur et simple. 801.

3°. Il est chargé d'administrer les biens de la succession, et il est tenu des fautes graves 803. qui pourroient lui être imputées. Il peut néan- 804. moins, dans tous les temps, se décharger de cette administration, en abandonnant aux créanciers et aux légataires tous les biens de la succession qui sont en son pouvoir. 802.

4°. Pour la vente du mobilier, des rentes et des immeubles dépendans de la succession, il est tenu, à peine d'être réputé héritier pur et simple, de se conformer aux dispositions des articles 987, 988 et 989 du Code de Procédure. S'il représente les meubles en nature, il est tenu de la dépréciation et détérioration (1) causées par sa négligence. Il ne peut trans- 805. férer les inscriptions au-dessus de 50 fr. de rente, sans autorisation préalable (2).

5°. Le prix de la vente des immeubles est

---

(1) *Dépréciation* et *détérioration :* Ces deux mots diffèrent, en ce qu'une chose peut être dépréciée sans être détériorée. Un meuble étoit fort à la mode au moment de l'ouverture de la succession : si l'héritier l'eût vendu à cette époque, il en eût tiré un bon prix. Il ne l'a pas vendu ; la mode est passée : le meuble est déprécié, quoiqu'il ne soit pas détérioré, et l'héritier sera tenu de la dépréciation.

(2) Avis du Conseil-d'État, approuvé le 11 janvier 1808. (*Bulletin*, n°. 2946.)

distribué aux créanciers privilégiés et hypothécaires, dans l'ordre de leurs priviléges et hypothèques.

Pr. 991.

6°. Celui de la vente du mobilier est distribué par contribution (1) entre les créanciers opposans (2). Il en est de même de la portion du prix des immeubles, non distribuée aux créanciers hypothécaires ou privilégiés. S'il n'y a pas d'opposans, l'héritier paye les créanciers et les légataires, à mesure qu'ils se présentent (3).

Pr. 990.

808.

7°. Il est tenu, si les créanciers ou autres personnes intéressées l'exigent, de donner bonne et solvable caution de la valeur du mobilier compris dans l'inventaire, et des deniers comptans dépendans de la succession ; sinon les meubles sont vendus, si fait n'a été, et leur prix est déposé, ainsi que les deniers comptans, pour le tout être employé à l'acquit des charges de la succession (4).

807.

---

(1) Pour les formalités de cette contribution, voyez les articles 656 à 672 du Code de Procédure.

(2) Sauf le cas où, parmi les opposans, il y auroit des créanciers privilégiés sur les meubles, qui doivent être payés de préférence. (Art. 2101 et 2102.)

(3) En cas de concurrence d'un créancier et d'un légataire, le créancier doit être préféré.

(4) Pour les formes à suivre relativement à la demande et à la réception de cette caution, voyez les articles 992, 993 et 994 du Code de Procédure.

8°. Enfin, il doit compte de son administration aux créanciers non payés qui se sont fait connoître, et aux légataires (1). Il est autorisé à y porter les frais du scellé, s'il a été apposé, ceux d'inventaire et du compte même; ces frais sont à la charge de la succession, ainsi que toutes les autres dépenses légitimes faites par lui, et suffisamment justifiées. 803.
810.

L'effet du bénéfice d'inventaire est d'empêcher la confusion du patrimoine du défunt avec celui de l'héritier, d'où il résulte :

1°. Que ce dernier conserve le droit de réclamer contre la succession le paiement de ses créances (2). Son action, dans ce cas, est dirigée contre les autres héritiers. S'il n'y en a pas, ou que l'action soit intentée par tous, elle est dirigée contre un curateur au bénéfice d'inventaire, nommé en la même forme que le curateur à la succession vacante (3). 802.
Pr. 996.

Et 2°. qu'il ne peut être tenu sur ses biens personnels pour raison des charges de la succession, excepté dans deux cas : si, après avoir été mis en demeure de rendre son compte, il ne satisfait pas à cette obligation; ou pour le 802.

---

(1) Voir, pour les formalités de ce compte, les articles 995, et 527 à 542 du même Code de Procédure.

(2) Lesquelles créances, sans le bénéfice d'inventaire, seroient éteintes par la confusion. (Art. 1300.)

(3) Voyez ci-après, sect. 3.

paiement du reliquat, si, par l'événement du compte, il se trouve débiteur.

Quant aux créanciers non opposans qui ne se présentent qu'après l'apurement du compte et le paiement du reliquat, ils n'ont de recours à exercer que contre les légataires payés, et encore pendant trois ans (1) seulement, à compter du jour du paiement du reliquat.

Section II.

De la Répudiation des Successions.

S'il résulte de l'inventaire, ou de la connoissance particulière de l'héritier, que la succession lui seroit plus onéreuse que profitable, il a la faculté d'y renoncer; quoi faisant, il est censé n'avoir jamais été héritier, et sa part accroît à ses cohéritiers; s'il est seul de son degré, elle est dévolue au degré subséquent (2).

Mais pour user de la faculté de renoncer, il faut :

1°. Que la succession ait été déférée au

---

(1) *Pendant trois ans :* Il faut bien qu'il y ait un terme après lequel le légataire soit tranquille.

(2) De la même ligne, et non à ceux de l'autre ligne, à moins qu'il ne se trouve plus de parens au degré successible dans la ligne du renonçant. Il en est de même du droit d'accroissement : il a lieu exclusivement en faveur des cohéritiers de la ligne du renonçant ; et si, dans cette ligne, il y a plusieurs souches, il n'a lieu qu'en faveur des cohéritiers de la même souche.

renonçant. En conséquence, on ne peut, même par contrat de mariage, renoncer à la succession d'une personne vivante, ni aliéner les droits éventuels qu'on peut y avoir, même du consentement de celui de la succession duquel il s'agit (1). 791. 1130.

2°. Que le renonçant soit capable d'aliéner. En conséquence, la femme mariée ne peut renoncer, qu'avec l'autorisation de son mari ou de justice ; et si l'héritier est mineur (2) ou interdit, la renonciation ne peut être faite que par le tuteur ou curateur, avec l'autorisation du conseil de famille. 217. $\begin{cases}461.\\509.\end{cases}$

3°. Que le renonçant n'ait fait aucun acte d'héritier.

4°. Qu'il n'ait diverti ni recélé aucun des effets de la succession ; autrement il seroit, comme nous l'avons dit, réputé héritier pur et simple, nonobstant toute renonciation ; et, s'il avoit des cohéritiers, il seroit en outre privé de toute portion dans les objets divertis ou recélés. 792.

5°. Qu'il n'ait pas laissé prescrire la faculté de répudier. 789.

La renonciation doit être formelle, et faite au greffe du tribunal dans l'arrondissement

---

(1) Il faut cependant excepter la disposition portée en l'article 918, dont il sera question au titre suivant.

(2) Même émancipé. (Art. 484.)

duquel la succession est ouverte, sur un registre particulier tenu à cet effet.

784.

En général, toute renonciation à succession est définitive. Elle peut cependant être révoquée dans deux cas :

Premièrement, si elle a été faite au préjudice des créanciers du renonçant. Ceux-ci peuvent se faire autoriser en justice à accepter du chef de leur débiteur ; mais, dans ce cas, la renonciation n'est annullée que dans leur intérêt; et ce qui peut rester de la portion de l'héritier débiteur après leur paiement total, accroît à ses cohéritiers, sans que le renonçant puisse y prétendre aucun droit.

788.

La renonciation peut encore être révoquée, lorsque la succession n'a pas été acceptée par d'autres héritiers, et que la faculté d'accepter n'est pas prescrite, sans préjudice toutefois des droits acquis par des tiers (1).

790.

SECTION III.

Des Successions vacantes.

Une succession est vacante, quand il n'y a pas d'héritiers connus, ou que tous les héritiers connus y ont renoncé (2).

811.

---

(1) Soit par la prescription, soit par des actes valablement faits avec le curateur à la succession vacante.

(2) Observez que, dans la pratique, il n'est pas nécessaire que les héritiers de tous les degrés renoncent. Il suffit que tous ceux du premier degré aient renoncé, pour que la succession soit vacante.

Dans le premier cas, la succession est dévolue au domaine par droit de déshérence.

Dans le second cas, qui est celui dont il s'agit dans cette section, il est nommé un curateur pour administrer la succession.

Cette nomination est faite par le tribunal du lieu de l'ouverture de la succession, sur la demande des parties intéressées (1), ou sur la réquisition du procureur-impérial.   812.

Si par événement il se trouvoit deux ou plusieurs curateurs nommés pour la même succession (2), le premier nommé est préféré, sans qu'il soit besoin de jugement.   *Pr.* 999.

Ce curateur est assujetti aux mêmes obligations et formalités que l'héritier bénéficiaire, quant à l'inventaire, à l'administration et aux comptes à rendre : il exerce et poursuit les   814. droits de la succession; il répond aux demandes formées contr'elle; mais il est tenu de verser ou faire verser le numéraire trouvé dans la succession, et celui provenant du prix des meubles ou immeubles vendus, dans la caisse du receveur de la régie, pour la conservation des droits de qui il appartiendra (3).   813.

---

(1) Ce sont ordinairement les créanciers.

(2) Cette nomination étant faite sur requête, il peut arriver qu'il y ait eu plusieurs requêtes présentées, et par conséquent des nominations différentes faites pour la même succession.

(3) Mais cependant les adjudicataires d'immeubles hypothé-

CHAPITRE V.

Des Obligations de l'héritier qui a accepté tant à l'égard de ses cohéritiers, qu'envers les créanciers de la Succession.

Le titre seul de ce chapitre indique sa division. Il est évident que la première section n'a pas d'objet, lorsqu'il n'y a qu'un seul héritier.

Section première.

Des Obligations respectives des cohéritiers.

Lorsqu'une succession est acceptée par plusieurs cohéritiers, chacun d'eux a le droit, comme nous le verrons au §. 2, de provoquer le partage des biens qui la composent.

Le partage est la division entre les divers cohéritiers des biens auxquels ils ont droit en cette qualité.

L'égalité est de l'essence du partage (1).

---

qués ne sont tenus de verser que ce qui reste après le paiement des dettes qu'ils sont chargés d'acquitter par les articles 2168 et 2184. (*Circulaire du Grand-Juge, du 12 messidor an 13.*)

(1) Il faut entendre par-là une égalité relative au droit que chaque cohéritier a dans la succession. Sous ce rapport, il peut y avoir égalité, quoique les parts soient inégales. Ainsi, dans une succession dévolue au père et au frère, les parts sont inégales, puisque le père n'a que le quart, et le frère les trois autres quarts. Et cependant il y aura égalité, si les biens de l'un et de l'autre

Or, cette égalité seroit blessée dans trois cas :

Le premier, si le cohéritier qui auroit été avantagé par le défunt, ne rapportoit pas à la masse ce dont il a profité ;

Le second, si, après le partage, un des co-partageans se trouvoit évincé, en tout ou en partie, des objets composant son lot ;

Le troisième, enfin, s'il existoit une différence considérable entre la valeur réelle des objets, et celle qui leur a été donnée dans le partage.

C'est donc pour rétablir l'égalité qui doit régner principalement entre cohéritiers, qu'ont été établies la nécessité du rapport, l'action en garantie des lots, et celle en rescision pour cause de lésion.

D'après cela, nous diviserons cette section en cinq paragraphes :

Le premier traitera des rapports ;

Le second, du partage en lui-même et de la manière d'y procéder ;

Le troisième, de la garantie respective des lots ;

Le quatrième, de la rescision du partage ;

Et le cinquième, de l'effet du partage valablement effectué.

---

lots ont été estimés sur le même pied ; si la part de dettes dont chacun d'eux est chargé, est proportionnée à l'émolument qu'il retire de la succession, etc.

§. Ier.

Des Rapports.

Le rapport est la réunion réelle ou fictive (1), à la masse de la succession, des objets donnés par le défunt à un de ses successibles, pour le tout être partagé ensuite entre les divers cohéritiers.

La nécessité du rapport étant fondée sur l'égalité, le principe général sur cette matière est que tout héritier venant à la succession, doit rapporter à ses cohéritiers tout ce qu'il a 843. reçu du défunt à titre gratuit, directement ou indirectement, et même les sommes dont 829. il est débiteur. Pour le développement de ce principe, nous aurons à voir par qui est dû le rapport, à qui il est dû, de quelles choses il est dû, et enfin comment il doit être effectué.

Par qui est dû le Rapport?

Nous disons que le rapport est dû par *tout héritier,* pur et simple, ou sous bénéfice d'inventaire, en ligne directe ou collatérale; mais 843. il faut que l'héritier ait été lui-même donataire du défunt.

Il faut qu'il ait été donataire. Il ne suf-

---

(1) *Réelle,* quand le rapport se fait en nature; *fictive,* quand il se fait en moins prenant.

Tit. III. *Des Successions.* 69

firoit pas qu'il eût profité de la donation. En conséquence le père ne doit, dans aucun cas, le rapport de ce qui a été donné à son fils.

Pareillement, le fils ne le doit point de ce qui a été donné à son père, quand même il auroit accepté la succession de ce dernier, si toutefois il vient de son chef à celle du donateur; mais s'il vient par représentation, il doit le rapport (1), quand même il auroit répudié la succession de son père. 848.

L'époux ne doit point le rapport de ce qui a été donné à son conjoint (2); et si le don a été fait à tous deux, le rapport n'est dû que par moitié, par celui des deux qui est successible. 849.

Il faut que l'héritier ait été *donataire du défunt,* parce que le rapport n'est dû qu'à la succession du donateur; en conséquence, le petit-fils, donataire de l'aïeul, ne doit point le rapport à la succession de son père. 850.

Pour connoître à quelle succession est dû le rapport de la dot, il est nécessaire d'entrer dans quelques détails.

Quand le père et la mère ont doté conjoin-

---

(1) Cela est tout simple. Le représentant ne peut exercer que les droits qu'auroit eus le représenté. Or, si le père fût venu lui-même à la succession, il eût été assujetti au rapport.

(2) Quand même, par l'effet de la communauté, l'époux successible auroit profité du don fait à l'autre époux.

tement l'enfant commun, sans exprimer la portion pour laquelle ils entendent y contribuer chacun, ils sont censés avoir doté chacun pour moitié, soit que la dot ait été fournie en effets de la communauté, ou en biens personnels à l'un des époux (1); et, dans ce cas, le rapport doit se faire pour moitié à la succession de chacun.

1438.

Si la dot a été constituée par un des époux seuls, sur ses biens personnels, le rapport n'est dû qu'à sa succession.

1439.

Si elle a été constituée par le mari seul, mais sur les biens de la communauté, et sans déclaration de la part pour laquelle il entend s'en charger, elle est toujours, à la vérité, à la charge de la communauté ; mais néanmoins, quant au rapport, il faut distinguer :

Si la femme accepte la communauté, comme elle se trouve, par le fait, avoir payé la moitié de la dot, le rapport doit se faire, par moitié, à sa succession et à celle de son mari.

Si, au contraire, elle y renonce, alors le mari se trouve avoir doté seul (2), et le rapport de la totalité doit se faire à sa succession.

---

(1) Sauf récompense, dans ce dernier cas. Nous verrons, au troisième volume, titre *du Contrat de mariage,* ce qu'on doit entendre ici par récompense.

(2) Dans ce cas, la femme ne doit pas récompense, parce qu'elle n'a pas paru au contrat.

Nous disons que le rapport est dû par tout héritier *venant à la succession ;* ce qui signifie deux choses : premièrement, qu'il suffit, pour que le donataire soit sujet à rapport, qu'il soit un des successibles au moment du décès, quoiqu'il ne le fût pas au moment de la donation; 846. et, en second lieu, que, s'il renonce, il peut retenir les dons et réclamer les legs à lui faits par le défunt, sauf réduction, s'il y a lieu, à la portion disponible. 845.

A qui est dû le Rapport ?

Le rapport est dû aux cohéritiers seuls, et jamais aux légataires ni aux créanciers de la succession. 857.

De quoi est dû le Rapport ?

Nous avons dit que le rapport étoit dû de tout ce que le successible a reçu du défunt à titre gratuit, directement ou indirectement.

Il faut qu'il ait reçu *à titre gratuit :* en conséquence, ne doivent pas être rapportés les profits qu'il a pu retirer des conventions passées avec le défunt (1), si ces conventions ne présentoient aucun avantage indirect quand elles ont été faites. Il en est de même à l'égard 853.

---

(1) Il faut cependant excepter le cas de l'art. 918, dans lequel il y a lieu au rapport, quand même il n'y auroit aucun soupçon de fraude.

des avantages que le successible a pu retirer des associations faites sans fraude avec le défunt, lorsque les conditions en ont été réglées par un acte authentique (1).

854.

La règle que tous les objets reçus du défunt, à titre gratuit, sont sujets à rapports, est elle-même susceptible de plusieurs exceptions. Ainsi, ne doivent point être rapportés :

1°. Les frais de nourriture, éducation, entretien et apprentissage; mais ce qui a été employé pour l'établissement ou pour le paiement des dettes d'un des cohéritiers, est sujet à rapport;

852.

851.

2°. Les frais ordinaires d'équipement, de noces, et présens d'usage;

852.

3°. Enfin, les objets donnés ou légués par le défunt, avec dispense du rapport, pourvu qu'ils n'excèdent pas la portion disponible; auquel cas, l'excédent seulement doit être rapporté.

843.

854.

La fille dotée doit le rapport de la dot, quand même le mauvais état des affaires de son mari lui ôteroit tout espoir de s'en procurer la restitution. Si cependant le mari étoit déjà insolvable lorsque la dot a été consti-

---

(1) On exige un acte authentique pour prévenir les fraudes. Un père qui auroit fait dans la réalité, seul, une affaire avantageuse, en feroit profiter un de ses fils, qu'il feindroit y avoir associé, d'après un acte sous seing-privé que l'on antidateroit.

Tit. III. *Des Successions.* 75

tuée, et qu'il n'eût dès-lors ni métier ni profession, elle est tenue seulement de rapporter à la succession du constituant l'action qu'elle a contre son mari ou sa succession, pour se faire rembourser. 1573.

Comment le Rapport doit-il être effectué ?

Le rapport, comme nous avons dit, se fait réellement ou fictivement.

Le rapport réel ou en nature a lieu, lorsque c'est l'objet même donné qui est rapporté à la succession. Il ne s'applique qu'aux immeubles, et seulement dans le cas où l'objet donné est encore dans la main du donataire : ce dernier peut même alors se dispenser du rapport réel, s'il y a d'ailleurs dans la succession des immeubles de même nature, valeur et bonté, dont on puisse former des lots à-peu-près 859. égaux pour chacun des autres cohéritiers, qui 830. les prélèvent alors avant partage.

Le rapport a également lieu en nature, s'il est possible, pour l'excédent de la portion disponible, lorsque l'immeuble a été donné avec dispense du rapport (1); mais si la division

---

(1) Le défunt pouvoit disposer de 15,000 fr. Il a donné, avec dispense du rapport, une pièce de terre de cent arpens, qui valent 200 fr. l'arpent : la donation est donc réductible d'un quart. Comme ici la réduction peut se faire commodément, le donataire rapportera à la masse vingt-cinq arpens de terre.

74 Liv. III. *Manières d'acq. la Propriété.*

ne peut se pratiquer commodément (1), il faut distinguer si l'excédent est de plus ou moins de moitié de la valeur de l'immeuble.

Dans le premier cas, le donataire doit le rapport en totalité, sauf à prélever sur la masse la valeur de la portion disponible.

Dans le second, il peut retenir l'immeuble, sauf à moins prendre, ou à récompenser ses cohéritiers en argent ou autrement.

866.

Le rapport en nature a deux effets principaux : le premier, c'est que les biens sont rapportés francs et quittes de toutes charges et hypothèques créées par le donataire (2), sauf aux créanciers hypothécaires de ce dernier à intervenir au partage, pour empêcher que le rapport ne se fasse en fraude de leurs droits (3).

865.

Le second, c'est que ce rapport devant avoir lieu, comme dit Pothier, *en créance et en espèce,* il en résulte que l'objet à rapporter est

---

(1) Si, par exemple, il s'agit d'une maison.

(2) Ainsi, les acquéreurs sont traités plus favorablement que les créanciers. Si le donataire avoit vendu, l'on n'auroit aucun recours contre l'acquéreur. (Art. 860.) S'il a simplement hypothéqué, l'hypothèque est nulle. C'est une observation importante qu'il ne faut pas perdre de vue, et que nous aurons occasion de rappeler plusieurs fois dans la suite de cet ouvrage. En général, on a voulu éviter tout ce qui pouvoit entraver la circulation des biens.

(3) Si, par exemple, il existoit dans la succession de quoi composer des lots égaux pour tous les autres cohéritiers, les créanciers pourroient s'opposer au rapport en nature.

censé avoir été aux risques de la succession depuis le moment de la donation (1), et qu'il doit y être réuni tel qu'il se trouve au moment où le rapport en doit être fait, c'est-à-dire à l'époque de l'ouverture de la succession.

Si donc la valeur que l'objet donné avoit au moment de la donation, se trouve augmentée à l'époque du décès, il faut considérer si cette plus value provient de causes étrangères au donataire, et indépendantes de son fait, ou d'améliorations industrielles qui lui aient occasionné quelques dépenses.

Dans le premier cas, le bénéfice est pour la succession, sans que le donataire puisse rien réclamer.

Dans le second, l'équité exige qu'il soit tenu compte au donataire de ses dépenses, mais seulement jusqu'à concurrence de la plus value qui en résulte (2). Si cependant les dépenses faites étoient nécessaires pour la conservation du fonds, il a droit de les répéter, quoique la valeur du fonds n'en soit pas augmentée. 861.

862.

Dans tous les cas où le donataire a quelques répétitions à exercer, il a droit de retenir l'immeuble jusqu'à son entier remboursement. 867.

---

(1) Sauf les faits du donataire, dont ce dernier est toujours responsable, comme nous l'allons voir.

(2) Parce que la succession n'est vraiment augmentée que de cette plus value.

76 Liv. III. *Manières d'acq. la Propriété.*

La même distinction doit avoir lieu si l'héritage a péri, ou s'il est diminué ou déprécié : si c'est par la faute ou la négligence du donataire, il doit tenir compte de la perte ou de la moins value ; sinon la perte est pour la succession.

855.
863.

Le rapport est fictif, quand ce n'est point l'objet même donné qui est rapporté, mais sa valeur ou une quantité représentative.

Le rapport fictif peut s'appliquer à des immeubles ou à du mobilier.

Il s'applique aux immeubles dans deux cas :

Le premier, quand il existe dans la succession de quoi faire des lots à-peu-près égaux pour les autres cohéritiers.

Le second, quand le donataire a aliéné l'immeuble avant l'ouverture de la succession (1) (2). Dans ce dernier cas, la somme à rapporter par lui, est évaluée d'après les mêmes principes que nous avons établis ci-dessus relativement au rapport en nature, sans aucun égard au prix de la vente.

860.

Ainsi, le donataire doit la valeur de l'immeuble au moment de l'ouverture de la succession.

Ibid.

___

(1) *Avant l'ouverture de la succession* : parce qu'à compter de l'ouverture, c'est la succession qui est propriétaire (art. 856), et le donataire n'a pas pu aliéner.

(2) Ou quand l'objet a péri par la faute du donataire.

Les améliorations ou dégradations faites par l'acquéreur doivent être imputées comme si elles avoient été faites par le donataire lui-même. 864.

Enfin, si l'immeuble a péri par cas fortuit, le donataire n'est sujet à aucun rapport, pas même à celui de la somme qu'il a reçue pour prix de la vente (1). 855.

Si l'objet donné est de l'argent comptant, le rapport n'est susceptible d'aucune difficulté.

Si la donation consiste en effets mobiliers, le rapport se fait sur le pied de la valeur au moment de la donation (2), d'après l'état estimatif annexé à l'acte ; et, à défaut d'acte, 948. d'après une estimation par experts, à juste 868. prix, et sans crue.

Dans tous les cas, le rapport fictif se fait en moins prenant, c'est-à-dire, qu'on ajoute à la 858. masse des biens de la succession la valeur de l'objet donné, estimée d'après les règles ci-

---

(1) C'est toujours la conséquence du même principe ; si l'immeuble fût resté dans les mains du donateur, il ne se trouveroit plus dans sa succession, puisque nous supposons qu'il a péri par cas fortuit.

(2) Ceci est une exception au principe que nous avons posé ; car si les meubles fussent restés dans la main du donateur, certainement ils ne vaudroient pas, à l'époque de son décès, ce qu'ils valoient au temps de la donation, quand même il ne s'en seroit pas servi. Au reste, le Code, à ce qu'il paroît, n'a fait que confirmer l'ancien droit. J'avoue que je ne vois pas trop sur quel motif est fondée cette disposition.

dessus ; on détermine, d'après cette réunion, la part que chacun des cohéritiers doit avoir dans ladite masse, et l'héritier donataire retient, à compte sur la sienne, la valeur des objets sujets à rapport.

L'excédent de la part des autres cohéritiers doit être composé, autant que possible, en objets de même nature que ceux donnés. Si la donation consiste en argent comptant, et qu'il n'y ait pas assez de numéraire dans la succession pour former une part égale à chaque cohéritier, le donataire est tenu, ou de remettre du numéraire, ou de moins prendre sur le mobilier, ou, à défaut de mobilier, 869. sur les immeubles de la succession.

Le rapport étant dû par le donataire, du moment de l'ouverture de la succession, de plein droit, et sans qu'il soit besoin de demande, il doit, à compter de la même époque, les fruits et intérêts des choses sujettes à 856. rapport.

§. II.

Du Partage et de la manière d'y procéder.

Les inconvéniens sans nombre qui résulteroient d'une indivision forcée, ont déterminé la disposition portant que nul ne peut être contraint à y demeurer (1) ; en conséquence,

―――――

(1) Ce principe s'applique au partage non seulement des suc-

l'action en partage ne peut être écartée, au moins à perpétuité, par aucune exception, même celle du pacte ou de la prescription.

Nous disons *à perpétuité*, parce que les cohéritiers peuvent convenir entr'eux de suspendre le partage, mais pendant cinq années au plus. La convention qui fixeroit un temps plus long, seroit nulle de droit (1) au bout de cinq ans; mais elle pourroit être renouvelée. 815.

Quant à la prescription, elle ne peut jamais être opposée tant que dure l'indivision (2); mais si, par le fait, un des cohéritiers (3) a joui séparément de partie des biens de la succession, pendant le temps requis pour la prescription (4), le partage est censé, dans ce cas, avoir été fait à son égard dans le principe, et ne peut plus, en conséquence, être demandé. 816.

Le partage ne peut être provoqué que par

---

cessions, mais encore de tout ce qui est possédé par plusieurs personnes indivisément, c'est-à-dire sans que les parts de chacun soient déterminées.

(1) *De droit* : C'est-à-dire qu'il n'est pas besoin d'en faire prononcer la nullité en justice.

(2) C'est-à-dire, que l'un des copropriétaires ne peut pas argumenter de ce que la chose est indivise depuis trente, quarante, même cent ans, pour prétendre qu'elle doit toujours rester dans le même état.

(3) Ou des co-propriétaires, s'il ne s'agit pas du partage d'une succession.

(4) C'est-à-dire, pendant trente ans.

les cohéritiers. Cependant, si l'un d'eux a cédé ses droits successifs à un étranger (1), le cessionnaire peut provoquer le partage, comme il peut être provoqué contre lui ; mais si la cession a été faite à titre onéreux, les autres cohéritiers ont le droit d'écarter le cessionnaire (2), en lui remboursant ce qu'il a payé.

841.

Le partage peut être provoqué par tout cohéritier, sauf les modifications suivantes :

S'il y a des cohéritiers mineurs (3) ou interdits, l'action ne peut être exercée, pour ce qui les concerne, que par leur tuteur, à ce spécialement autorisé par un conseil de famille ; et s'il y en a plusieurs qui aient des intérêts opposés dans le partage et qui aient le même tuteur, il doit leur en être donné, à chacun, un spécial et particulier, nommé suivant les règles prescrites au Titre *de la Minorité*.

817.

838.

Pr. 968.

A l'égard des cohéritiers absens (4), l'action appartient aux envoyés en possession (5).

817.

────────────

(1) C'est-à-dire, à une personne qui ne soit pas héritière.
(2) Quand même ce seroit un parent du défunt, si toutefois ce n'est pas un successible.
(3) Même émancipés, art. 484.
(4) C'est-à-dire, déclarés absens. Pendant la présomption d'absence, ils sont représentés par un notaire. (Art. 113.)
(5) Bien entendu qu'il s'agit d'une succession échue avant la disparition ou les dernières nouvelles : car si elle est échue depuis, l'absent n'y a aucun droit. (Art. 136.)

Si une femme mariée est héritière, alors il faut distinguer :

Si elle est séparée de biens, et que la succession soit purement mobilière, elle peut procéder au partage, seule et sans autorisation. 1449.
S'il y a des immeubles dans la succession, elle ne peut procéder au partage qu'avec l'autorisation de son mari ou de justice. 1538.

Il en est de même, si elle est mariée sous le régime dotal, et que les biens à venir n'aient pas été constitués en dot. 1576.

Si les époux sont en communauté, le mari peut, seul et sans le concours de sa femme, procéder au partage de tous les objets meubles ou immeubles qui sont de nature à tomber dans la communauté : à l'égard des objets qui n'y tombent pas, il ne peut procéder au partage sans le concours de sa femme ; il peut seulement, s'il a le droit de jouir de ces biens, demander un partage provisionnel, sauf aux cohéritiers de la femme à la mettre en cause, s'ils veulent rendre le partage définitif. 818.

Dans tous les cas où nous avons dit que la femme pouvoit procéder seule au partage, nous avons supposé qu'il étoit fait à l'amiable. S'il est fait judiciairement, elle doit toujours être autorisée par son mari ou par justice. 215.

Le partage doit être fait avec tous les cohéritiers. En cas de refus de l'un ou de plusieurs d'entr'eux d'y consentir, la contestation est soumise au tribunal du lieu de l'ouverture de la succession, qui connoît également de toutes celles qui peuvent survenir dans le cours des opérations. Le tribunal procède à cet égard, comme en matière sommaire (1); ou commet, s'il y a lieu, pour les opérations du partage, un des juges, sur le rapport duquel il décide les contestations.

823.

C'est devant le même tribunal qu'il est procédé aux licitations (2), et que doivent être portées les demandes relatives à la garantie des lots entre copartageans, et même celles en rescision de partage.

822.

De la Forme du Partage.

Lorsque tous les cohéritiers sont présens et usant de leurs droits, le partage peut être fait dans la forme et par tel acte qu'ils jugent convenables. Dans le cas contraire (3), il ne peut avoir lieu définitivement, qu'en justice et avec les formalités suivantes (4).

819.

---

(1) Voyez le Code de Procédure, art. 404 à 413.

(2) La licitation est la mise aux enchères d'un bien qui ne peut se partager commodément.

(3) C'est-à-dire s'il y a des mineurs, interdits, ou des non présens, qui soient représentés par un notaire à ce commis par le tribunal.

(4) Le partage doit être également fait en justice, quand même toutes les parties seroient présentes et usant de leurs droits, si quelques-unes d'elles ne veulent pas consentir au partage à l'amiable.

Tit. III. *Des Successions.*

Nous avons vu précédemment ce qui concernoit l'apposition et la levée des scellés, ainsi que l'inventaire. Quant à la vente des meubles, elle n'est indispensablement nécessaire, qu'autant qu'il y a des créanciers saisissans ou opposans, ou que la majorité des cohéritiers l'exige (1). Si la vente n'a pas lieu, chacun des cohéritiers peut prendre sa part en nature, d'après l'estimation faite dans l'inventaire, ou, à défaut, d'après celle faite par gens à ce connoissans; ou enfin, la totalité des meubles est portée dans la masse pour le montant de ladite estimation. 826. 825.

La poursuite du partage appartient à la partie la plus diligente. Si deux ou plusieurs ont formé leur demande le même jour, la poursuite appartient à celui qui, le premier, a fait viser l'original de son exploit par le greffier du tribunal. Le *visa* doit faire mention du jour et de l'heure. Pr. 966. Pr. 967.

Sur cette demande intervient jugement, qui 1°. commet un juge, s'il y a lieu, pour les opérations du partage;

2°. Ordonne que les immeubles, s'il y en a, seront estimés par experts (2) choisis par les Pr. 969.

---

(1) On doit y observer les formalités requises par les articles 945 à 951 du Code de Procédure.

(2) Au nombre de trois, afin d'éviter le partage d'opinions. Si cependant toutes les parties sont majeures, elles peuvent consentir à ce qu'il ne soit nommé qu'un expert. (*Pr.* 971.)

parties, ou, à leur refus, nommés d'office. Le procès-verbal des experts doit présenter les bases de l'estimation (1), indiquer la possibilité ou l'impossibilité de partager commodément les objets; et, s'ils sont divisibles, fixer chacune des parts qu'on peut en former, et leur valeur (2).

824.

S'il résulte de ce procès-verbal, que les immeubles ne peuvent se partager commodément, ils sont vendus par licitation devant un membre du même tribunal, ou devant un notaire à ce commis par jugement (3). La licitation a lieu avec les formalités prescrites pour l'aliénation des biens de mineurs, et les étrangers (4) y sont nécessairement admis (5).

Pr. 955.

839.

Si la demande en partage n'a pour objet que la division d'un ou plusieurs immeubles sur

---

(1) C'est-à-dire, que les experts ne doivent pas se contenter de dire : *tel objet vaut tant* ; mais qu'ils doivent donner les motifs de leur avis : Ainsi *telle ferme est composée de tant d'arpens de telle et telle espèce de terres ; ces terres se vendent dans le pays, les unes tant, les autres tant; en conséquence, nous estimons la totalité à tant.*

(2) Voir, pour les formalités des rapports d'experts, les articles 302 à 323 du Code de Procédure.

(3) Ou dont les parties peuvent convenir, quand elles sont toutes majeures et présentes. (Art. 827.)

(4) C'est-à-dire, les personnes autres que les cohéritiers.

(5) Cette disposition est ajoutée, parce que si toutes les parties sont majeures et présentes, l'admission des étrangers n'a lieu qu'autant qu'elle est requise par l'une d'elles; sinon, l'immeuble est licité entre les copropriétaires seulement. (Art. 1687.)

Tit. III. *Des Successions.*

lesquels les droits des parties soient déjà liquidés (1), les experts, en procédant à l'estimation, et si la division est possible, composent les lots, qui, après l'entérinement (2) du rapport, sont tirés au sort, soit devant le juge-commissaire, soit devant le notaire. *Pr.* 975.

Dans les autres cas, c'est-à-dire, lorsque les droits des parties ne sont pas encore liquidés, ce qui est le plus ordinaire, le juge-commissaire renvoie les parties devant un notaire dont elles conviennent, si elles peuvent (3), et veulent s'accorder à ce sujet, ou qui, à défaut, est nommé d'office par le tribunal. On procède devant ce notaire : *Pr.* 976.

1°. Au compte que les copartageans peuvent se devoir (4); 828.

2°. A la formation de la masse générale : cette masse se compose de tous les objets exis-

---

(1) Il arrive quelquefois que dans une succession composée de meubles et d'immeubles, les parties divisent entr'elles le mobilier par un premier partage, et laissent les immeubles en commun, en fixant cependant la part indivise que chacun des co-partageans doit y avoir. Lorsqu'ensuite le partage de ces immeubles est demandé, c'est le cas d'appliquer la disposition de l'article.

(2) *Entérinement :* C'est ici la même chose qu'homologation.

(3) *Si elles peuvent :* Parce qu'elles n'ont le droit de choisir le notaire, qu'autant qu'elles sont toutes majeures et usant de leurs droits.

(4) A raison des recettes et des dépenses qu'ils ont pu faire pour le compte de la succession.

tans dans la succession, du prix de ceux vendus, et des rapports qui ont dû être faits par chacun des cohéritiers, d'après les règles établies au précédent paragraphe;

829.

3°. Aux prélèvemens à faire en faveur des cohéritiers auxquels le rapport est dû, dans le cas où ce rapport ne se fait pas en nature;

830.

4°. A la composition, sur ce qui reste de la masse, d'autant de lots égaux qu'il y a de copartageans, ou de souches copartageantes; sauf, dans ce dernier cas, à procéder ensuite entre les branches de chaque souche, et d'après les mêmes règles, à la subdivision du lot échu à la souche. Les lots sont faits par l'un des cohéritiers, s'ils sont tous majeurs, s'ils s'accordent sur le choix, et si celui qui a été choisi accepte la commission; sinon, et à défaut d'une seule de ces trois circonstances, ils sont faits par un expert nommé par le juge-commissaire. L'on doit, autant que possible, faire entrer dans chaque lot la même quantité de meubles, immeubles, droits ou créances de même nature et valeur, en évitant néanmoins, s'il se peut, de morceler les héritages et de diviser les exploitations, dût-on même, pour y parvenir, compenser l'inégalité des lots par un retour, soit en rente, soit en ar-

831.

836.

Pr. 978.

832.

gent (1). Ce retour se nomme *soulte ;* le co- 855.
partageant auquel la soulte se trouve due,
conserve un privilége sur les biens du lot qui
en est chargé, en prenant une inscription hypothécaire sur lesdits biens, dans les soixante
jours, à dater de l'acte de partage; et, durant
ce temps, il ne peut être consenti aucune hypothèque sur lesdits biens par le propriétaire,
au préjudice du privilége de la soulte. Cette 2109.
disposition a lieu toutes les fois qu'il y a soulte,
et soit que le partage ait été fait à l'amiable ou
en justice (2).

Si, dans le cours du partage, il s'élève des
contestations, soit sur la formation des lots,
soit sur les opérations antérieures, le notaire
en dresse procès-verbal, qu'il remet au greffe,
et l'on procède dans la forme prescrite par
l'art. 977 du Code de Procédure. 857.

S'il n'y a pas de réclamations, ou quand
elles sont jugées, le notaire clot son procès-
verbal, les parties présentes ou duement appelées, le signe avec les parties qui peuvent

---

(1) Ainsi, soit une succession dont chaque part soit de
40,000 fr. : il y a deux héritages, dont l'un vaut 45,000 fr., et
l'autre 35,000 fr. Au lieu de morceler le premier, on fera un
lot de la totalité, et l'on chargera celui auquel il tombera, de
payer à l'autre copartageant une somme de 5,000 fr. C'est cette
somme que l'on nomme *soulte.*

(2) Le même privilége a lieu, en cas de licitation, pour le prix
de l'objet licité. (Art. 2109.)

88 Liv. III. *Manières d'acq. la Propriété.*

Pr. 980. et veulent le signer, et en remet une expédition à la partie la plus diligente, sur la poursuite de laquelle le tribunal homologue, s'il y a lieu, le partage, les parties présentes ou appelées si elles n'ont pas toutes concouru à la clôture du procès-verbal, sur le rapport du juge-commissaire, et sur les conclusions du procureur-impérial, dans les cas où la qualité des parties requiert son ministère (1).

Pr. 981. Le jugement d'homologation ordonne le tirage des lots au sort, soit devant le juge, soit devant le notaire, lequel en fait la déli-

Pr. 982. vrance aussitôt après le tirage, et remet les titres, savoir : ceux communs à toute l'hérédité, au dépositaire choisi par les copartageans, ou nommé d'office par le juge, s'ils ne s'accordent pas sur le choix, à la charge d'en aider les ayans-droit, à toute réquisition : ceux relatifs à une propriété divisée, à celui qui en a la plus grande partie, à la charge d'en aider, comme dessus; et enfin ceux particuliers à chaque objet, à celui des coparta-

842. geans dans le lot duquel l'objet est tombé.

Lorsque toutes les formalités ci-dessus ont été remplies, le partage est définitif, même à l'égard des absens, non présens, mineurs ou

_____

(1) Voyez l'art. 83 du Code de Procédure.

Tit. III. *Des Successions.* 89

interdits. Dans le cas contraire, il n'est que provisionnel. 840.

Il est cependant un cas où le partage est définitif avec toutes sortes de personnes, quoique toutes ces formalités n'aient pas été observées; c'est quand les héritiers sont en ligne directe descendante, et qu'il a été fait un partage anticipé par l'ascendant de la succession duquel il s'agit. Ces sortes de par- 1075. tages font loi entre les copartageans, lorsqu'ils réunissent les conditions suivantes :

Ils doivent être faits par actes entre-vifs ou testamentaires, avec les formalités, conditions et règles prescrites pour les donations entre-vifs, ou les testamens (1). En conséquence, ceux faits par actes entre-vifs ne peuvent avoir pour objet que les biens présens (2). 1076.

Il n'est pas nécessaire que ce partage comprenne tous les biens que l'ascendant laissera à son décès; et, dans ce dernier cas, ceux qui n'y sont pas compris sont partagés conformément aux règles établies pour les partages ordinaires. 1077.

Mais si ce partage peut ne pas comprendre tous les biens, il est essentiel au moins qu'il soit fait entre tous les ayans-droit à la succes-

---

(1) Voyez le titre suivant.
(2) Voyez l'art. 943.

sion; autrement, l'omission d'un seul annulleroit le tout, et donneroit lieu à un nouveau partage dans la forme ordinaire, qui pourroit être provoqué même par ceux mentionnés expressément dans le premier.

1078.

§. III.

De la Garantie respective des Lots.

L'égalité qui doit régner dans les partages, exige que les copartageans soient respectivement garans des troubles et évictions (1) que chacun d'eux éprouve dans les objets qui lui sont échus.

884.

Chaque cohéritier est personnellement obligé à cette garantie, en proportion de sa part héréditaire. Si l'un d'eux est insolvable, sa part dans l'obligation de garantie est répartie également entre le cohéritier évincé et les autres co-partageans. Outre l'action personnelle, le cohéritier évincé a encore, à raison de cette garantie, un privilége sur les autres immeubles dépendans de la succession.

885.

2103.

En cas d'éviction, pour déterminer le montant de l'indemnité due au cohéritier évincé,

---

(1) L'éviction, proprement dite, est l'abandon que le possesseur est obligé de faire de la chose qu'il possède, par suite d'une action réelle exercée par un tiers. Le trouble est tout acte tendant à empêcher la jouissance du possesseur.

il faut, 1°. considérer uniquement la valeur qui a été donnée dans le partage à l'objet dont il s'agit, sans aucun égard aux changemens qu'il a pu éprouver depuis;

Et 2°. reporter cette valeur sur tous les cohéritiers, même sur celui évincé (1), chacun en proportion de sa part héréditaire.

La garantie de partage cesse dans trois cas :

1°. Si l'éviction qui y donne lieu, a été expressément prévue et exceptée par l'acte de partage ;

2°. Si elle est arrivée par la faute du cohéritier évincé (2) ; 884.

3°. Par le laps de trente ans écoulés depuis le moment du trouble ; 2257.

4°. Enfin, si elle procède d'une cause postérieure au partage. En conséquence, la garantie d'une créance n'a pas lieu pour l'insolvabilité du débiteur, quand cette insolvabilité n'est survenue qu'après le partage. Si cependant il s'agit d'une rente, la garantie peut être exercée dans les cinq ans qui suivent le partage. 884. 886.

---

(1) Autrement il se trouveroit plus avantagé que ses copartageans.

(2) S'il a laissé completter une prescription ; s'il a omis de renouveler une inscription, et que le débiteur soit devenu insolvable, etc.

§. IV.

De la Rescision en matière de partage.

Les partages peuvent être rescindés (1) pour trois causes, violence, dol et lésion.

La violence et le dol ont, en général, à l'égard des partages, le même effet qu'à l'égard de toutes les autres conventions (2).

887. Quant à la lésion, il suffit qu'elle soit de plus du quart (3) pour donner lieu à la rescision.

890. Pour juger s'il y a eu lésion, on estime les objets suivant leur valeur à l'époque du partage.

L'action en rescision pour lésion cesse dans les cas suivans :

1°. Si la lésion provient de l'omission d'un objet de la succession ; il y a seulement lieu alors

---

(1) Dans quel délai ? Celui de dix ans, à compter de la découverte du dol, de la cessation de la violence, etc. (Art. 1304.)

(2) Voyez le titre *des Contrats en général*. On n'a pas parlé de l'erreur, parce que, ou elle tombe sur la valeur des choses comprises dans le partage, et alors il n'y a lieu à rescision, qu'autant qu'il en résulte lésion de plus du quart ; ou elle consiste dans l'omission de quelques objets, et alors il y a lieu au partage supplémentaire.

(3) *De plus du quart :* A la différence de la vente, qui ne peut être rescindée qu'autant qu'il y a lésion des sept douzièmes : c'est à cause de l'égalité qui doit régner dans les partages plus que dans tout autre acte.

à une demande en supplément de partage (1). 887.

2°. Si, après un premier acte de partage, les parties ont transigé sur des difficultés réelles (2) que présentoit cet acte, l'action en rescision n'est pas admise, quand même il n'y auroit pas eu encore de procès commencé (3). Mais il faut qu'il y ait un premier acte de partage; car l'action, en général, est admise contre tout acte ayant pour objet de faire cesser l'indivision entre cohéritiers, fût-il qualifié de vente, échange, transaction, ou de toute autre manière. Si cependant un ou plusieurs des 888. cohéritiers ont vendu, avant partage, et sans fraude, leurs droits successifs à l'un d'entr'eux, aux risques et périls de ce dernier, l'acte ne peut être attaqué pour cause de lésion (4). 889.

---

(1) Quand même il ne résulteroit pas de cette omission une lésion de plus du quart. Quelque modique que soit l'objet, il faut bien savoir à qui il doit appartenir en définitif.

(2) *Réelles :* Si elles étoient imaginaires, on regarderoit l'acte comme fait en fraude de la loi, et il y auroit lieu à rescision, s'il y avoit lésion de plus du quart.

(3) Il peut y avoir transaction, sans qu'il y ait procès. La transaction est un moyen d'éteindre le procès né, ou de l'empêcher de naître. (Art. 2044.)

(4) C'est dans ce cas un contrat aléatoire, *propter incertum æris alieni :* à plus forte raison la rescision ne seroit-elle pas admise, même pour lésion des sept douzièmes, contre la même vente faite à un étranger, pourvu qu'il n'apparoisse pas de fraude. Mais cependant nous venons de dire que la rescision est admise contre tout acte qui a pour objet de faire cesser l'indivision, fût-il qualifié de *vente.* Je réponds que cette der-

94 Liv. III. *Manières d'acq. la Propriété.*

891.
3°. Si le défendeur offre de fournir au demandeur le supplément (1) de sa portion héréditaire, soit en numéraire, soit en nature (2).

892.
L'action en rescision pour dol ou violence, cesse lorsque le cohéritier demandeur a aliéné tout ou partie de son lot, postérieurement à la découverte du dol ou à la cessation de la violence.

Les dispositions du présent paragraphe ne s'appliquent qu'aux partages faits par les cohéritiers eux-mêmes entr'eux. Quant à ceux faits par les ascendans, dont il a été précédemment question, ils ne peuvent être attaqués que dans deux cas :

1°. Pour lésion de plus du quart;

Et 2°. si du partage combiné avec d'autres dispositions faites par préciput, il résulte en faveur d'un ou de plusieurs des partageans

---

nière disposition s'applique au cas où un des cohéritiers a vendu sa part dans l'actif à ses cohéritiers, moyennant une somme d'argent. La raison de différence, c'est que, quand il a vendu sa part dans l'actif, il est sujet aux dettes; au lieu que quand il a vendu ses droits successifs, l'acquéreur étant tenu des dettes dont le montant est presque toujours incertain, il y a vraiment contrat aléatoire.

(1) *Le supplément,* juste : Ce n'est pas comme dans la vente, où il suffit d'offrir les neuf dixièmes du juste prix.

(2) Au choix de lui défendeur. Il est débiteur, et le choix est toujours au débiteur, à moins qu'il ne soit expressément réservé au créancier. (Art. 1190.)

Tit. III. *Des Successions.*

un avantage supérieur à la portion disponible.

§. V.

De l'Effet du Partage.

Le principal effet du partage est de faire cesser l'indivision et de déterminer la portion de chaque cohéritier, en la restreignant aux seuls objets tombés dans son lot.

Le partage, dans notre droit, n'est donc pas translatif, mais simplement déclaratif de propriété.

Pour entendre ce principe, il faut considérer que, dans la rigueur du droit, chaque cohéritier a, du moment du décès, un droit indivis sur chacun des objets qui composent la succession ; que le partage ayant pour but de faire cesser l'indivision, attribue ordinairement à chaque cohéritier des objets entiers autant que possible ; qu'il se fait donc, dans le partage, une espèce d'échange entre les copartageans, des droits respectifs partiels qu'ils avoient sur les objets tombés dans le lot de chacun d'eux (1).

---

(1) Supposons en effet une succession dans laquelle il se trouve quatre maisons, et à laquelle aient droit quatre cohéritiers. Chacun d'eux étoit avant le partage propriétaire d'un quart dans chaque maison. Par le partage une maison est abandonnée en entier à chaque cohéritier, sauf retour s'il y a lieu : or, chaque cohéritier n'ayant été dans le prin-

Il sembleroit donc, d'après cela, que le partage dût être regardé comme une acquisition que chaque copartageant fait des portions que ses cohéritiers avoient, avant le partage, dans les effets tombés dans son lot; et c'est effectivement ainsi qu'il étoit considéré dans le droit romain. Mais de-là il résultoit que chaque cohéritier ayant pu, dans l'intervalle écoulé depuis le décès jusqu'au partage, hypothéquer la part qu'il avoit dans chaque immeuble, cette part passoit avec la charge de l'hypothèque à celui des copartageans dans le lot duquel elle tomboit. De-là se seroient ensuivies des difficultés sans nombre pour terminer les partages, des recours en garantie, etc. C'est pour prévenir ces inconvéniens que dans notre droit on a préféré de ne point considérer le partage comme un titre d'acquisition, mais de supposer que chaque cohéritier a succédé seul et immédiatement au défunt dans tous les objets compris dans son lot, et n'a eu aucun droit de propriété sur aucune partie des autres objets de la succession.

883. En conséquence, chez nous, le partage est

---

cipe propriétaire que pour un quart de la maison qui lui est abandonnée, il sembleroit naturel de dire qu'il a acquis les trois autres quarts de ses cohéritiers, auxquels il a cédé en retour le quart qu'il avoit dans chacune des trois autres maisons.

regardé seulement comme un acte déterminatif ou déclaratif des choses dans lesquelles chacun des cohéritiers a succédé au défunt.

Chaque héritier n'acquiert donc rien de ses cohéritiers par le partage ; mais il tient tout du défunt immédiatement.

De-là il suit : 1°. que chacun des cohéritiers n'ayant pu donner à ses créanciers plus de droit qu'il n'en avoit lui-même, il n'a pu leur hypothéquer les objets tombés dans le lot de ses cohéritiers, puisqu'ils ne lui ont jamais appartenu;

2°. Que les hypothèques, même générales, qui peuvent exister sur ses biens, sont restreintes aux seuls immeubles qui tombent dans son lot ;

3°. Qu'elles s'évanouissent entièrement, lorsqu'il n'est échu dans son lot que des objets mobiliers ;

4°. Que les créanciers d'un copartageant ayant, d'après cela, un très-grand intérêt à ce que le partage ne se fasse pas en fraude de leurs droits, peuvent s'opposer à ce qu'il y soit procédé hors de leur présence, et qu'ils ont même le droit d'y intervenir à leurs frais, pour veiller plus sûrement à leurs intérêts ; mais si le partage a été consommé sans opposition de leur part, ils ne peuvent plus l'attaquer ; 882.

5°. Enfin, que, jusqu'au partage, ces mêmes créanciers ne peuvent saisir aucun des objets de la succession, parce que, jusqu'au partage, on ne peut dire quels sont les objets qui appartiennent à leur débiteur. Mais alors, et en cas de refus ou de retard de la part des cohéritiers, de procéder au partage, ils peuvent le provoquer et y intervenir.

Tout ce que nous avons dit dans ce paragraphe, sur l'effet du partage, s'applique également à la licitation.

Section II.

Des Obligations des héritiers envers les créanciers de la Succession.

L'acceptation pure et simple assujettit l'héritier, ainsi que nous l'avons dit plusieurs fois, à toutes les dettes et charges (1) de la succession.

Le motif de ce principe est évident. Il est de toute justice que celui qui a le bénéfice, supporte les charges. Aussi n'est-ce pas du principe en lui-même qu'il doit être traité dans cette section, mais du mode d'en faire l'application.

---

(1) On entend ordinairement sous le nom de *charges*, ce qui doit être payé par la succession, sans qu'il y ait eu obligation de la part du défunt, comme les frais funéraires, ceux de justice. Les legs sont aussi regardés comme des charges de la succession.

Tit. III. *Des Successions.*

Cette application n'est susceptible d'aucune difficulté, lorsqu'il n'existe qu'un seul héritier : il est tenu, dans ce cas, du paiement de toutes les dettes et charges, même sur ses biens personnels (1). Il en est bien de même lorsqu'il y a plusieurs héritiers, c'est-à-dire, qu'ils sont tenus tous ensemble de l'universalité des charges, même au-delà de l'émolument : mais il reste à déterminer dans quelle proportion chacun d'eux en est tenu.

Le principe général et invariable à cet égard, est qu'ils doivent contribuer entr'eux au paiement des dettes et charges de la succession, chacun au prorata de sa part et portion héréditaire (2).

870.

La division des dettes a lieu non seulement à l'égard des héritiers entr'eux, mais encore à l'égard des créanciers de la succession, qui ne peuvent demander à chaque cohéritier qu'une part dans les dettes, proportionnée à sa part héréditaire (3). Mais ils n'ont pas besoin pour

873.

───────────

(1) A moins qu'il n'ait accepté sous bénéfice d'inventaire.

(2) Cela ne veut pas dire que chaque cohéritier n'est tenu que jusqu'à concurrence de sa portion ; mais qu'il doit supporter dans les dettes et charges une part proportionnée à celle qu'il prend dans les biens : si sa portion héréditaire est du quart de la succession, il doit payer le quart des dettes, etc.

(3) Il en est de même des débiteurs de la succession, qui ne peuvent payer valablement à chaque héritier qu'une part de la dette proportionnée à sa part héréditaire, ainsi que nous le verrons au Titre *des Contrats en général*.

cela de faire déclarer exécutoires contre lui les titres qui l'étoient déjà contre le défunt ; ils sont seulement tenus de les lui signifier à personne ou à domicile, et ils ne peuvent exercer de poursuites que huit jours après cette signification.

877.

Nous verrons, au Titre *des Contrats en général,* quelles sont les exceptions dont le principe de la divisibilité des dettes est susceptible. Nous nous contenterons d'énoncer ici la plus fréquente, celle résultante de l'action hypothécaire.

Comme l'hypothèque est, de sa nature, indivisible, qu'elle subsiste en entier sur tous les immeubles, affectés sur chacun et sur chaque portion desdits immeubles, et qu'elle les suit, dans quelque main qu'ils passent, il en résulte que le créancier hypothécaire peut demander le total de la dette à celui qui possède la plus petite partie de l'immeuble qui lui est hypothéqué (1).

2114.

D'après cela, si la succession est grevée d'une dette hypothécaire, il est évident qu'outre l'action personnelle contre chacun des héritiers pour sa part et portion héréditaire, le

---

(1) Sauf, dans ce cas, la faculté accordée au possesseur ou détenteur, quand ce n'est pas le débiteur lui-même, de se libérer de la dette, en délaissant l'immeuble ou la portion d'immeuble qu'il possède. (Art. 2168.).

créancier a encore l'action réelle ou hypothécaire contre ceux d'entr'eux qui possèdent tout ou partie des immeubles hypothéqués à sa créance, comme il l'auroit contre tout autre détenteur (1), action qui lui donne le droit de conclure contre chacun desdits possesseurs, au paiement du total de sa créance.

{871.
873.

Dans ce cas, cependant, s'il est dû par la succession des rentes constituées avec hypothèque spéciale, chaque cohéritier, pour ne pas être exposé indéfiniment à l'action hypothécaire (2), peut exiger qu'avant de procéder à la formation des lots, il soit pris sur les biens libres de quoi rembourser les rentes et dégager les hypothèques. Si ce remboursement n'est pas exigé, et que la succession soit partagée dans l'état où elle se trouve, l'immeuble hypothéqué n'est porté dans la masse que pour sa valeur, déduction faite du capital de la rente; et le cohéritier dans le lot duquel il tombe, demeure seul chargé du service de

---

(1) *Détenteur, tiers détenteur :* Ces expressions sont particulièrement consacrées en matière d'hypothèque, pour désigner celui qui n'est pas personnellement obligé à une dette, mais qui possède un immeuble hypothéqué, et qui, à raison de ce, peut être poursuivi par l'action hypothécaire.

(2) Dans la rente constituée, le débiteur peut, à la vérité, offrir, quand il veut, le remboursement du capital ; mais le créancier ne peut jamais l'exiger.

ladite rente, et doit garantir (1) ses cohéritiers de toute poursuite.

Dans tous les autres cas, l'héritier qui, par suite de l'action hypothécaire, a été obligé de payer au-delà de sa part dans la dette commune, a, de droit, son recours contre les autres cohéritiers. On doutoit, dans l'ancien droit, si ce recours, quand il y avoit subrogation (2), pouvoit être exercé contre chacun des cohéritiers détenteurs d'immeubles, pour le total de la dette, déduction faite de la part de celui qui avoit payé, ou simplement pour la portion dont chacun desdits cohéritiers étoit personnellement tenu, à raison de son émolument.

Cette question a été décidée par l'art. 875, portant : que ce recours, même dans le cas de la subrogation, ne peut jamais avoir lieu que pour la part et portion personnelle de chaque

---

(1) Il est tenu de garantir, parce qu'il faut bien remarquer que les arrangemens particuliers qui peuvent avoir lieu entre les cohéritiers, ne peuvent, en aucune manière, préjudicier au créancier, qui conserve toujours le droit, ou de poursuivre pour le total les détenteurs des immeubles hypothéqués, ou de demander aux autres cohéritiers leur part dans la dette, sauf leur recours dans ce dernier cas, contre celui qui a été chargé par le partage de la payer en totalité.

(2) Il y a subrogation toutes les fois que les droits, priviléges, et hypothèques du créancier passent à une autre personne. Voyez les art. 1250 et 1251.)

cohéritier (1), sauf, en cas d'insolvabilité de l'un d'eux, la réversion sur tous les autres, de sa part dans la dette, au marc le franc (2). 876.

Si cependant l'héritier qui a payé le total, n'avoit accepté que sous bénéfice d'inventaire, alors, comme par l'effet de ce bénéfice il conserve la faculté de réclamer le paiement total de ses créances personnelles, comme tout créancier étranger, il peut exercer contre tous ses cohéritiers tous les droits résultans de la subrogation qu'il a acquise par le paiement (3). 875.

L'effet de l'acceptation de la succession étant de confondre le patrimoine du défunt avec celui de l'héritier, il pourroit arriver que cette confusion préjudiciât aux créanciers du défunt, et principalement à ceux non hypothécaires, dans le cas, par exemple, où l'héritier se trouveroit avoir personnellement plus de dettes que de biens.

---

(1) Même quand tous ou quelques-uns d'entr'eux seroient détenteurs d'immeubles hypothéqués à la même créance.

(2) Si nous supposons trois héritiers, dont le père et deux frères ; le père a le quart de la succession, chacun des deux frères a trois huitièmes. Si l'un des deux frères est insolvable, sa part dans la dette sera partagée en cinq parties, dont deux seront supportées par le père, et les trois autres par l'autre frère.

(3) Il pourra, en conséquence, en abandonnant tout ce qu'il a des biens de la succession, agir, pour le total de la créance, contre chacun des autres héritiers détenteurs d'immeubles hypothéqués.

C'est pour parer à cet inconvénient, que l'on a accordé aux créanciers de la succession le droit de demander la séparation des patrimoines.

878.

Par l'effet de cette séparation, les créanciers de l'héritier ne peuvent exercer d'action sur les biens provenans de la succession, qu'après l'entier acquittement de la portion que cet héritier doit supporter dans les dettes de cette même succession.

Le droit de demander la séparation des patrimoines, cesse dans trois cas :

1°. Si les créanciers du défunt ont consenti à la novation (1) de la dette, en acceptant l'héritier pour débiteur;

879.

2°. Si les biens sont sortis des mains de l'héritier;

3°. A l'égard des meubles, s'ils ont laissé passer trois ans, sans demander la séparation. Quant aux immeubles, l'action peut être exercée, tant qu'ils existent dans la main de l'héritier, pourvu toutefois que l'action principale ne soit pas prescrite. Mais pour conserver leur privilége à l'égard des créanciers

880.

---

(1) La novation est la substitution d'une nouvelle dette à l'ancienne, qui se trouve en conséquence éteinte. Ainsi, lorsqu'il y a eu novation, la créance contre la succession est éteinte, et il ne reste plus que celle contre l'héritier. (*Voyez* au titre *des Contrats en général.*)

de l'héritier, ceux de la succession sont tenus, dans les six mois à compter de l'ouverture de ladite succession, de prendre inscription sur chacun des biens immeubles qui en dépendent; et il ne peut être établi, pendant cet intervalle, aucune hypothèque à leur préjudice sur lesdits biens, par les héritiers ou leurs représentans. 2111.

TITRE IV.

Des Donations entre-vifs et testamentaires (1).

La donation est la quatrième manière d'acquérir la propriété.

Elle peut être définie, en général, un acte par lequel une personne dispose, à titre gratuit (2), en faveur d'une autre personne, de tout ou partie de ses biens.

La donation peut être faite de différentes manières et par différens actes. Mais avant d'exposer les règles particulières à chaque espèce, il est bon de faire connoître les dispositions qui s'appliquent généralement à tous

---

(1) Il existe sur cette matière un excellent Traité de *Ricard*. Mais, comme il est beaucoup trop étendu pour pouvoir être lu par de simples commençans, je leur conseille de se borner à deux petits Traités de *Pothier*, qui se trouvent tous deux dans ses OEuvres Posthumes, l'un sur les donations entre-vifs, l'autre sur celles testamentaires.

(2) *Disposer à titre gratuit*, c'est transmettre sa chose à une autre personne, sans rien recevoir à la place. Disposer *à titre onéreux*, c'est recevoir l'équivalent, ou une chose censée l'équivalent de ce que l'on donne.

les genres de donations. En conséquence, le présent titre sera divisé en cinq chapitres, dont le premier traitera des dispositions communes à tous les genres de donations;

Le second, des donations entre-vifs, proprement dites;

Le troisième, des dispositions testamentaires;

Le quatrième, des donations à la charge de restituer;

Le cinquième, des donations faites par contrat de mariage.

CHAPITRE PREMIER.

Dispositions générales.

Ces dispositions sont relatives au mode de disposer; à la capacité personnelle et respective du donateur et du donataire; et enfin, à la portion de biens dont il est permis à chacun de disposer.

SECTION PREMIÈRE.
Du Mode de disposer.

Comme il existe des règles spéciales pour chaque espèce de donation, le principe général est que l'on ne peut disposer de ses biens à titre gratuit, que dans les formes et suivant

893. les conditions expressément déterminées (1).

Sont en outre prohibées certaines dispositions, reconnues comme trop gênantes pour le commerce et la circulation des biens ; ce sont les donations à charge de conserver et de rendre à une autre personne. Nous verrons au quatrième chapitre ce qu'on doit entendre par ces expressions, et les modifications que le législateur lui-même a cru devoir apporter à la prohibition générale contenue dans l'art. 896.

900. Ce cas excepté, toutes les autres conditions moralement ou physiquement impossibles (2), apposées à une donation entre-vifs ou testamentaire, sont réputées non écrites (3).

---

(1) L'article dit, à la vérité, que l'on ne pourra disposer à titre gratuit, que par donation entre-vifs ou par testament. Mais comme le titre même *des Donations* consacre celles des biens à venir par contrat de mariage, qui ne sont ni donation entre-vifs, proprement dite, ni testament, j'ai cru devoir adopter la rédaction ci-dessus, qui ne laisse aucune espèce d'incertitude.

(2) Une condition est *physiquement* impossible, quand les lois de la nature s'opposent à son exécution. Elle est *moralement* impossible, quand elle est physiquement possible, mais qu'elle ne peut s'exécuter sans violer les lois ou les bonnes mœurs.

(3) Par conséquent, le donataire recueille la donation, et est dispensé de l'accomplissement de la condition.

Section II.

De la Capacité de donner ou de recevoir.

La faculté de donner et de recevoir est regardée comme étant de droit commun (1); elle appartient en conséquence à toute personne qui n'en est pas privée formellement par la loi. 902.

Sont incapables de donner :
1°. Le mort civilement ; 25.
2°. Celui qui n'est pas sain d'esprit; 901.
3°. Le mineur. Cependant, à son égard, il faut distinguer : S'il s'agit de disposer entre-vifs, il ne peut le faire que par contrat de mariage, en faveur de son époux, et avec le consentement et l'assistance de ceux dont le consentement est requis pour la validité du mariage; mais aussi, alors, il peut donner à son conjoint tout ce dont il pourroit disposer en sa faveur, s'il étoit majeur. Quant au testament, il peut, lorsqu'il est parvenu à l'âge de seize ans, disposer seulement de la moitié de ce dont il pourroit disposer, s'il étoit majeur. 1095. 904.

4°. La femme mariée, à moins qu'elle n'ait le consentement spécial de son mari, ou qu'elle

---

(1) On dit qu'une chose est de droit commun, quand il n'est pas nécessaire que la loi la permette, mais qu'il suffit qu'elle ne l'ait pas défendue.

ne soit autorisée par justice, si toutefois elle dispose entre-vifs; car, ainsi que nous l'avons vu au Titre *du Mariage*, elle peut tester sans aucune autorisation;

905.

5°. Enfin, toutes donations faites par un failli, dans les dix jours qui précèdent l'ouverture de la faillite, sont nulles et sans effet relativement à la masse des créanciers (1).

Com.444.

Quant à l'incapacité de recevoir, elle est absolue ou relative.

L'incapacité absolue est celle qui rend l'individu incapable de recevoir de qui que ce soit. Telle est:

1°. Celle de l'individu qui n'étoit pas encore conçu au moment de l'acte, s'il s'agit d'une donation entre-vifs, ou au moment du décès du testateur, s'il s'agit d'un testament. Dans les deux cas, pour que l'enfant, même conçu, soit capable de recevoir, il faut en outre qu'il naisse viable. Cette disposition, comme nous le verrons par la suite, ne s'applique pas aux donations des biens à venir qui peuvent avoir lieu au profit des enfans à naître du mariage, ni aux dispositions à charge de rendre, dans les cas où elles peuvent avoir lieu.

906.

―――――――――――――――――――

(1) *Relativement à la masse des créanciers*, c'est-à-dire que si les créanciers n'en demandent pas la nullité, elle ne peut être demandée par le failli ni par ses héritiers.

2°. Celle du mort civilement, à moins que la disposition ne soit purement alimentaire ; 25.

3°. Celle de l'étranger, qui ne peut recevoir que dans les cas où il pourroit lui-même disposer en faveur d'un Français (1). 912.

L'incapacité relative est celle qui rend l'individu incapable de recevoir de certaines personnes seulement, mais qui ne lui ôte pas le droit de recevoir de tout autre.

Ainsi, 1°. le tuteur ne peut rien recevoir de son pupille, même par testament, avant sa majorité. Il ne le peut, même à cette époque, tant que le compte définitif de tutelle n'a pas été rendu et apuré. Si cependant le tuteur étoit un ascendant, la prohibition n'auroit lieu dans aucun cas (2). 907.

2°. Les enfans naturels ne peuvent, comme nous l'avons dit, rien recevoir de leur père et mère, au-delà de ce qui leur est accordé au titre *des Successions*. 908.

3°. Les officiers de santé de tout genre, les pharmaciens et les ministres des cultes, ne peuvent profiter en aucune manière des dispositions qu'une personne à laquelle ils ont donné des soins pendant la maladie dont elle

---

(1) Mais toujours conformément à la disposition de l'art. 11.

(2) On doit supposer que la donation a été faite en vue des liens du sang seulement, et non par aucun autre motif particulier.

est décédée, auroit faites en leur faveur pendant cette même maladie (1). Ils sont cependant capables de dispositions rémunératoires (2) faites à titre particulier (3), et proportionnées aux facultés du donateur, ainsi qu'aux services qu'ils ont pu lui rendre. Ils peuvent même recevoir des dispositions universelles dans deux cas : le premier, quand ils sont héritiers en directe du donateur ; et le second, quand ce dernier n'a pas d'héritiers en directe, et qu'ils sont ses parens en collatérale au quatrième degré, ou à un degré plus proche.

En établissant ces diverses prohibitions, on a dû prévenir les fraudes qui pourroient être mises en usage pour les éluder. En consé-

---

(1) Ainsi il faut, pour que la disposition soit nulle, le concours de trois circonstances :

1°. Qu'elle ait été faite en maladie ;

2°. Qu'elle ait été faite pendant la maladie dont le donateur est decédé ;

3°. Que le donataire l'ait assisté pendant cette maladie.

A défaut d'une seule de ces circonstances, la donation est valable.

(2) La disposition rémunératoire est celle qui est faite dans la vue de récompenser le donataire des services qu'il a rendus au donateur.

(3) Une donation est faite *à titre particulier*, quand elle n'est pas d'une partie de la succession, quelle que soit d'ailleurs la valeur de ces objets, comparativement à la masse totale des biens. Elle est *universelle*, ou *à titre universel*, quand elle comprend la généralité des biens, ou une partie aliquote de cette généralité, comme le tiers, le quart du total, sans désignation d'objets particuliers.

quence, sont déclarées nulles toutes dispositions faites au profit des personnes désignées ci-dessus, soit qu'elles aient été déguisées sous la forme d'un contrat à titre onéreux, ou sous le nom de personnes interposées.

Sont réputées de droit (1) personnes interposées, les père, mère, époux et descendans de l'incapable. 911.

Il est encore une espèce d'incapacité relative, qui a lieu entre deux époux dont l'un a des enfans d'un premier mariage. Il en sera traité spécialement au chapitre VI du présent titre.

Enfin, les hospices, les pauvres, et en général les établissemens d'utilité publique, ne peuvent recevoir qu'autant que l'acceptation est autorisée par le gouvernement. 910.

Section III.

De la Portion disponible.

Le législateur, en accordant à chaque individu le droit de disposer de ses biens à titre gratuit, n'a pas dû cependant lui permettre

---

(1) *De droit :* J'ai ajouté ces mots pour deux raisons : premièrement, parce que dans ces divers cas on n'a pas besoin de prouver l'interposition ; dès le moment que la donation est faite à une des personnes désignées dans l'article, elle est, sans autre preuve, présumée faite à l'incapable, et doit être déclarée nulle. Et en second lieu, parce que l'interposition peut avoir lieu à l'égard d'autres personnes ; mais alors elle n'est pas de droit, il faut qu'elle soit prouvée.

l'exercice de ce droit dans toute sa plénitude; toutes les fois qu'il en résulteroit le dépouillement total de ceux auxquels ces biens semblent en quelque sorte naturellement dévolus. D'un autre côté, il eût été fort inutile de déterminer la quotité jusqu'à concurrence de laquelle on peut disposer, s'il n'eût pas été en même temps permis d'attaquer les dispositions qui entameroient la quotité réservée. En conséquence, la présente section sera divisée en deux paragraphes, dont le premier traitera de la quotité disponible, et le second, de la réduction des donations faites en excédent de cette quotité.

§. Ier.

De la Quotité de la portion disponible.

La portion des biens affectée spécialement par la loi aux héritiers qu'elle désigne, et dont il est défendu de disposer à leur préjudice, se nomme réserve (1). Cette portion varie en raison du nombre et de la qualité des héritiers laissés par le disposant, et même quelquefois en raison de la qualité du donataire.

Quand le défunt ne laisse ni ascendans ni descendans, ses libéralités entre-vifs ou testamentaires peuvent épuiser la totalité des biens (2). Mais s'il existe des héritiers directs,

---

(1) Anciennement *légitime*.

(2) Ainsi point de réserve en faveur des collatéraux, même des frères et sœurs.

il faut distinguer : si ces héritiers sont des ascendans, ils ont droit à une réserve qui est fixée à la moitié des biens, s'il y a des ascendans dans les deux lignes, et au quart, s'il n'y en a que dans une ligne. Cette réserve est recueillie par eux dans l'ordre où ils sont appelés à succéder *ab intestat* (1), et elle leur appartient exclusivement, dans tous les cas où un partage, en concurrence avec des collatéraux, ne leur donneroit pas la quotité de biens à laquelle elle est fixée (2).

Quant à la réserve des enfans ou descendans, elle varie également en proportion de leur nombre.

Ainsi, pour un enfant légitime, elle est de moitié des biens; pour deux, des deux tiers; pour trois ou un plus grand nombre, des trois quarts; en observant toutefois que les descendans, à quelque degré qu'ils soient, ne sont

---

(1) Cela veut dire deux choses : la première, qu'ils n'ont droit à une réserve que quand ils ont droit de succéder *ab intestat*. Si donc il y a des frères, les ascendans, autres que les père et mère, sont exclus : Et la seconde, que cette réserve est recueillie par eux comme le seroit une succession *ab intestat*, c'est-à-dire, que le plus proche exclut le plus éloigné dans chaque ligne.

(2) Cette disposition est faite pour le cas où il resteroit dans la succession plus qu'il ne faut pour complétter la réserve, mais où ce reste, partagé suivant les règles ordinaires, ne donneroit pas aux ascendans une part égale au montant de la réserve. La loi veut que, dans ce cas, cette réserve soit complettée sur la part des autres héritiers, qui n'auront alors que l'excédent.

comptés que pour l'enfant au premier degré dont ils descendent.

La réserve varie encore, lorsque les dispositions qui y portent atteinte sont en faveur de l'époux du donateur. Dans ce cas, la réserve des ascendans est bornée à la nue propriété seulement de la portion qui compose cette même réserve : celle des descendans, en quelque nombre qu'ils soient, est de moitié des biens en toute propriété, et du quart en nue propriété seulement, sans préjudice, 1°. du droit qu'a le donateur de disposer en faveur de tout autre que de son époux, du surplus de la quotité disponible, dans le cas où elle se trouveroit excéder la portion dont il lui est permis de disposer en faveur de son époux (1); et 2°. des dispositions portées en l'art. 1098, relativement aux seconds mariages (2).

La portion disponible peut être donnée en tout ou en partie aux enfans ou autres successibles du donateur, sans être sujette à rapport, quand même le donataire viendroit à la succession, pourvu qu'il soit déclaré expressé-

---

(1) Ce cas est celui où le donateur n'auroit qu'un enfant : la quotité disponible est alors de la moitié des biens en toute propriété. Il ne peut donner à son conjoint qu'un quart en toute propriété et un quart en usufruit : il reste donc un quart en nue propriété dont il peut disposer en faveur d'un étranger.

(2) Et dont il sera traité à la fin de ce titre.

ment que la disposition est faite *à titre de préciput*, ou *hors part*, ou autres termes équivalens. Cette déclaration peut être faite, soit par l'acte qui contient la disposition, soit par un acte subséquent, revêtu des formalités requises pour les dispositions entre-vifs ou testamentaires (1). 919.

Il existe néanmoins à l'égard des successibles en ligne directe, une disposition particulière (2), qui consiste en ce que les biens aliénés à leur profit par le défunt, à charge de rente viagère, ou avec réserve d'usufruit, sont présumés leur avoir été transmis en pur don, et à titre de préciput. En conséquence, ils sont imputés sur la portion disponible pour leur juste valeur en pleine propriété; et l'excédent, s'il y en a, est rapporté à la masse. Il en est de même des fonds placés à fonds perdu entre les mains d'un des héritiers en ligne directe; mais cette disposition, qui ne peut être, dans aucun cas, invoquée par des collatéraux (3), ne peut l'être davantage par les héritiers même directs, qui ont consenti à l'aliénation. 918.

---

(1) Ces formalités sont exigées, parce que la dispense du rapport est une véritable donation.

(2) Cette disposition a été prise de l'article 26 de la loi du 17 nivôse an 2.

(3) Pour donner du sens à cette disposition, il faut supposer que des collatéraux concourent avec des héritiers directs; ce qui ne peut arriver que quand ces héritiers directs sont des ascendans.

§. II.

De la Réduction des Donations excédant la quotité disponible.

La réduction des dispositions qui excèdent la quotité disponible, est une suite nécessaire de l'établissement d'une réserve. En conséquence, il est de principe que toutes dispositions (1), soit entre-vifs, soit à cause de mort (2), ont, à la vérité, pendant la vie du donateur, tout l'effet dont elles sont susceptibles, mais qu'elles peuvent être attaquées à son décès, et réduites à la quotité dont il lui étoit permis de disposer, eu égard à la valeur des biens qui composent sa succession (3). Nous verrons, en conséquence, dans ce paragraphe :

920.

1°. Quelles sont les personnes qui peuvent demander la réduction;

Et 2°. comment l'on doit procéder pour déterminer s'il y a lieu à l'opérer, et dans quel ordre elle doit être effectuée.

---

(1) Même celles faites en faveur des époux et par contrat de mariage. (Art. 1090.)

(2) On entend par-là les donations des biens à venir, et celles faites par testament.

(3) Ainsi, pour décider s'il y a lieu à réduction ou non, ce n'est pas la valeur des biens qu'avoit le disposant quand il a fait la donation, qu'il faut considérer, mais celle des biens qu'il laisse à son décès.

Par qui peut être demandée la réduction ?

La réduction des dispositions à titre gratuit, faites par le défunt, n'ayant d'autres motifs que de completter la réserve fixée par la loi, il est clair qu'elle ne peut être demandée que par ceux au profit desquels la loi a établi cette réserve, leurs héritiers ou ayans-cause (1). Quant aux donataires, légataires ou créanciers du défunt, ils ne peuvent jamais la demander ni même en profiter, au moins pour ce qui concerne la donation entre-vifs (2).

921.

Comment la réduction doit-elle être opérée ?

Pour déterminer s'il y a lieu à opérer la réduction, et sur quelles donations elle doit porter, il faut distinguer trois cas : ou il n'existe que des dispositions testamentaires, ou il n'existe que des donations entre-vifs, ou il en existe des deux espèces. Nous allons

---

(1) *Ou ayans-cause :* Ainsi les créanciers du légitimaire pourront demander la réduction des donations.

Nota. J'appelle légitimaire, *brevitatis causâ*, celui auquel la loi assure une réserve.

(2) *Les donations entre-vifs :* En effet, comme les legs ne peuvent être pris que sur les biens, et que *bona non intelliguntur, nisi deducto œre alieno*, il s'ensuit que les légataires ne peuvent exiger le paiement de leurs legs qu'après le paiement de tous les créanciers de la succession.

faire connoître les règles à suivre dans chacune de ces trois circonstances.

S'il n'existe que des dispositions testamentaires, alors on forme la masse de tous les biens existans au décès du testateur; on en déduit les dettes; on calcule sur le restant, quelle est, eu égard à la qualité et au nombre des héritiers, la quotité dont le défunt a
922. pu disposer; et si le montant des legs excède cette quotité, ils sont tous réduits au marc le franc, sans aucune distinction entre les legs
926. universels et les legs particuliers.

Si cependant le testateur a ordonné qu'un legs soit acquitté de préférence, alors la contribution ne porte d'abord que sur les autres dispositions; et le legs préféré n'est sujet à réduction, qu'autant que la valeur entière des
927. autres ne suffit pas pour completter la réserve.

S'il n'a été fait que des donations entre-vifs, on forme la masse, et on en déduit les dettes comme dans le cas précédent; on réunit ensuite fictivement au surplus, s'il y en a, le montant des biens donnés, calculés d'après leur état à l'époque des donations, et leur
922. valeur au temps du décès (1). On détermine,

---

(1) *Calculés d'après leur état*, etc. En général, il faut, dans le cas de la réduction, considérer les biens donnés comme s'ils n'étoient pas sortis de la main du donateur. Dans cette hypo-

d'après cette réunion, le montant de la réserve ; et si les biens restans dans la succession ne suffisent pas pour la completter, on procède à la réduction, en commençant par la dernière donation, l'épuisant même s'il est nécessaire, et en cas d'insuffisance, en remontant graduellement, par ordre de dates, des dernières aux plus anciennes (1).

Troisièmement enfin, s'il existe tout ensemble des dispositions entre-vifs et par testament, on réunit, comme dessus, le montant des biens donnés entre-vifs à ceux existans au décès, déduction faite des dettes. On fixe, d'après cette masse, le montant de la réserve, et si les biens libres ne suffisent pas

---

thèse, et s'ils étoient encore dans sa succession, ils y seroient pour leur valeur au moment du décès. C'est donc cette valeur réelle que l'on doit calculer. Quant à leur état, il faut ne considérer que celui qu'ils avoient à l'époque des donations, c'est-à-dire qu'il faut faire abstraction de toutes les améliorations ou dégradations qu'ils ont pu éprouver depuis la donation, par le fait du donataire ou de ses ayans-cause.

(1) Remarquez qu'ici la réduction ne se fait pas au marc le franc comme sur les legs, et ce, pour deux raisons : la première, parce que ce sont réellement les dernières donations qui ont entamé la légitime ; et la deuxième, parce que ce seroit fournir au donateur un moyen de révoquer les premières donations, en en faisant de postérieures, ce qui est contraire au système établi à l'égard des donations entre-vifs, comme vous le verrons dans le chapitre suivant. On ne peut pas en dire autant des legs qui ont tous la même date, celle du décès, et qui doivent en conséquence contribuer proportionnellement.

pour la completter, la réduction porte d'abord exclusivement sur les dispositions testamentaires, par contribution s'il y a lieu; et ce n'est qu'après qu'elles sont totalement épuisées, que l'on peut attaquer les donations entre-vifs, à l'égard desquelles on suit la marche tracée pour le second cas.

Ces principes établis, il reste à faire connoître les effets de la réduction, et les diverses actions que le légitimaire peut exercer à ce sujet. Le principe général sur cette matière est que le légitimaire est saisi, du moment du décès du donateur ou testateur, de tous les objets qui doivent composer sa réserve; en conséquence, rien de plus simple que l'exercice de son droit pour ce qui concerne les dispositions testamentaires. Comme les objets sont encore dans la succession, l'effet de la réduction est d'annuller les legs jusqu'à due concurrence, et les légataires sont censés n'avoir eu aucun droit sur les objets compris dans la réserve.

La réduction des donations entre-vifs ne présente pas beaucoup plus de difficulté, lorsqu'elles n'ont pour objet que du mobilier: comme en général les meubles n'ont pas de suite, et que, conséquemment, le légitimaire ne peut exercer aucune action contre les tiers détenteurs, il n'a, dans le cas de la réduction, qu'une simple action personnelle contre le donataire pour la somme nécessaire au complément de la réserve.

Mais quand la réduction frappe sur des donations entre-vifs d'objets immobiliers, alors comme les donataires n'ont eu sur les objets donnés qu'un droit de propriété résoluble, droit qu'ils ont pu néanmoins transférer ou hypothéquer, mais tels qu'ils l'avoient eux-mêmes, l'effet de la réduction devient plus compliqué, parce que l'intérêt des tiers peut s'y trouver compromis.

Nous observerons d'abord que l'on va retrouver ici la distinction que nous avons déjà fait remarquer, entre les acquéreurs, et ceux qui n'ont sur les objets donnés qu'un simple droit d'hypothèque.

En effet, si les biens à recouvrer par l'effet de la réduction sont encore dans la main du donataire, ils sont repris francs de toutes dettes ou hypothèques créées par ce dernier; mais si les biens ont été aliénés, il faut distinguer: si l'aliénation n'a été que partielle, la réduction doit porter d'abord sur les objets restés dans les mains du donataire; en cas d'insuffisance, ou si la totalité des biens a été aliénée, alors l'action en réduction ou revendication peut à la vérité être exercée contre les tiers détenteurs, suivant l'ordre de date des aliénations (1),

929.

---

(1) *Suivant l'ordre de date des aliénations.* Parce que ce

en commençant par la plus récente, et les biens sont également repris francs de toutes hypothèques; mais même dans ce cas, et toujours dans le dessein de favoriser l'acquéreur, on exige que le légitimaire se contente de l'estimation des choses sur lesquelles la réserve doit frapper, si le donataire est en état de la fournir, et qu'il ne puisse s'adresser aux tiers, que discussion préalablement faite des biens dudit donataire.

950.

Dans tous les cas, comme le légitimaire est saisi du jour du décès, c'est de ce jour que lui sont dus les fruits ou intérêts de ce qui excède la portion disponible, pourvu toutefois qu'il en forme la demande en réduction dans l'année; sinon, ils ne sont dus que du jour de la demande.

928.

Si la donation réductible est d'un usufruit ou d'une rente viagère, alors, pour éviter les embarras d'une estimation toujours difficile dans ce cas, le légitimaire est tenu, ou d'exécuter la disposition en entier, ou d'abandonner au donataire la valeur de la quotité disponible, en toute propriété.

917.

En terminant ce paragraphe, il ne faut pas omettre deux observations importantes; la

---

sont les dernières aliénations qui ont empêché qu'il ne restât dans les mains du donataire de quoi completter la réserve.

première, que le légitimaire est tenu d'imputer sur la réserve qu'il réclame, tout ce qu'il tient (1) de celui de la succession duquel il agit.

Et la seconde, que si la donation entre-vifs, sujette à réduction, a été faite à un successible qui auroit eu droit de demander la réserve, mais qui a renoncé à la succession pour s'en tenir à la donation, il peut (2) retenir sur les biens donnés la valeur de la portion de réserve à laquelle il auroit droit comme héritier, pourvu toutefois que les biens qu'il retient ne soient pas d'une nature plus avantageuse que ceux qui restent pour former la réserve aux autres légitimaires (3). 924.

CHAPITRE II.

Des Donations entre-vifs proprement dites.

Nous ajoutons *proprement dites,* parce que la donation entre-vifs, en général, est celle

---

(1) L'on suit, pour l'imputation, à-peu-près les mêmes règles que pour le rapport, c'est-à-dire, que le légitimaire est tenu d'imputer sur sa légitime tous les objets qui seroient sujets à rapport, en cas de partage avec d'autres cohéritiers.

(2) Cela est facultatif. Ainsi, il peut remettre le tout, et venir à partage, si, par exemple, la donation qui lui a été faite étoit d'argent comptant, et que le surplus des biens non disponibles soit en immeubles.

(3) Autrement il se trouveroit plus avantagé que ses co-légitimaires.

qui a un effet quelconque du vivant du donateur; ce qui comprendroit les donations faites, soit entre époux, soit aux époux eux-mêmes par contrat de mariage; donations qui, néanmoins pour la plupart, ne sont pas asssujetties, ainsi que nous le verrons par la suite, aux règles établies dans le présent chapitre.

894. La donation dont il s'agit ici, est définie un acte par lequel une personne se dépouille actuellement, gratuitement, et irrévocablement, de tout ou partie de ses biens, en faveur d'une autre personne qui l'accepte.

931. La seule formalité à remplir pour cette espèce de donation, est que l'acte qui la contient, soit passé devant notaires, dans la forme ordinaire des contrats (1), et qu'il en reste minute, le tout à peine de nullité.

Si la donation est d'effets mobiliers, et qu'il en ait été passé acte (2), il n'est valable qu'autant qu'il a été annexé à la minute un état estimatif (3) des objets donnés, signé du dona-

---

(1) Pour les formes de contrats, voir la section 2 du titre Ier. de la loi sur l'organisation du notariat, du 25 ventose an 11.

(2) L'acte est nécessaire pour la donation d'effets mobiliers, lorsqu'elle n'est pas accompagnée d'une tradition réelle; par exemple, si elle est faite à terme ou sous condition; si le donateur se réserve l'usufruit des effets donnés.

(3) Cet état est nécessaire, afin que la valeur des objets donnés se trouve fixée au moment même de la donation, de manière qu'il ne soit pas au pouvoir du donateur d'en atténuer l'effet.

teur, du donataire ou de ceux qui acceptent pour lui; et si la totalité des objets donnés n'est pas portée audit état, l'acte n'est valable que pour ceux qui s'y trouvent compris. 948.

Quant aux conditions nécessaires pour la validité de la donation en elle-même, il résulte de la définition que nous avons donnée, qu'il faut:

1°. Que le donataire l'accepte;

2°. Que le donateur se dépouille actuellement;

3°. Qu'il se dépouille gratuitement;

4°. Enfin, qu'il se dépouille irrévocablement, sauf les exceptions qui seront mentionnées.

Nous allons exposer les principes relatifs à ces diverses conditions, en observant préalablement que les nullités prononcées par la loi dans cette matière, ne peuvent être couvertes par aucun acte confirmatif de la part 1339. du donateur. Il en seroit autrement, si cet acte émanoit de ses héritiers ou ayans-cause (1), après son décès, parce que ces nullités étant établies principalement dans leur intérêt, il leur est libre de renoncer au droit introduit en leur faveur. Ils seroient donc, dans ce cas,

---

(1) *Ayant-cause*, légataire universel, donataire universel de biens à venir.

non recevables à opposer, soit les vices de forme, soit toute autre exception.

SECTION PREMIÈRE.

De l'Acceptation des Donations.

La donation entre-vifs étoit, et peut encore être regardée comme un contrat, qui exige en conséquence le concours des deux parties. De-là il suit qu'elle n'est parfaite que du moment que ce concours a eu lieu, c'est-à-dire, du jour qu'elle a été acceptée par le donataire, et que jusque-là, ce n'est qu'un simple projet que le donateur peut révoquer.

L'acceptation du donataire ne se présume pas : elle doit être expresse. Il n'est cependant pas nécessaire qu'elle soit faite par l'acte même qui contient la donation ; elle peut être faite par un acte postérieur, pourvu que le donateur soit encore vivant (1), que l'acte d'acceptation soit authentique, et qu'il en reste minute (2). Il faut, en outre, dans ce cas, que l'acceptation soit notifiée au donateur ; et ce n'est que du moment de cette notification que

---

(1) Si le donateur étoit mort avant l'acceptation du donataire, les deux volontés ne pourroient plus concourir.

(2) S'il étoit en brevet, on pourroit supprimer l'acceptation, et anéantir par-là la donation.

Tit. IV. *Des Donat. entre-vifs et test.* 129

la donation devient irrévocable à son égard (1). 932.

Il faut, de plus, et d'après les mêmes principes, que l'acceptation soit faite par personne capable. En conséquence, si le donataire est majeur, l'acceptation ne peut être faite que par lui, ou, en son nom, par une personne fondée d'un pouvoir spécial d'accepter la donation, ou au moins d'un pouvoir général d'accepter toutes donations faites ou à faire. Dans tous les cas, la procuration doit être passée devant notaires, et il en doit être annexé expédition à la minute de la donation, ou à celle de l'acceptation si elle a lieu par un acte séparé. Le sourd-muet peut également accepter par lui-même ou par un fondé de pouvoirs, quand il sait écrire ; sinon, la donation est acceptée en son nom par un curateur nommé à cet effet suivant les règles établies au Titre *de la Minorité*, etc. 933.

936.

Si la donation est faite à une femme mariée, elle ne peut accepter qu'avec le consentement de son mari, ou, en cas de refus de ce dernier, avec l'autorisation de justice. 934.

Si le donataire est interdit ou mineur non émancipé, la donation ne peut être acceptée

---

(1) Ainsi, les aliénations faites jusques-là par le donateur, ainsi que les hypothèques consenties par lui sur les biens donnés, sont valables.

que par son tuteur, spécialement autorisé par le conseil de famille. Si le mineur est émancipé, il peut accepter avec l'assistance de son curateur.

935.

La nécessité d'une acceptation valable est telle, que les mineurs, les interdits et les femmes mariées, ne peuvent se faire restituer contre le défaut d'acceptation, sauf leur recours en dommages-intérêts contre leurs tuteurs ou maris, sans néanmoins qu'ils puissent invoquer le bénéfice de la restitution, quand même ce recours leur deviendroit inutile par l'effet de l'insolvabilité desdits tuteurs ou maris.

942.

C'est même pour tempérer cette rigueur de la loi à l'égard du mineur (1), que ses père et mère, ainsi que ses autres ascendans, même du vivant des père et mère, sont autorisés à accepter les donations qui lui sont faites, quoiqu'ils ne soient ni ses tuteurs ni ses curateurs.

935.

Enfin, si la donation est faite à un hospice, aux pauvres d'une commune, ou à d'autres établissemens d'utilité publique, elle doit être acceptée par les administrateurs de ces com-

---

(1) Émancipé ou non, la loi ne distingue pas ; et d'ailleurs, en se servant des expressions de *tuteurs* et *curateurs*, elle a suffisamment indiqué qu'elle entendoit parler des mineurs même émancipés.

munes ou établissemens, à ce duement autorisés (1).

Les dispositions relatives à l'acceptation des donations ne sont pas applicables au cas où la donation n'est que le résultat d'une convention faite avec un tiers. C'est une conséquence du principe que l'on peut valablement stipuler au profit d'un tiers, lorsque telle est la condition d'une stipulation que l'on fait pour soi-même (2), ou d'une donation que l'on fait à un autre (3), et que cette stipulation est irrévocable, lorsque le tiers a déclaré vouloir en profiter. Il ne faut donc, dans ce

957.

1121.

---

(1) Cette autorisation ne peut être accordée que par un décret impérial pour les donations excédant en capital une valeur de 300 fr., ainsi que pour toutes celles contenant des charges quelconques, quand même leur valeur ne seroit pas de 300 fr.

Quant à celles au-dessous de 300 fr. et à titre purement gratuit, il suffit que l'acceptation soit autorisée par le sous-préfet. (*Arrêté du 4 pluviose an 12. Bulletin*, n°. 3540 ; *et Décret Impérial du 12 août 1807. Bulletin*, n°. 2358.)

(2) Ainsi, je fais un marché avec vous, et je stipule que si, d'ici à quinze jours, vous ne donnez pas votre cheval à Pierre, vous me paierez 300 fr. de pot-de-vin. La stipulation que je fais en faveur de Pierre, n'est que la condition de celle que je fais pour moi-même. Ni Pierre, ni moi, n'avons le droit de vous forcer à donner le cheval ; mais si vous ne le donnez pas, j'aurai action contre vous pour les 300 fr. de pot-de-vin.

(3) Je vous donne ma terre, à la charge que vous donnerez 10,000 fr. à ma sœur. Dans ce cas, comme vous avez accepté la donation avec la charge, j'ai action contre vous, pour vous forcer de l'exécuter, et ma sœur l'aura également, du moment qu'elle aura simplement déclaré vouloir en profiter.

cas, de la part du tiers, quoique réellement donataire, qu'une simple déclaration, qui n'a pas besoin des formes requises pour l'acceptation des donations (1).

Par suite du même principe, si une personne a fourni des deniers à un autre, pour constituer une rente viagère au profit d'un tiers, cet acte, quoiqu'ayant, à l'égard de ce tiers, les caractères d'une libéralité, n'est point cependant assujetti aux formes requises pour les donations, mais seulement aux dispositions relatives à la quotité disponible, et à la capacité de donner ou de recevoir dans la personne du donateur et du donataire.

1975.

SECTION II.

Il faut que le Donateur se dépouille actuellement.

Le mot *donation* emporte nécessairement l'idée de la translation de la chose au pouvoir du donataire. Or, le donataire ne peut devenir propriétaire qu'autant que le donateur cesse de l'être. Il faut donc que ce dernier se dessaisisse de l'objet donné, au moment même de la donation.

Il n'est cependant pas nécessaire qu'il en

---

(1) Il en est de même de la remise d'une dette, qui est une véritable libéralité, et qui n'a besoin cependant d'aucune espèce de formalité. (Art. 1282 et 1283.)

transfère la pleine propriété. Il peut en réserver la jouissance à son profit (1) ou au profit d'un tiers, comme il peut également donner la jouissance, en se réservant (2) ou en disposant de la nue propriété. 949.

Si les objets donnés avec réserve d'usufruit sont mobiliers, le donataire est tenu, à l'expiration de l'usufruit, de prendre ceux existans en nature, en l'état où ils se trouvent. Quant à ceux non existans, il a action contre le donateur ou ses héritiers, jusqu'à concurrence de la valeur qui leur a été donnée dans l'état estimatif qui a dû être annexé à la donation. 950.

La propriété de l'objet donné est transférée au donataire par l'effet du seul consentement des parties, valablement exprimé, et sans qu'il soit besoin de tradition. C'est une conséquence 938. nécessaire du nouveau principe adopté dans le Code, et d'après lequel la tradition n'est pas exigée actuellement pour acquérir la propriété. Mais il faut remarquer cependant qu'en 1138. matière de donation, cette translation de propriété, par le seul consentement des parties, n'a réellement son effet qu'à l'égard du dona-

---

(1) Dans ce cas, l'objet donné est la nue propriété, et il doit s'en dessaisir.

(2) Ici l'objet donné est l'usufruit, et il doit s'en dessaisir également.

teur. Mais pour ce qui concerne les tiers, il faut distinguer :

Si la donation est d'effets mobiliers, la tradition réelle est encore nécessaire, non pas à la vérité pour dépouiller le donateur, mais pour empêcher l'effet de la disposition qu'il pourroit en faire postérieurement au profit d'autres personnes, qui en deviendroient propriétaires, si elles en acquéroient la possession réelle, avec titre et bonne foi, avant le donataire.

1141. Quant aux immeubles, il faut également une sorte de tradition qui s'opère par la transcription (1). En conséquence, tout acte portant donation de biens susceptibles d'hypothèque (2), doit être transcrit (3) aux bureaux des hypothèques dans l'arrondissement des-

---

(1) *Par la transcription.* Les conservateurs des hypothèques doivent inscrire sur un registre tous les actes qui leur sont présentés et qui contiennent translation de la propriété d'un immeuble. Cette inscription se nomme *transcription*.

On verra dans ce titre et dans celui des *priviléges et hypothèques*, de quelle importance est cette transcription pour tout acquéreur d'immeuble.

(2) Les biens susceptibles d'hypothèques sont : 1°. les biens immeubles qui sont dans le commerce ; 2°. l'usufruit des mêmes biens. (Art. 2118.)

(3) *Dans quel délai ?* La loi ne le dit pas, et n'a pas dû le dire. Le donataire est intéressé à faire transcrire promptement, parce que tant qu'il n'a pas transcrit, si le donateur aliène, l'acquéreur ne peut être dépossédé. (Art. 941.)

quels les biens sont situés. La même formalité est exigée à l'égard de l'acceptation, quand elle a eu lieu séparément, ainsi qu'à l'égard de l'acte de notification de l'acceptation. 939.

La transcription est faite à la diligence du mari, quand les biens ont été donnés à la femme. Cette dernière peut même, en cas de négligence du mari, y faire procéder sans autorisation.

Si la donation est faite à des mineurs, à des interdits ou à des établissemens publics, la transcription est faite à la diligence des tuteurs, curateurs ou administrateurs, qui sont, 940. ainsi que les maris, responsables du défaut de transcription, sans néanmoins que les femmes, les mineurs ou les interdits (1), puissent se faire restituer contre ledit défaut, même en cas d'insolvabilité de ceux qui étoient tenus de faire faire la transcription. 942.

La transcription n'est point nécessaire pour la validité de la donation en elle-même, qui est parfaite entre les parties, du moment qu'elle a été légalement faite et acceptée. En

---

(1) *Quid*, à l'égard des établissemens publics ? Doit-on conclure du silence de l'article 942 à leur égard, qu'ils pourroient se faire restituer contre le défaut de transcription ? Je ne le pense pas. Les *Motifs* paroissent les ranger sur la même ligne que les mineurs, et il y a la même raison, la sûreté des acquéreurs.

conséquence, le défaut de transcription ne peut être opposé par le donateur (1). Il en est de même de tous ceux auxquels la loi impose l'obligation de faire transcrire, ainsi que de leurs successeurs ou ayans-cause. Mais, ces personnes exceptées, le défaut de transcription peut être opposé par tous ceux qui ont intérêt.

941.

Section III.

Il faut que le Donateur se dépouille gratuitement.

Il ne faut pas conclure de ce principe, que le donateur ne puisse imposer aucune charge au donataire. Nous verrons même dans la suite, que l'inexécution des conditions peut entraîner la révocation de la donation. Mais il faut entendre par-là, 1°. que la donation étant une libéralité, doit être, au moins dans le principe, avantageuse pour le donataire, et qu'elle cesseroit d'être donation, si les charges imposées étoient égales au bénéfice présumé que le donataire peut en retirer ;

2°. Que celui qui ne donne que ce qu'il doit, ou ce qu'il est obligé de donner, ne fait

---

(1) Ainsi le donateur ne pourroit pas argumenter du défaut de transcription, pour se dispenser de livrer l'immeuble donné, s'il l'avoit encore en sa possession. Mais les héritiers pourroient-ils opposer le défaut de transcription ? C'est une question controversée dont l'examen passe les bornes de ce traité.

pas une donation, mais un paiement; ainsi celui qui donne pour accomplir la condition d'une donation qui lui est faite, ou d'une obligation qu'il a contractée, ne fait pas lui-même une donation, quand même ce qu'il a été chargé de donner seroit pris sur ses propres biens; de même les donations appelées rémunératoires, ne sont vraiment donations aux yeux de la loi, que quand la récompense des services ne peut être exigée par aucune action civile.

Section IV.

Il faut que le Donateur se dépouille irrévocablement.

L'irrévocabilité est un des principaux caractères de la donation entre-vifs proprement dite, dans le sens que le donateur ne peut, par son fait seul, en détruire ni en altérer l'effet. De-là il suit que toute donation qui peut dépendre de la seule volonté du donateur, est absolument nulle.

Cette disposition s'applique, 1°. aux donations faites sous une condition qui dépend de cette seule volonté. Si cependant la condition ne frappe que sur une partie de la donation, cette partie seulement est annullée; ainsi, par exemple, si le donateur s'est réservé la faculté de disposer d'un objet compris dans la donation, ou d'une somme fixe

944.

à prendre sur les biens donnés, la donation est valable pour le surplus ; mais le donataire ne peut prétendre aucun droit sur la somme ou l'objet réservé, qui est dévolu aux héritiers du donateur, s'il meurt sans en avoir disposé, et quand même la donation contiendroit la clause expresse, qu'à défaut de disposition l'objet appartiendroit au donataire ;

946.

2°. Aux donations de biens à venir (1). Mais par la même raison que ci-dessus, si la donation comprend des biens présens et à venir, elle n'est annullée que pour ces derniers ;

943.

3°. Aux donations faites sous la condition d'acquitter des dettes ou charges quelconques, autres que celles ayant date certaine (2), à l'époque, ou par l'acte même de la donation (3), ou par un état qui y seroit annexé.

945.

Si le fait seul du donateur ne peut porter atteinte à la donation, elle peut d'ailleurs être révoquée par l'effet de circonstances indépendantes de sa volonté ; ces circonstances sont au nombre de quatre.

---

(1) La donation des biens à venir est celle des biens que le donateur possédera au jour de son décès. Il dépend donc du donateur de diminuer et même d'anéantir l'effet de la donation.

(2) Pour savoir quand une date est certaine, voyez l'art. 1328.

(3) Si la dette n'ayant pas par elle-même de date certaine, est relatée dans l'acte de donation, elle acquiert une date par cette mention.

1°. Par décès, soit du donataire seul, soit du donataire et de sa postérité, si toutefois ce cas a été prévu et le retour stipulé;

2°. Inexécution des conditions apposées à la donation;

3°. Ingratitude du donataire;

4°. Survenance d'enfans au donateur (1).

§. Ier.

Du Droit de Retour (2).

Le droit de retour, comme nous venons de le dire, est celui que le donateur s'est réservé par l'acte même de donation, de reprendre les objets donnés, dans le cas du prédécès, soit du donataire seul, soit du donataire et de ses descendans. Ce droit ne se présume pas (3); il doit être expressément stipulé; et il ne peut l'être qu'au profit du donateur seul (4).

---

(1) Il y a, en outre, un mode particulier de révocation pour les donations faites entre époux pendant le mariage. Il en sera traité ci-après, chap. 6, sect. 2.

(2) Il existe sur le droit de retour des Donations, un traité particulier, par *De la Rouvière*.

(3) Sauf le cas de l'art. 747. Mais nous avons fait voir sur cet article, que ce n'étoit pas, à proprement parler, un droit de retour, mais un droit de succession.

(4) Autrement ce seroit une substitution déguisée en faveur de celui au profit duquel on auroit stipulé le droit de retour; et nous avons vu, au commencement de ce titre, que les substitutions sont, en général, prohibées.

La donation est censée faite, dans ce cas, sous une condition que l'on nomme *résolutoire*. L'effet de cette condition, lorsqu'elle s'accomplit, étant de remettre les choses au même état que si la disposition n'avoit pas existé, il en résulte que toutes les aliénations des biens donnés, faites par le donataire ou sa postérité, sont également résolues, et que le donateur les reprend francs et quittes de toutes charges et hypothèques créées tant par le donataire, etc., que par les tiers détenteurs.

Si cependant la donation a été faite par le contrat de mariage du donataire, alors, en cas d'insuffisance de ses autres biens, ceux compris dans la donation restent, même dans la main du donateur, et après l'exercice du droit de retour, sujets à l'hypothèque de la dot et des conventions matrimoniales résultant du contrat de mariage dans lequel la donation a été faite (1).

§. II.

De l'Inexécution des Conditions.

Les dispositions du paragraphe précédent s'appliquent également au cas d'inexécution, de

---

(1) La famille de la femme a dû compter, pour l'hypothèque de la dot, sur la garantie des biens donnés; souvent même c'est la valeur de la donation faite au mari, qui détermine le *quantum de la dot*. L'espoir de la famille ne doit pas être trompé.

la part du donataire, des conditions apposées à la donation. L'effet en est même plus étendu, puisque l'hypothèque même de la dot et des conventions matrimoniales de la femme du donataire n'est pas exceptée de la disposition qui fait revenir les biens francs et quittes de toutes charges dans les mains du donateur; 954. mais comme le fait de l'inexécution des conditions doit être constaté, il faut nécessairement que la révocation soit demandée et prononcée en justice. 956.

§. III.

De l'Ingratitude du Donataire.

Les faits d'ingratitude étant très-multipliés, et la question de savoir si tel ou tel fait est suffisant pour opérer la révocation de la donation, pouvant occasionner une infinité de discussion, on a remédié à cet inconvénient en déterminant d'une manière précise ceux de ces faits qui peuvent donner lieu à la révocation.

Ces faits sont, 1°. Si le donataire a attenté à la vie du donateur (1) ;

---

(1) Il suffit que le donataire ait *attenté* ; on n'exige pas qu'il ait été condamné pour cet attentat, comme l'art. 727 l'exige pour déclarer l'héritier indigne.

2°. S'il s'est rendu coupable envers lui de sévices, délits ou injures graves;

3°. S'il lui a refusé des alimens.

955. Les faits d'ingratitude devant être constatés, il est clair que la révocation pour cause d'ingratitude, doit, comme celle pour inexécution des conditions, être demandée et prononcée en justice.

956. La demande n'est plus recevable, toutes les fois qu'il y a remise expresse ou présumée de l'injure de la part du donateur; la remise présumée résulte du silence du donateur pendant une année, à compter du jour où le fait d'ingratitude a pu lui être connu.

La demande en révocation ne peut jamais être formée après la mort du donataire; elle peut l'être après celle du donateur, et par ses héritiers, quand il est décédé dans l'année du délit; à plus forte raison peuvent-ils continuer les poursuites, quand il les a commencées de son vivant.

957. Dans tous les cas, si la donation est d'effets immobiliers, la demande en révocation doit être inscrite par extrait au bureau des hypothèques où l'acte de donation a dû être transcrit, et en marge de cette transcription; et ce n'est que du jour de cette inscription que le donataire devient incapable de disposer des objets donnés. En conséquence, la

révocation qui seroit prononcée par la suite, ne peut préjudicier aux droits réels acquis par des tiers sur lesdits objets, antérieurement à l'inscription, sauf, dans tous les cas, le recours du donateur contre le donataire, soit pour la restitution de la valeur des biens aliénés, eu égard au temps de la demande, soit en garantie des hypothèques, soit aussi en dommages-intérêts résultant des droits réels qui auroient pu être accordés par ledit donataire.

Lorsque la révocation est ordonnée, les fruits ou intérêts sont dus à compter du jour de la demande. 958.

La révocation pour cause d'ingratitude n'a pas lieu à l'égard des donations faites en faveur du mariage. 959.

§. IV.

De la Survenance d'Enfans (1).

La révocation pour survenance d'enfans est fondée sur une présomption (2) de la loi, qui suppose toujours que le donateur qui n'a pas

---

(1) Il y a dans les OEuvres de *Ricard*, un traité particulier sur ce mode de révocation.

(2) Cette présomption est une de celles qui n'admettent pas la preuve contraire. En conséquence, quand même le donateur auroit renoncé d'avance à la révocation pour cette cause, la donation n'en seroit pas moins révoquée.

d'enfans, n'eût pas fait la donation, s'il eût su en avoir un jour. En conséquence, toutes donations, quelles qu'elles soient, mutuelles, rémunératoires, etc., lorsqu'elles sont faites par une personne sans postérité, sont toujours censées renfermer la condition tacite qu'il ne surviendra pas d'enfans au donateur, et sont révoquées de plein droit, si l'accomplissement de la condition n'a pas lieu.

Cette règle s'applique même aux donations en faveur du mariage, à moins qu'elles n'aient été faites par les conjoints l'un à l'autre, ou aux conjoints eux-mêmes par leurs ascendans (1).

Cette révocation n'étant fondée, comme nous venons de le dire, que sur l'intention présumée du donateur, il s'ensuit que si la présomption ne peut avoir lieu, la donation n'est point révoquée. C'est ce qui arrive, lorsque le donateur avoit déjà des enfans ou descendans nés au moment de la donation (2), parce qu'il est certain alors qu'il a voulu préférer le donataire à sa propre postérité.

---

(1) Ici, il y a une autre raison pour laquelle la donation n'est point révoquée ; c'est que, pour que la révocation ait lieu, il faut que le donateur n'ait point de postérité à l'époque de la donation ; et ici, l'on suppose que les conjoints ou l'un d'eux descendent du donateur.

(2) *Nés au moment de la donation :* Il ne suffiroit pas qu'ils fussent conçus. (Art. 961.)

La donation est également révoquée par la légitimation d'un enfant naturel par mariage subséquent, pourvu que la naissance soit aussi postérieure à la donation. 960.

La révocation pour survenance d'enfans a lieu de plein droit, c'est-à-dire, par la force même de la loi, sans avoir besoin d'être demandée ni prononcée en justice, indépendamment de la volonté du donateur, et même malgré sa volonté contraire. De-là il suit :

Premièrement, qu'il ne faut aucun acte de sa part pour opérer la révocation. Elle peut même avoir lieu après sa mort, par la naissance d'un posthume ; *Ibid.*

Secondement, que toute clause par laquelle il auroit été dérogé aux dispositions de la loi, relativement à ce mode de révocation, est nulle, et de nul effet ; 965.

Troisièmement, que la donation révoquée ne peut revivre ni par la mort de l'enfant dont la naissance a donné lieu à la révocation, ni par aucun acte confirmatif de la part du donateur ; tellement que, s'il veut donner les mêmes biens au même donataire pendant la vie, ou après la mort de l'enfant dont la naissance a opéré la révocation, il ne peut le faire que par une nouvelle donation, revêtue de toutes les formalités requises, et sans préjudice des droits acquis aux tiers dans l'intervalle ; 964.

· Quatrièmement enfin, que par suite du même principe, la donation est pareillement révoquée, quand même le donataire ne seroit entré en possession des biens donnés que depuis la naissance de l'enfant. La continuation même de cette possession dans la personne, soit du donataire, soit de tout autre détenteur, ne peut empêcher la révocation, à moins que cette possession n'ait duré trente ans, à partir du jour de la naissance du dernier enfant du donateur, quand même ce seroit un posthume, et encore sans préjudice des interruptions, telles que de droit (1).

La révocation, en cas de survenance d'enfans, ayant lieu par l'effet d'une condition résolutoire toujours sous-entendue, il en résulte que toute aliénation faite par le donataire est également résolue, et que les biens donnés rentrent dans le patrimoine du donateur, libres de toutes charges et hypothèques du chef du donataire ou de ses ayans-cause, même de celle de la dot et autres conventions matrimoniales de sa femme; et ce, quand même la donation auroit été faite en faveur de son mariage, insérée dans le contrat, et que le donateur se seroit obligé, comme caution, à l'exécution dudit contrat.

---

(1) Pour connoître comment s'interrompt la prescription, voyez les articles 2242 et suivans.

CHAPITRE III.

Des Dispositions Testamentaires.

Le testament est un acte révocable, par lequel une personne dispose de tout ou partie de ses biens, pour le temps où elle n'existera plus. 895.

Nous disons un acte révocable : la révocabilité est de l'essence du testament. Toute disposition par laquelle le testateur s'interdiroit la faculté de révoquer son testament, seroit nulle et de nul effet.

Une personne : le testament ne peut être que l'expression de la volonté d'une seule personne : tout testament fait dans le même acte, par deux ou plusieurs personnes, soit à leur profit mutuel, soit au profit d'un tiers, est nul. 968.

Dispose : cette disposition peut être faite, soit sous le titre d'institution d'héritier, soit sous le titre de legs, soit sous toute autre dénomination propre à manifester la volonté du testateur. 967.

De tout ou partie de ses biens : parce que le testateur peut, s'il le juge convenable, et quand même il n'auroit pas d'héritiers légitimaires, disposer d'une partie de ses biens seulement ; auquel cas, le surplus appartient à ses héritiers légitimes.

Pour le temps où elle n'existera plus : parce que le testament n'a d'effet qu'au moment du décès du testateur, qui peut, jusque-là, comme nous l'avons dit, le modifier ou le révoquer à sa volonté.

Ces principes établis, nous aurons à traiter, 1°. des règles générales, relatives à la forme des testamens ;

2°. Des différentes dispositions qui peuvent avoir lieu par testament, et de leur effet ;

3°. De la révocation de ces dispositions ;

4°. Enfin, nous ferons connoître les précautions prises par la loi, pour constater l'existence et assurer la conservation des testamens.

Section première.

Des Règles générales sur la forme des Testamens.

969. Il y a trois sortes de testamens : olographe, par acte public, et mystique (1). Ils ont cela de commun, 1°. qu'ils doivent être rédigés tous trois par écrit ; et 2°. qu'ils ne peuvent être faits par signes (2).

Le testament olographe doit, à peine de

---

(1) Pour la forme du testament de l'Empereur, voyez les articles 23 et 24 du Statut impérial du 30 mars 1806. (*Bulletin*, n°. 1432.)

(2) En conséquence, le muet qui ne sait pas écrire ne peut faire de testament.

nullité, être écrit en entier, daté et signé de la main du testateur; mais il n'est assujetti à aucune autre forme ; et il est valable, dans quelque situation ou lieu que se trouve le testateur, même chez l'étranger, et dans un pays où ces sortes de testamens ne seroient point en usage (1). 970.

999.

Quant aux deux autres sortes de testamens, les circonstances peuvent être telles, qu'il seroit impossible de remplir les formalités établies pour les cas ordinaires. Tel seroit, par exemple, le cas d'une expédition militaire, d'un voyage maritime, etc.

Mais comme, d'un autre côté, tout est de rigueur dans le testament, et que rien de ce qui est relatif à la solennité et à l'authenticité de l'acte, ne doit être laissé à l'arbitraire, les formalités requises ont dû être modifiées par le législateur lui-même, suivant la position dans laquelle le testateur peut se trouver. De-là, deux espèces de formalités pour tout testament autre que l'olographe : celles générales pour les temps et les cas ordinaires, et celles pour les cas d'exception. Elles ont cela de commun, que les unes et les autres doivent être observées, à peine de nullité. 1001.

---

(1) La règle *locus regit actum*, ne s'applique pas aux actes sous signature privée.

§. Ier.

Des Formalités ordinaires des Testamens autres que l'Olographe.

Ces formalités sont différentes suivant que le testament est par acte public, ou dans la forme mystique.

Du Testament par acte public.

Le testament par acte public est celui qui est reçu par deux notaires, en présence de deux témoins, ou par un notaire, en présence de quatre témoins. Les formalités de ce testament sont :

1°. Qu'il soit dicté par le testateur aux deux notaires, ou au notaire s'il n'y en a qu'un seul ;

2°. Qu'il soit écrit par l'un des deux notaires, ou par le notaire (1) quand il n'y en a qu'un, tel qu'il a été dicté (2) ;

---

(1) Lui-même, et non par un clerc.
(2) *Tel qu'il a été dicté :* cependant pour concilier les dispositions de l'arrêté du 24 prairial an 11, qui veut que dans les départemens réunis tous les actes publics soient écrits en français, avec l'ignorance dans laquelle plusieurs habitans de ces pays sont de la langue française, il a été décidé que le testateur n'est point obligé de dicter en français ; mais seulement que le notaire est tenu de rédiger le testament en langue française. (*Lettre du grand-juge adressée au procureur-général près la cour d'appel de Bruxelles, le 4 thermidor an 12.*)

3°. Qu'il en soit donné lecture au testateur, en présence des témoins ;

4°. Qu'il soit fait mention expresse de l'observation des trois précédentes formalités (1) ; 972.

5°. Qu'il soit signé par le testateur ; ou s'il déclare ne savoir ou ne pouvoir signer, qu'il soit fait mention expresse de sa déclaration, ainsi que de la cause qui l'empêche de signer ; 973.

6°. Enfin, qu'il soit signé par les témoins ; néanmoins, dans les campagnes, il suffit de la signature de la moitié des témoins appelés. 974.

Du Testament mystique.

Les formalités requises pour le testament mystique, sont :

1°. Qu'il soit écrit, ou au moins signé par le testateur ; cependant, s'il ne sait pas signer, ou s'il n'a pu le faire lorsqu'il a écrit ou fait écrire ses dispositions, le testament est valable, pourvu qu'il soit appelé un témoin de plus à l'acte de suscription dont il va être parlé, et qu'il soit fait mention, dans l'acte, de la cause pour laquelle ce témoin a été appelé ; 976. 977.

2°. Que le papier sur lequel le testament est écrit, ou celui servant d'enveloppe, soit clos

---

(1) Ainsi, il ne suffiroit pas que le testament soit écrit par le notaire : il faut qu'il soit dit qu'il a été écrit par lui, etc.

et scellé (1). Cette opération peut se faire en présence du notaire et des témoins ;

3°. Que le testateur le présente dans cet état à un notaire et à six (2) témoins au moins (3) ;

4°. Qu'il déclare, en le présentant, que le contenu en ce papier est son testament, écrit et signé de lui, ou écrit par un autre et signé par lui, ou écrit par un autre et non signé ;

5°. Que le notaire dresse l'acte de ladite déclaration, dit *acte de suscription*, qui est écrit par le notaire sur le papier du testament, ou sur la feuille servant d'enveloppe, et qui est signé par lui notaire, le testateur, et les témoins; et dans le cas où le testateur, qui auroit signé le testament, ne pourroit, par un empêchement survenu depuis, signer l'acte de suscription, il est fait mention de sa déclaration à cet égard ; mais il n'est pas nécessaire, pour cela, d'appeler un nouveau témoin ;

6°. Enfin, que toutes les opérations ci-dessus, depuis et y compris la présentation au notaire, soient faites de suite, et sans divertir à autres actes (4).

---

(1) *Clos et scellé:* C'est ce qui a fait donner à ce testament le nom de *mystique*.

(2) Et même à sept, si le testament n'est pas signé par lui.

(3) *Au moins:* Ainsi, quand même le testament seroit signé, l'on peut appeler plus de six témoins.

(4) *Et sans divertir à autres actes:* c'est-à-dire, *uno contextu*, et sans qu'il puisse être fait d'autres actes dans l'intervalle

Il n'est pas nécessaire, comme nous venons de le voir, que le testament ait été signé, ni même écrit par le testateur. Mais comme il faut au moins qu'il ait pu s'assurer si la personne qui a écrit ses dispositions, les a fidèlement rédigées, il s'ensuit que celui qui ne sait ou ne peut lire (1), ne peut faire de testament mystique. Quant à celui qui ne peut parler, il peut tester de cette manière; mais alors il faut : premièrement, que le testament soit entièrement écrit, daté, et signé de sa main;

978.

Secondement, qu'il le présente clos et scellé au notaire et aux témoins, ou qu'il le fasse clore et sceller en leur présence;

Troisièmement, qu'il écrive, également en leur présence, au haut du papier qui doit contenir l'acte de suscription, que ce papier qu'il présente est son testament (2);

Quatrièmement, enfin, que l'on observe, pour la rédaction de l'acte de suscription, toutes les formalités ci-dessus, et qu'il y soit fait mention, en outre, que le testateur a écrit, en présence

---

(1) L'écriture à la main; il ne suffiroit pas qu'il sût lire l'écriture moulée : et comme celui qui ne sait pas lire, ne peut savoir écrire, il ne pourra faire de testament olographe : il ne pourra donc tester que par acte public.

(2) Observez que la loi n'exige pas que cette déclaration soit signée.

du notaire et des témoins, la déclaration dont nous venons de parler.

En général, les témoins appelés pour les testamens doivent être mâles, majeurs, sujets de l'Empereur, et jouissant des droits civils; et de plus, s'il s'agit d'un testament par acte public, on ne peut prendre pour témoins ni les légataires, à quelque titre qu'ils le soient, ni leurs parens et alliés jusqu'au quatrième degré inclusivement, ni les clercs des notaires par lesquels le testament est reçu.

§. II.

Des formalités des Testamens dans les cas d'exception.

Les circonstances qui ont paru de nature à nécessiter la modification des règles prescrites dans le précédent paragraphe, sont au nombre de quatre :

Testament militaire,
Voyage maritime,
Maladie contagieuse,
Testament fait en pays étranger.

Nous allons faire connoître les formalités qu'il suffit de remplir dans chacun de ces cas, en rappelant ce que nous avons déjà observé, que les règles qui suivent ne préjudicient en rien au droit qu'a tout Français de faire, quand il le veut et qu'il le peut, un testament olographe.

PREMIER CAS.

Testament militaire.

Le testament militaire est celui fait par un militaire, ou par un individu employé dans les armées (1). Il peut être reçu :

Ou par un officier ayant au moins le grade de chef de bataillon ou d'escadron, en présence de deux témoins ;

Ou par deux commissaires des guerres, sans témoins ;

Ou par un desdits commissaires, en présence de deux témoins ; 981.

Ou enfin, si le testateur est malade ou blessé, par l'officier de santé en chef, assisté du commandant militaire chargé de la police de l'hospice. 982.

Dans tous les cas, le testament doit être signé par le testateur, ou mention doit être faite de sa déclaration à ce sujet, ainsi que de la cause qui l'empêche de signer. Il doit être signé, en outre, par ceux qui l'ont reçu ; et s'il y a des témoins, par un d'eux au moins, avec mention de la cause pour laquelle l'autre n'a pas signé. 998.

―――――――――――

(1) Pour connoître ce qu'on doit entendre par ces mots, *employé dans les armées*, voyez au tome Ier., page 58, note 2.

Le testament militaire peut avoir lieu dans quelque pays que se trouve le testateur. Cependant, tant qu'il est sur le territoire français, il faut distinguer : il peut tester militairement, s'il est en expédition, ou dans une place assiégée, ou dans un lieu quelconque dont les communications soient interrompues à cause de la guerre. Mais s'il est simplement en quartier ou en garnison dans l'intérieur, il est tenu de remplir les formes ordinaires. Une fois hors du territoire, en quartier, en garnison, ou prisonnier chez l'ennemi, il peut, dans tous les cas, profiter du bénéfice de la loi. _{983.}

Cette faveur n'étant accordée, dans ces circonstances, aux militaires et autres employés, qu'à raison de l'impossibilité dans laquelle ils se trouvent de remplir les formalités ordinaires, le testament militaire, quoique fait valablement dans le principe, devient nul à l'expiration des six mois, à compter de l'époque à laquelle le testateur est revenu dans un lieu où il peut observer lesdites formalités. _{984.}

DEUXIÈME CAS.

Voyage maritime.

Le second cas d'exception est celui du testament fait en mer, dans le cours d'un voyage, soit par les membres de l'équipage du bâtiment, soit par les simples passagers,

988.
995.

Nous disons *fait en mer, dans le cours d'un voyage,* parce qu'il faut en effet le concours de ces deux circonstances. Ainsi, même après l'embarquement, tant que le voyage n'est pas commencé, le testament ne peut être fait que dans les formes ordinaires. De même il n'y a pas lieu à l'exception, et le testament n'est pas réputé fait *en mer,* quoiqu'il l'ait été *dans le cours du voyage,* si, au temps où il a été fait, le navire avoit abordé, soit une terre de la domination française, où il y avoit un officier public français, soit une terre étrangère. Dans le premier cas, il devra être revêtu des formes prescrites en France ; et dans le second, de celles usitées dans le pays où il a été fait.

994.

Mais si le testament est fait en mer et dans le cours du voyage, il peut être reçu, savoir : à bord des bâtimens de l'Etat, par le commandant, ou, à son défaut, par celui qui le supplée dans l'ordre du service, assisté, l'un ou l'autre, de l'officier d'administration ou de celui qui en remplit les fonctions : et à bord des bâtimens du commerce, par l'écrivain du navire, ou celui qui en fait les fonctions, l'un ou l'autre assisté du capitaine, maître ou patron, ou de celui qui le remplace.

Dans tous les cas, le testament est reçu en

988.
998.} présence de deux témoins, et signé comme il a été dit, pour le cas précédent.

989. Si le testateur est lui-même un de ceux désignés ci-dessus pour recevoir les testamens, le sien est reçu par celui qui vient après lui dans l'ordre du service, en se conformant, pour le surplus, aux dispositions précédentes.

990. Le testament doit être fait en double original (1); et si le bâtiment, avant son retour en France, aborde dans un port étranger où il se trouve un consul français, ceux qui ont reçu le testament, sont tenus de déposer l'un desdits originaux, clos et cacheté, entre les mains du consul, qui le fait parvenir au ministre de la marine, lequel en fait faire le dépôt au greffe de la justice de paix du domicile du testateur.

991. Au retour du bâtiment dans un port de France, celui de l'armement ou tout autre, les deux originaux, clos et cachetés, ou celui qui reste, si l'autre a été déposé dans le cours du voyage, sont remis au bureau du préposé à l'inscription maritime, qui les fait passer sans délai au ministre de la marine, lequel en ordonne le dépôt comme dessus.

992. Mention est faite, en outre, sur le rôle d'équi-

---

(1) C'est-à-dire qu'il doit en être fait deux doubles absolument pareils, et signés des mêmes personnes.

page, à la marge du nom du testateur, de la remise desdits originaux, soit dans un port de France, soit dans un port étranger, si elle a eu lieu. 993.

Il faut d'ailleurs observer, à l'égard de ces testamens :

1°. Qu'ils ne peuvent contenir aucune disposition au profit des officiers du bâtiment, à moins qu'ils ne soient parens du testateur; 997.

2°. Qu'ils ne sont valables qu'autant que le testateur décède en mer, ou dans les trois mois après qu'il est débarqué dans un lieu où il a pu tester suivant les formes ordinaires. 996.

TROISIÈME CAS.

Maladie contagieuse.

Ceux qui se trouvent dans un lieu avec lequel toute communication est interceptée, pour raison de maladie contagieuse, peuvent, quand même ils n'en seroient pas encore attaqués, faire leur testament devant le juge-de- 986. paix ou devant les officiers municipaux de la commune, l'un ou l'autre assisté de deux témoins ; les signatures comme dans le cas du 985. testament militaire. 988.

Ces testamens deviennent nuls à l'expiration des six mois, après que les communications ont été rétablies, ou que le testateur a passé dans un lieu où elles ne sont point interceptées. 987.

QUATRIÈME CAS.

Testament fait dans l'étranger.

999. Le Français peut tester en pays étranger, avec les formes usitées dans le pays où il se trouve. Il peut également, comme nous l'avons dit, faire par-tout un testament olographe; mais, dans tous les cas, son testament ne peut être exécuté sur les biens qu'il a en France, qu'après avoir été enregistré au bureau de son domicile, s'il en a conservé un; sinon, au bureau de son dernier domicile connu; et, s'il a disposé d'immeubles situés en France, il faut, en outre, que le testament soit enregistré au bureau de la situation de ces immeubles, sans qu'il puisse cependant être exigé un double

1000. droit.

SECTION II.

Des différentes Dispositions qui peuvent avoir lieu par testament, et de leurs Effets.

Les dispositions testamentaires peuvent être de trois espèces : en effet, ou elles concernent le testateur seul, telles sont, par exemple, celles par lesquelles il détermine le lieu et le mode de ses obsèques, le monument qu'il veut qu'on lui érige, etc.; ou elles ont pour objet de gratifier un individu, et alors on les désigne plus particulièrement sous le nom de legs; ou enfin, le testateur a voulu pourvoir lui-même à l'exécution de son testament, par la désignation d'une ou plusieurs personnes chargées d'y veiller.

Il ne paroît pas nécessaire de s'arrêter sur les dispositions de la première espèce; il suffit de savoir qu'elles doivent être exécutées fidèlement par celui qui en est chargé, à moins qu'elles ne soient physiquement ou moralement impossibles, ou qu'elles n'entament la réserve légale, dans les cas où elle a lieu. Nous ne traiterons donc avec détail que des deux dernières espèces.

§. Ier.

Des Legs en général.

On nomme, en général, *legs*, toute donation faite par testament. Il est, au surplus, indifférent, comme nous l'avons dit, que le testateur se serve du mot de *legs, institution d'héritier*, ou de toute autre dénomination. 1002.

Ces dispositions peuvent embrasser la totalité de la succession, ou une partie aliquote de cette même succession (1), ou un objet particulier qui en dépende.

Dans le premier cas, elles se nomment *legs universels*. 1003.

―――――――――

(1) La moitié, le tiers, le quart.

Dans le second, *legs à titre universel.*

Dans le troisième, *legs particuliers.*

Chacune de ces espèces a des règles qui lui sont propres; mais avant de les exposer, il est bon de faire connoître les principes qui leur sont communs.

Le legs, en général, est pur et simple, à terme, ou conditionnel.

Le legs est pur et simple, toutes les fois que le testateur n'a apposé ni terme ni condition à l'exécution de sa disposition : ce legs donne au légataire, s'il survit au testateur, et du jour du décès de ce dernier, un droit à la chose léguée; droit qu'il transmet à ses héritiers ou ayans-cause, s'il vient à mourir avant d'avoir été mis en possession.

1014.

Le legs est à terme, quand le testateur a fixé un délai dans lequel sa disposition doit être exécutée. L'effet de ce legs est le même que celui du legs pur et simple, quant au droit du légataire sur la chose, et à la transmission à ses héritiers. La seule différence est qu'il ne peut exiger la délivrance qu'à l'expiration du délai fixé.

Quant au legs conditionnel (1), il faut distinguer : si la disposition est telle qu'il paroisse

---

(1) Il existe dans les œuvres de Ricard, un Traité particulier sur les *Dispositions conditionnelles.*

avoir été dans l'intention du testateur qu'elle n'ait d'effet qu'autant que l'événement arrivera (1), le légataire n'a qu'un droit éventuel, une simple espérance, qu'il ne transmet point à ses héritiers s'il meurt avant l'accomplissement de la condition. 1040.

Mais si le testateur n'a voulu que suspendre jusqu'à l'événement l'exécution de sa disposition (2), alors le legs est censé pur et simple quant à la transmission aux héritiers du légataire, et à terme, pour ce qui concerne l'exigibilité. 1041.

Dans tous les cas, si les légataires craignent que la confusion du patrimoine de la succession avec celui de l'héritier, ne préjudicie à leur droit, ils peuvent en demander la séparation ; et ils ont, tant à l'égard de cette demande, que pour la conservation de leur pri-

---

(1) Exemple : *je donne et lègue 1000 écus à Pierre, si tel vaisseau arrive des Indes.*

(2) Cela est assez difficile à discerner dans la pratique ; on peut citer ces exemples de ces deux espèces de legs : *Je donne et lègue à Pierre, s'il vient à l'âge de 25 ans* ; le legs est conditionnel, et non transmissible. *Je donne et lègue à Pierre 10,000 fr. payables quand il aura 25 ans* ; le legs est à terme ; et si Pierre meurt, ses héritiers pourront exiger le legs à l'époque où il auroit eu 25 ans. Dans le premier cas, la condition affecte la substance même du legs ; dans le second elle n'affecte que l'époque du paiement.

vilége, le même droit que les créanciers de la succession (1) (2).

2111.

Il résulte des principes que nous venons d'établir, que les héritiers du légataire n'ont de droit à la chose léguée, qu'autant que leur auteur a survécu au testateur, ou à l'événement de la condition, suivant que le legs est pur et simple (3), ou conditionnel ; faute de quoi, la disposition est caduque. Elle l'est également par la répudiation valable, ou l'incapacité du légataire.

1039.

1040.

1043.

Dans ces différens cas, la chose ou la quantité léguée retourne aux héritiers du testateur, ou à ceux qui étoient chargés de la prestation du legs, sauf le cas de substitution vulgaire et celui d'accroissement.

Nous verrons au chapitre IV du présent titre, quand il y a substitution vulgaire.

Le droit d'accroissement est, en général, celui de réunir à sa portion la part de celui qui ne peut, ou ne veut la recueillir.

A sa portion : parce que le droit d'accroissement, comme le mot l'indique, n'a lieu qu'en

---

(1) Voyez titre précédent, chap. 5, sect. 2, pag. 104.

(2) Mais bien entendu qu'ils ne viennent qu'après les créanciers de la succession.

(3) *Pur et simple,* ou à terme. Nous avons vu que le legs à terme est censé pur et simple, pour ce qui concerne la transmission aux héritiers du légataire.

faveur de celui qui a déjà une portion de l'objet à l'égard duquel le droit s'exerce.

Qui ne peut ou ne veut, etc. : parce que le droit d'accroissement a lieu, dans les cas prévus par la loi, de quelque manière que le legs de l'autre portion vienne à défaillir, soit par le prédécès du légataire, soit par son incapacité, ou même par sa répudiation.

Il n'y a lieu au droit d'accroissement, que quand le legs d'une seule et même chose a été fait à plusieurs conjointement, ce qui arrive dans deux cas :

1°. Lorsqu'une chose a été léguée à plusieurs, par une seule et même disposition (1), et sans que la part de chacun ait été assignée ; 1044.

2°. Lorsqu'une chose, non susceptible d'être divisée sans détérioration, est donnée par le même acte, à plusieurs personnes, même séparément. 1045.

Dans ces deux cas, il y a lieu au droit d'accroissement, c'est-à-dire que la part de celui qui ne recueille pas le legs, pour quelque raison que ce soit, appartient exclusivement à celui ou à ceux auxquels le legs a été fait conjointement avec lui.

Quand le legs est sujet à délivrance, les

---

(1) Exemple : *je donne et lègue ma maison à Pierre et à Paul.*

frais de la demande en délivrance sont à la charge de la succession, pourvu qu'il n'en résulte pas de diminution de la réserve légale. Les droits d'enregistrement sont dus par le légataire ; le tout à moins qu'il n'en ait été autrement ordonné par le testateur. Il n'est pas, d'ailleurs, nécessaire que le testament soit enregistré en totalité (1); et chaque disposition peut l'être séparément, sans que cela puisse profiter à celles qui ne l'ont pas été.

1016.

Ces principes généraux établis, nous allons faire connoître ceux relatifs à chaque espèce de legs en particulier.

§. II.

Du Legs universel.

Le legs universel est celui par lequel le testateur donne à une ou plusieurs personnes l'universalité des biens qu'il laissera à son décès.

1003.

Les effets de cette disposition varient suivant la qualité des héritiers légitimes.

Si le testateur laisse des héritiers légitimaires, ils sont, nonobstant toute disposition universelle, saisis de plein droit, par sa mort,

---

(1) Aux termes de l'art. 21 de la loi du 22 frimaire an 7, les testamens déposés chez les notaires, ou par eux reçus, doivent être enregistrés dans les trois mois du décès des testateurs, à la diligence des héritiers, légataires, ou exécuteurs testamentaires, à peine du double droit, aux termes de l'article 38.

de tous les biens de la succession; et la délivrance du legs universel doit, en conséquence, leur être demandée par le légataire. 1004.

L'obligation de demander la délivrance ne préjudicie cependant en rien à la jouissance du légataire, qui a toujours droit aux fruits à compter du jour du décès, si la demande en délivrance a été formée dans l'année; sinon, du jour de la demande, ou du jour que la délivrance a été volontairement consentie. 1005.

Quant aux dettes, il en est tenu personnellement pour sa part et portion, et hypothécairement pour le tout (1); et il est de plus chargé d'acquitter tous les legs, sauf réduction, si elle a lieu. 1009.

S'il n'y a point d'héritiers légitimaires, le légataire universel est saisi, par la mort du testateur, de tous les biens composant la succession, sans être obligé de demander la délivrance; et il est tenu de toutes les dettes et de 1006. tous les legs sans distinction. Dans ce cas, la saisine a lieu de plein droit, si le testament est par acte public (2); mais s'il est olographe ou mystique (3), le légataire, quoique saisi, est

---

(1) *Hypothécairement pour le tout :* Nous avons vu au titre *des Successions*, ce que signifient ces expressions.

(2) Parce qu'alors le testament est exécutoire.

(3) Quand le testament est mystique, il est bien authentique, mais il n'est pas exécutoire.

néanmoins tenu de se faire envoyer en possession par une ordonnance du président du tribunal (1).

§. III.

Du Legs à titre universel.

Le legs à titre universel est celui par lequel le testateur dispose, soit en pleine propriété, soit en usufruit seulement,

Ou d'une partie aliquote (2) de la portion disponible,

Ou de tous ses immeubles,

Ou de tout son mobilier,

Ou d'une partie aliquote de tous ses immeubles, ou de tout son mobilier.

Le legs même de l'universalité de la succession, mais en usufruit seulement, seroit encore regardé comme un legs à titre universel.

Les légataires à titre universel sont tenus de demander la délivrance aux héritiers légitimaires, s'il en existe; à défaut, aux légataires universels; et s'il n'y a ni légitimaires ni légataires universels, aux héritiers légitimes.

---

(1) Dans l'arrondissement duquel la succession est ouverte. Cette ordonnance est mise au bas d'une requête, à laquelle est joint l'acte de dépôt du testament, dont il sera question ci-après, sect. 4.

(2) Par exemple, de la moitié, du tiers, du quart.

Les légataires à titre universel en pleine propriété, sont tenus des dettes et charges de la succession, personnellement pour leur part et portion, et hypothécairement pour le tout. Cependant, quant au paiement des legs, il faut distinguer : s'il existe des héritiers légitimaires, et que la totalité des legs, y compris ceux à titre universel, égale ou excède la portion disponible, les légataires à titre universel (1) sont seuls tenus d'acquitter les legs particuliers (2), sauf réduction, s'il y a lieu. Mais si la portion disponible n'est pas entièrement absorbée, ils ne sont tenus d'acquitter les legs que par contribution avec les héritiers légitimaires. Il en est de même, s'ils concourent avec des légataires universels seuls, ou avec des héritiers légitimes, mais non légitimaires, quel que soit, dans ces deux cas, le montant des dispositions (3).

{871. 1012.

1013.

Lorsque le legs à titre universel est seulement en usufruit, le légataire doit contribuer aux dettes de la manière suivante :

Si l'usufruit frappe sur l'universalité des

---

(1) Concurremment avec le légataire universel, s'il en existe un.

(2) La réserve ou légitime ne peut être entamée par aucune disposition à titre gratuit.

(3) Comme il n'y a point ici de réserve, les héritiers légitimes ne peuvent se dispenser du paiement des legs qu'en renonçant à la succession.

biens de la succession, le légataire doit avancer la somme nécessaire pour le paiement de toutes les dettes et charges, laquelle somme lui est remboursée par l'héritier, ou par le légataire de la nue propriété, à la fin de l'usufruit, sans intérêt.

S'il ne veut pas faire cette avance, le propriétaire a le choix, ou de la faire lui-même; et alors l'usufruitier est tenu de lui en payer les intérêts tant que dure l'usufruit; ou de faire vendre, jusqu'à due concurrence, une portion des biens soumis à l'usufruit (1).

Lorsque le legs d'usufruit ne porte que sur une partie aliquote, soit de la succession totale, soit des immeubles, soit du mobilier, on suit la même marche que ci-dessus, sauf que le légataire ne doit contribuer aux dettes et charges, que dans la proportion de la partie de biens dont il a l'usufruit.

Mais, dans les deux cas, le légataire est tenu d'acquitter, soit en total, s'il a l'usufruit universel, soit à raison de sa quote-part, et, dans les deux cas, sans aucune répétition, les arrérages des rentes viagères, ou pensions alimentaires léguées par le testateur, qui échoient pendant sa jouissance.

---

(1) On ne peut exiger que le propriétaire vende ses biens personnels pour se procurer l'argent nécessaire au paiement des dettes, dont sont affectés des biens dont il n'a pas la jouissance.

§. IV.

Du Legs particulier.

Le legs particulier est celui par lequel le testateur dispose, en propriété ou en usufruit, soit d'une somme déterminée, soit d'un ou de plusieurs objets désignés et faisant partie de sa succession.

Nous disons *désignés :* il n'est cependant pas nécessaire que la désignation soit individuelle. Il suffit qu'elle ait lieu, quant à l'espèce seulement ; et alors, si le testateur n'a pas donné expressément le choix au légataire, il appartient à l'héritier (1), qui ne peut cependant offrir la chose de la plus mauvaise qualité, comme il n'est pas obligé de la donner de la meilleure. 1022.

Faisant partie de la succession : parce que le legs de la chose d'autrui est nul, soit que le testateur ait su ou non qu'elle ne lui appartenoit pas (2). 1021.

Les legs ayant, en général, pour objet, comme nous l'avons dit, de gratifier ceux en faveur de qui ils sont faits, il s'ensuit qu'ils

---

(1) En général, le choix appartient toujours au débiteur, quand il n'a pas été expressément accordé au créancier. (Art. 1190.)

(2) Il faut cependant excepter la disposition particulière portée en l'article 1423.

doivent être avantageux aux légataires. En conséquence, le legs fait par un débiteur à son créancier, n'est point censé fait en compensation de la créance, ni celui fait par un maître à son domestique, en compensation des gages qui peuvent être dus (1).

1023.

Le légataire particulier, même lorsque le legs est pur et simple et d'un corps certain, ne peut se mettre en possession de la chose léguée; mais il est tenu d'en demander la délivrance, dans l'ordre établi pour les légataires à titre universel; et il ne peut prétendre les fruits ou intérêts que du jour de cette demande, ou du jour que la délivrance lui a été volontairement consentie.

1014.

Il y a cependant deux cas dans lesquels les fruits ou intérêts courent au profit du légataire, du jour du décès, et sans demande :

1°. Lorsque le testateur a expressément déclaré sa volonté à cet égard dans son testament;

Et 2°. lorsque le legs est d'une rente viagère ou d'une pension, et qu'il a été fait à titre d'alimens.

1015.

Les legs particuliers doivent être acquittés par les héritiers légitimes ou institués, qui en sont tenus personnellement, au prorata de

---

(1) Ainsi, ils pourront demander leurs legs ; et en outre, le créancier, sa créance; et le domestique, ses gages.

Tit. IV. *Des Donat. entre-vifs et test.* 175

leur émolument dans la succession, et hypothécairement pour le tout (1), mais jusqu'à concurrence seulement de la valeur des immeubles de ladite succession dont ils sont détenteurs. Néanmoins, si le testateur a chargé une seule personne d'acquitter le legs, elle en est seule tenue. 1017.

Lorsque le legs est d'un corps certain, l'héritier ou autre débiteur du legs ne doit absolument que la chose même qui est léguée. En conséquence, il est libéré, et le legs est caduc, si la chose est périe totalement, soit avant, soit depuis la mort du testateur, pourvu, dans ce dernier cas, que la perte ne provienne point du fait ou de la faute de l'héritier. Ce dernier n'est même point tenu de la perte de la chose arrivée après qu'il a été mis en demeure, s'il peut prouver qu'elle eût également péri chez le légataire. 1042.

Mais si l'objet existe, il doit être délivré, avec les accessoires nécessaires (2), et dans

---

(1) Ceci ne s'applique pas au cas où il y a des héritiers légitimaires et des légataires universels, ou à titre universel : ces derniers sont seuls tenus des legs, et les légitimaires sont dispensés d'y contribuer quand ils n'ont que leur légitime.

(2) *Nécessaires :* C'est-à-dire sans lesquels la chose ne pourroit servir à son usage ordinaire. Observez que les bestiaux et ustensiles servant à faire valoir les terres, sont toujours censés compris dans les donations entre-vifs et testamentaires desdites terres. (Art. 1064.) Pour connoître comment on doit entendre

l'état où il se trouvoit au jour du décès du testateur (1). Si donc, la chose léguée étoit à ce moment grevée d'un usufruit, ou hypothéquée pour une dette quelconque, antérieure ou postérieure au testament, le légataire ne peut demander qu'elle soit dégagée, qu'autant que le testateur l'a expressément ordonné. Mais si par suite de l'action hypothécaire, il est obligé de payer, comme il n'est pas tenu des dettes, il demeure subrogé aux droits du créancier contre les héritiers ou autres successeurs à titre universel.

Cette disposition s'applique, à plus forte raison, au légataire particulier en usufruit, qui a également son recours dans le même cas.

Par suite du principe que le legs doit être délivré tel qu'il se trouve au moment du décès, le légataire d'un immeuble a droit à tous les embellissemens et à toutes les constructions faites par le testateur sur le fonds légué, depuis l'époque du testament.

---

le legs d'une maison meublée, ou d'une maison avec tout ce qui s'y trouve, voir les articles 535 et 536, tome 1ᵉʳ. pag. 311.

(1) Il faut entendre cela dans le sens que l'héritier est responsable des dégradations commises sur l'objet légué, et qu'il a pu empêcher (art. 1136 et 1137); comme il auroit droit d'être indemnisé des dépenses que lui auroit coûté la conservation de la chose. Mais quant aux améliorations ou détériorations intrinsèques ou fortuites que la chose a pu éprouver depuis le décès du testateur, il est évident qu'elles regardent le légataire, qui est devenu propriétaire depuis cette époque.

Il n'en est pas de même des acquisitions faites depuis le testament, et qui ont augmenté l'étendue du fonds légué. Elles ne sont point censées faire partie du legs, quand même elles seroient contiguës au fonds, à moins que ce fonds ne soit un enclos, et qu'elles n'aient servi à en augmenter l'enceinte. 1019.

§. V.

De l'Exécution testamentaire.

Nous avons dit que le testateur pouvoit charger une ou plusieurs personnes de veiller à l'exécution de ses volontés. Ces personnes se nomment *exécuteurs testamentaires.* 1025.

Ces exécuteurs ne sont plus, comme autrefois, en pays coutumier, saisis de droit du mobilier de la succession. Cependant le testateur peut ordonner qu'ils auront cette saisine, en tout ou en partie, mais pendant l'an et jour seulement à compter du décès; et 1026. alors, s'ils sont plusieurs, et qu'ils aient tous accepté, ils sont solidairement responsables, à moins que le testateur n'ait divisé leurs fonctions, et qu'ils ne se soient renfermés soigneusement chacun dans celle qui lui étoit attribuée. 1033.

Dans tous les cas, l'héritier peut toujours

faire cesser la saisine, en justifiant de l'exécution des volontés du testateur, relatives au mobilier, ou en offrant aux exécuteurs de leur remettre une somme suffisante à cet effet.

1027. L'exécution testamentaire étant une marque de la confiance du défunt, confiance qui est purement personnelle, elle cesse entièrement par la mort de celui à qui elle avoit été déférée, et ne passe point à ses héritiers, qui sont néanmoins tenus, en cette qualité, de la gestion antérieure au décès.

1032. Les fonctions des exécuteurs testamentaires sont :

1°. De faire apposer les scellés (1) ;

2°. De faire procéder, en présence des héritiers (2), ou eux duement appelés, à l'inventaire des biens de la succession ;

3°. De veiller à ce que le testament soit exécuté. Ils peuvent même, en cas de contestation sur son exécution, intervenir pour en soutenir la validité ;

4°. De provoquer la vente du mobilier, s'il

---

(1) Mais, comme nous l'avons vu au titre précédent, l'apposition des scellés n'est indispensable qu'autant que, parmi les héritiers, il y a des absens, des mineurs ou des interdits non pourvus de tuteurs.

(2) Institués, ou *ab intestat.*

n'y a pas de deniers suffisans pour l'acquittement des legs (1);

5°. Enfin, de rendre compte de leur gestion, à l'expiration de l'année du décès du testateur. On doit leur allouer, dans ce compte, tous les frais légitimement faits par eux, relativement à l'exécution dont ils ont été chargés. 1031. 1034.

Au surplus, lorsqu'il y a plusieurs exécuteurs testamentaires, et qu'ils ont tous accepté, un seul peut agir au défaut des autres, sauf leur responsabilité commune et solidaire. 1033.

La charge d'exécuteur testamentaire impose, comme nous venons de le voir, plusieurs obligations. En conséquence, celui qui ne peut s'obliger, ne peut être exécuteur testamentaire. 1028.

Ainsi, le mineur (2) ne peut l'être, même avec l'autorisation de son tuteur ou curateur (3). La femme mariée et commune en biens ne peut accepter l'exécution testamentaire qu'avec l'autorisation de son mari. Si elle est séparée contractuellement ou judiciairement, elle peut, au refus de son mari, l'accepter avec l'autorisation de justice. 1030. 1029.

---

(1) Par conséquent, les héritiers pourront empêcher cette vente, en offrant une somme suffisante.

(2) Même émancipé, puisqu'il est question de curateur.

(3) Et en effet, l'exécution étant une suite de la confiance, ne peut passer d'une personne à une autre. C'est le mineur qui a été choisi, et non son tuteur ou curateur.

Section III.

De la Révocation des dispositions testamentaires.

Les dispositions testamentaires peuvent être révoquées par le fait du testateur ou par celui du légataire.

La révocation par le fait du testateur (1) est expresse ou tacite.

1035. Elle est expresse, quand le testateur s'est expliqué formellement à cet égard, soit dans un testament postérieur, soit dans tout autre acte, pourvu qu'il soit notarié.

Elle est tacite, 1°. lorsque le testateur, sans anéantir tout-à-fait son testament, l'a mis néanmoins dans un état où il ne puisse plus être regardé comme tel (2);

1036. 2°. Lorsqu'il existe un testament postérieur, même ne contenant pas de révocation expresse; mais, dans ce cas, la révocation n'a lieu que pour les dispositions du premier testament, qui se trouvent incompatibles avec celles du second, ou qui leur sont contraires (3) : comme aussi

---

(1) Le testament est encore révoqué par le fait du testateur, quand il encourt la mort civile, ainsi que nous l'avons vu au premier Livre.

(2) Par exemple : si le testament est dans la forme mystique, et que le testateur ait rompu les sceaux.

(3) Le premier testament contient cette disposition : *Je lègue*

elle a son effet, quand même les nouvelles dispositions resteroient sans exécution, par l'incapacité ou le refus du second légataire ; 1037.

3°. Lorsque le testateur a aliéné la chose léguée, quand même l'aliénation auroit été faite par échange, avec faculté de rachat, ou que l'objet seroit rentré depuis dans la main du testateur pour cause de nullité de l'aliénation. 1038.

La révocation a lieu par le fait du légataire,

1°. Pour cause d'inexécution des conditions sous lesquelles le legs a été fait ;

2°. Pour cause d'ingratitude, dans les cas suivans :

S'il a attenté à la vie du testateur ;

S'il s'est rendu coupable envers lui de sévices, délits, ou injures graves ; 1046.

S'il a outragé sa mémoire : dans ce dernier cas, la demande en révocation doit être intentée dans l'année, à compter du jour du délit. 1047.

Section IV.

Des Formalités prescrites pour constater l'existence et assurer la conservation des Testamens.

Comme il importe de s'assurer, dès le principe, s'il existe un testament, et de prendre

---

ma maison de ville à Pierre. Le second contient celle-ci : *Je lègue ma maison de ville à Paul.* Le premier legs est révoqué.

en même temps les précautions nécessaires pour en constater l'état et en empêcher la suppression, il a été prescrit à ce sujet des dispositions particulières ; en conséquence, lorsque le juge-de-paix se présente pour l'apposition des scellés, si l'existence d'un testament lui *Pr.* 917. est annoncée, il doit préalablement en faire perquisition ; et s'il en trouve un, ou même s'il se rencontre un papier cacheté quelconque, il doit remplir les formalités suivantes :

D'abord, il constate la forme extérieure du paquet, le sceau et la suscription, s'il y en a, paraphe l'enveloppe avec les parties présentes, si elles le savent et le peuvent, et indique les jour et heure auxquels le paquet sera par lui présenté au président du tribunal. Il fait mention du tout sur son procès-verbal, lequel est signé des parties ; sinon mention est faite de leur refus, ou de la cause qui les empêche *Pr.* 916. de signer.

Aux jour et heure indiqués, et sans qu'il soit besoin d'aucune assignation, le paquet est présenté par lui au président, lequel en fait *Pr.* 918. l'ouverture ; et si c'est un testament, en constate l'état par un procès-verbal, et en ordonne le dépôt entre les mains d'un notaire par lui 1007. commis (1).

---

(1) Il en est de même, quand ce ne seroit pas un testament,

Si le testament est trouvé ouvert, le juge-de-paix en constate l'état, et se conforme, pour le surplus, aux dispositions ci-dessus. *Pr.* 920.

Si l'acte de suscription annonce un testament mystique, les mêmes formalités doivent avoir lieu, sauf que l'ouverture ne peut se faire qu'en présence de ceux des notaire et témoins signataires de l'acte de suscription, qui se trouvent sur les lieux, ou eux duement appelés. 1007.

Les dispositions de la présente section ne sont point applicables aux testamens par acte public, qui, par leur nature, ne sont point susceptibles de rester entre les mains des testateurs.

CHAPITRE IV.

Des Dispositions à charge de restituer; ou Substitutions fidéicommissaires (1).

Nous connoisons actuellement deux espèces de substitutions, la vulgaire et la fidéicommissaire.

---

si le contenu au paquet concerne la succession. Si ce paquet paroît, par sa suscription, ou par quelqu'autre preuve écrite, appartenir à des tiers, le président ordonne que ces tiers seront appelés à jour fixe. Au jour indiqué, il fait l'ouverture en leur présence, ou à leur défaut ; et si ces paquets sont étrangers à la succession, il les remet aux parties intéressées, si elles sont présentes, sans en faire connoître le contenu : sinon il les cachète de nouveau, pour leur être remis à leur première réquisition. (*Proc.* 919.)

(1) Ricard a fait un Traité particulier sur *les Substitutions*

898.

La substitution vulgaire est celle par laquelle, après une institution, legs, ou donation, en faveur d'une personne, le donateur dispose du même objet en faveur d'un second individu, pour le cas où le premier ne voudroit ou ne pourroit pas recueillir (1). Cette disposition est permise.

896.

La substitution fidéicommissaire est celle par laquelle l'héritier institué, le légataire ou le donataire, qui recueille la disposition, est chargé de rendre à un autre tout ou partie des biens qui en proviennent. Cette substitution est également permise, lorsque le donataire, etc., est chargé de rendre de suite (2); mais s'il est chargé de conserver, et de rendre seulement après un certain temps, ou à son décès, la disposition est nulle même à son égard (3) (4).

---

directes et fidéicommissaires. Il se trouve dans la collection de ses Œuvres. Voir aussi un petit Traité de Pothier, sur *les Substitutions fidéicommissaires*, qui se trouve dans ses OEuvres posthumes.

(1) Exemple : *Je lègue ma maison à Pierre. Si Pierre ne recueille pas le legs, je la lègue à Paul.*

(2) Exemple : *Je lègue tout mon mobilier à Pierre, et je le charge de donner ma bibliothèque à Paul.*

(3) C'est-à-dire que le donataire, le légataire, ou l'héritier institué, ne peuvent pas recueillir. On n'a pas même voulu laisser subsister la disposition principale, parce que l'on a craint que si le légataire avoit une conscience scrupuleuse, il ne se crût obligé de se conformer aux intentions du testateur, et que la circulation des biens ne se trouvât par-là entravée, au moins de fait.

(4) Cette disposition n'est point applicable aux biens formant

Il faut, au surplus, bien se garder de confondre avec cette disposition, celle par laquelle l'usufruit d'une chose seroit donné à l'un, et la nue-propriété à l'autre. Ce sont alors deux donations distinctes, dont l'effet est de transférer à chaque donataire, dans le même moment, la propriété irrévocable de ce qui lui est donné.

899.

Mais, en établissant la prohibition générale dont nous venons de parler, le législateur a considéré la situation pénible d'un aïeul ou d'un oncle, mourant avec la perspective affligeante d'une postérité plongée dans la misère par les déportemens d'un père dissipateur; et il s'est déterminé à permettre en leur faveur l'exception dont nous allons exposer les principes et les effets.

897.

Nous verrons dans une première section, les cas dans lesquels la substitution fidéicommissaire peut avoir lieu, et les conditions nécessaires pour sa validité; et dans une seconde, les obligations qu'elle impose au grevé, ainsi

---

la dotation des majorats ou autres titres héréditaires que l'Empereur pourroit ériger. (*Voir les actes impériaux du* 30 *mars* 1806, *Bulletin*, n°. 1432; *le Sénatus-Consulte du* 14 *août* 1806, *Bulletin*, n°. 1823; *et les décrets impériaux du* 1er. *mars* 1808, *Bulletin*, nos. 3206 *et* 3207.)

que les droits qui en résultent en faveur des appelés (1).

Section première.

Des Conditions nécessaires pour la validité des Substitutions.

1048. Les dispositions à charge de conserver et de rendre peuvent être faites par acte entre-vifs ou par testament, par les père et mère, ainsi que par les frères et sœurs du grevé, pourvu toutefois que ces derniers n'aient pas 1049. de descendans directs.

Les frères et sœurs jouissent même de ce droit, d'une manière plus étendue que les père et mère; car la loi n'ayant pas établi de réserve en faveur des collatéraux, il en résulte qu'ils peuvent faire porter la charge de restitution sur la totalité de ce qui revient *Ibid.* aux grevés, tandis que la substitution faite par les père et mère ne peut frapper que sur 1048. la portion disponible (2).

Mais, dans les deux cas, pour que la substi-

---

(1) Le grevé est celui qui est chargé de rendre ; et l'appelé, celui à qui la restitution doit être faite.

(2) La légitime ne peut être grevée d'aucune charge : il est évident, en effet, qu'on ne peut imposer de charge ou de condition, qu'autant qu'on est maître de disposer des biens qu'on y assujettit.

tution soit valable, il faut, 1°. qu'elle ait lieu en faveur de tous les enfans du grevé, nés et à naître, sans exception, ni préférence d'âge ou de sexe ; 1050.

2°. Qu'elle ne passe le premier degré ; cependant les descendans de l'appelé prédécédé ont le droit de recueillir la portion de leur père, quand même il existeroit d'autres enfans au premier degré ; 1048. 1051.

3°. Que si elle a lieu entre-vifs, elle soit faite par l'acte même qui contient la disposition au profit du grevé. Si, cependant, le donataire accepte une nouvelle libéralité qui renferme la condition que les biens précédemment donnés demeureront grevés de restitution, il ne peut plus diviser les deux dispositions, quand même il offriroit de renoncer à la seconde, et de rendre les biens qui y sont compris. 1052.

Section II.

Des Obligations du grevé, et du Droit des Appelés.

Il est de principe que les appelés n'ont aucune espèce de droit sur les biens sujets à restitution, tant que dure la jouissance du grevé ; leur droit, à cet égard, ne s'ouvre donc que du moment où cette jouissance vient à cesser, de quelque manière que ce soit, même par l'abandon anticipé que leur en feroit le grevé, sans néanmoins que cet abandon puisse préjudicier aux droits de ses créanciers antérieurs à l'abandon, ainsi que des tiers détenteurs des biens substitués.

1053. Quant au grevé, il faut bien se garder de confondre son droit avec celui d'un simple usufruitier. Nous avons déjà vu, au commencement de ce chapitre, la distinction formelle que la loi établit entre la substitution et la disposition par laquelle l'usufruit seroit donné à l'un, et la nue propriété à l'autre; et, en effet, le grevé est réellement propriétaire des biens substitués, tellement que, son décès arrivant sans postérité, les aliénations faites par lui seroient irrévocables. Mais comme cette propriété peut être résolue, et qu'elle est conséquemment incertaine dans sa personne jusqu'au moment de son décès, il en résulte que ses obligations sont à-peu-près les mêmes que celles de l'usufruitier. De-là, plusieurs formalités, dont les unes, prescrites dans l'intérêt des appelés, ont pour objet de constater la quotité des biens compris dans la substitution, et d'en assurer la conservation aux appelés; et les autres, de prévenir les surprises qui pourroient avoir lieu à l'égard des tiers.

Nous traiterons dans les deux paragraphes suivans de ces deux espèces de formalités.

§. Ier.

Des Formalités prescrites dans l'intérêt des Appelés.

La première de ces formalités est la nomination d'un tuteur à la substitution. Ce tuteur est chargé de veiller à l'exécution de toutes les formalités contenues dans ce paragraphe et le suivant, et il est personnellement responsable de leur inexécution. Il l'est également, s'il ne fait pas toutes les diligences nécessaires, pour que, le cas de la restitution arrivant, elle soit bien et fidèlement opérée. 1073.

Le tuteur peut être nommé par le disposant lui-même, soit dans l'acte contenant la disposition, soit dans un acte postérieur, pourvu qu'il soit authentique. A défaut de tuteur 1055. nommé par le disposant (1), il est procédé à cette nomination (2), à la diligence du grevé ou de son tuteur, s'il est mineur; et ce, dans le délai d'un mois, à compter du décès du disposant, ou du jour que l'acte contenant la disposition a été connu, postérieurement à son décès. De quelque manière que le tuteur ait 1056. été nommé, il ne peut se dispenser que pour

---

(1) C'est-à-dire, s'il n'en a pas nommé, ou si celui qu'il a nommé vient à manquer.

(2) Par le conseil de famille du grevé.

une des causes exprimées au Titre *de la Mi-norité, etc.*

1055.

Faute par le grevé d'avoir satisfait à l'obligation de faire nommer un tuteur, il est déchu du bénéfice de la disposition (1); et le droit aux biens substitués peut être déclaré ouvert au profit des appelés, à la diligence, soit des appelés eux-mêmes s'ils sont majeurs, soit de leur tuteur ou curateur s'ils sont mineurs ou interdits, soit d'un de leurs parens, soit enfin d'office, à la diligence du procureur-impérial près le tribunal de l'ouverture de la succession.

1057.

Le tuteur nommé, il doit être procédé, en sa présence, et dans les formes ordinaires, à l'inventaire de tous les biens et effets composant la succession du disposant. Cet inventaire doit contenir la prisée, à juste prix (2), des effets mobiliers. Les frais sont pris sur les biens compris dans la disposition (3). Il doit

1058.

1059.

___

(1) Même quand il seroit mineur, sauf son recours contre son tuteur, sans cependant que l'insolvabilité de ce dernier puisse lui profiter pour demander la restitution. Cette disposition s'applique à toutes les formalités de l'exécution desquelles le grevé est chargé. (Art. 1074.)

(2) Et sans crue.

(3) L'inventaire ayant pour but de constater la quotité des biens substitués, il est évident qu'il est inutile d'y procéder, quand cette quotité est d'ailleurs certaine; par exemple, si la substitution ne porte que sur un objet déterminé. (Art. 1058.)

être fait à la requête du grevé ; et faute par lui d'y avoir satisfait dans le délai fixé au Titre *des Successions*, il y est procédé à la diligence du tuteur à la substitution, ou enfin, à défaut (1) de ce dernier, à la diligence des personnes désignées ci-dessus pour provoquer l'ouverture du droit en faveur des appelés, en cas de déchéance du grevé (2). Dans tous les cas, le grevé, ou celui qui le représente, doit y être appelé.

1059.

1060.

1061.

Lorsque la quotité et la nature des biens compris dans la substitution sont déterminés, il reste à prendre les mesures convenables pour en assurer la conservation aux appelés.

Pour ce qui concerne les immeubles, le droit des appelés est suffisamment à couvert par la disposition qui ôte au grevé le droit de les aliéner, ou de les hypothéquer irrévocablement au préjudice des appelés : disposition dont l'exécution est assurée par la transcription, dont il sera question dans le paragraphe suivant. Cependant le donateur peut ordonner qu'en cas d'insuffisance des biens libres du grevé, la femme de ce dernier pourra exercer

---

(1) *A défaut* : Ces paroles signifient ici, *si le tuteur ne fait pas procéder à l'inventaire*.

(2) Ce sont les appelés, s'ils sont majeurs et usant de leurs droits, sinon leur tuteur ou curateur, un de leur parent, ou le procureur-impérial d'office.

un recours subsidiaire sur les biens substitués ; auquel cas ce recours ne peut avoir lieu que pour le capital des deniers dotaux seulement.

1054.

Mais la même prohibition d'aliéner ne pouvant avoir lieu à l'égard des meubles qui n'ont pas de suite, il a été nécessaire de prendre à ce sujet des mesures particulières. Ces mesures sont à-peu-près les mêmes que celles prescrites relativement au mobilier des mineurs.

2119.

Ainsi, il doit être procédé, à la requête du grevé, à la vente aux enchères, et après affiches, de tous les meubles et effets compris dans la disposition, à l'exception cependant de ceux dont le donateur a ordonné la conservation en nature, et qui doivent être rendus dans l'état où ils se trouveront au moment de la restitution (1).

1062.

1063.

Le grevé est également dispensé de faire vendre les bestiaux et ustensiles nécessaires à l'exploitation des terres. Il est seulement tenu de les faire priser et estimer, et d'en rendre une égale valeur lors de la restitution.

1064.

Les deniers provenant de la vente des meubles et du remboursement des effets actifs, sont réunis à ceux trouvés dans la succes-

---

(1) Sauf cependant la responsabilité du grevé, relativement aux pertes et détériorations, autres que celles provenant de l'usage ordinaire des objets.

sion; et le grevé est tenu de faire emploi du tout, dans le délai de six mois, à compter de la clôture de l'inventaire, sauf prolongation, s'il y a lieu. Il doit également faire emploi des deniers provenant des remboursemens opérés pendant sa jouissance, et ce, dans les trois mois au plus, à compter de la date desdits remboursemens.

1065.

1066.

Si le donateur a désigné le mode d'emploi, l'on doit se conformer à sa disposition. S'il n'a rien déterminé à cet égard, l'emploi ne peut être fait qu'en immeubles, ou avec privilége sur des immeubles, et toujours en présence et à la diligence du tuteur à la substitution.

1067.
1068.

§. II.

Des Formalités prescrites dans l'intérêt des tiers.

L'intérêt des tiers exige que la plus grande publicité soit donnée aux dispositions à charge de restituer. Pour parvenir à ce but, il est ordonné, s'il y a des immeubles, que les actes portant substitution, soient transcrits aux bureaux des hypothèques du lieu de la situation desdits immeubles. S'il y a des deniers comptans, la substitution est suffisamment rendue publique, pour ce qui concerne ces deniers, par l'inscription (1) prise sur les biens affectés

---

(1) *L'inscription* et non *la transcription*. En conséquence,

au privilége résultant de l'emploi qui en a été fait. Ces transcription et inscription sont faites à la diligence, soit du grevé, soit du tuteur à la substitution.

1069.

La transcription et l'inscription étant le seul moyen légal de donner aux substitutions la publicité convenable, elles ne peuvent être suppléées par aucun autre acte. En conséquence, quelque connoissance que les héritiers ou les tiers acquéreurs (1) aient eue d'ailleurs de la substitution, ils peuvent toujours opposer aux appelés, même mineurs ou interdits, le défaut de transcription ou d'inscription, sauf, s'il y a lieu, le recours des appelés contre le grevé et le tuteur à la substitution, sans néanmoins qu'ils puissent être restitués contre le défaut de transcription, etc., quand même le tuteur et le grevé se trouveroient insolvables.

1071.

1070.

Dans aucun cas, cependant, les donataires, légataires, ou même héritiers légitimes de celui qui a fait la disposition, ne peuvent opposer aux appelés le défaut de transcription ou d'inscription. Il en est de même de leurs donataires, légataires ou héritiers légitimes.

1072.

---

ce n'est point l'acte portant substitution qu'il faudra faire transcrire, mais seulement l'acte portant privilége qu'il faudra faire inscrire.

(1) *A titre onéreux* : Nous allons voir tout-à l'heure que ce défaut ne peut être opposé par ceux qui ont acquis à titre gratuit, soit du substituant, soit de ses donataires, légataires, etc.

Tit. V. *Des Contrats ou des Obligat.* 209

sans qu'il y ait obligation réciproque de la part de ce dernier. Tel est *le prêt de consomma-* 1103. *tion, le contrat de rente viagère.*

Le contrat *synallagmatique* ou *bilatéral* est celui dans lequel chacun des contractans s'engage envers l'autre. Ces sortes de contrats se 1102. divisent en *synallagmatiques parfaits* et *synallagmatiques imparfaits* (1). Le contrat *synallagmatique parfait* est celui dans lequel l'action appartenant à chacun des contractans, est également principale, et tient à l'essence du contrat : tels sont *la vente, l'échange, le louage,* etc. (2). Le contrat *synallagmatique imparfait* est celui dans lequel l'action de l'une des parties est seule principale et essentielle au contrat, tandis que l'action de l'autre n'est qu'incidente et éventuelle, et peut, en conséquence, exister ou ne pas exister, sans que l'essence du contrat en soit altérée : tels sont *le mandat, le dépôt,* etc. (3).

---

(1) Cette distinction est nécessaire pour l'intelligence de plusieurs articles, et notamment de l'article 1184, dont la disposition très-importante ne s'applique cependant qu'aux contrats synallagmatiques parfaits.

(2) En effet, ces sortes de contrats ne peuvent exister, sans qu'il y ait obligation réciproque : on ne peut concevoir une vente sans qu'il y ait obligation de la part du vendeur de livrer la chose, et, de la part de l'acheteur, de payer le prix. Supprimons une de ces obligations, il n'y a plus de vente. Il en est de même de l'échange, du louage, etc.

(3) En effet, il est de l'essence du mandat, que le mandataire

La seconde division des contrats est en contrats *réels* et en contrats *consensuels*.

Le contrat *réel* est celui qui, outre le consentement des parties, exige encore la tradition de la chose qui en est l'objet, de manière que le contrat n'existe que quand cette chose est livrée : tels sont *le prêt,* soit *de consommation,* soit *à usage, le contrat de rente viagère, le dépôt* et *le nantissement.*

Le contrat *consensuel* est celui qui est parfait, par le seul consentement des parties : tels sont tous les contrats, ceux ci-dessus exceptés.

La troisième division est en contrats *de bienfaisance*, et en contrats *à titre onéreux* (1).

1105. Le contrat *de bienfaisance* ou *à titre gratuit,* est celui qui n'a pour but que l'utilité de l'une des parties contractantes : tels sont *le prêt à usage,* celui *de consommation sans intérêt, le dépôt, etc.*

Le contrat *à titre onéreux* est celui qui se

---

soit obligé de rendre compte ; du dépôt, que le dépositaire soit tenu de rendre le dépôt ; mais l'action que le mandataire ou le dépositaire ont contre le mandant ou le déposant pour le remboursement des dépenses qu'ils ont faites à l'occasion du mandat ou du dépôt, n'est qu'une action éventuelle, et qui ne tient point à l'essence du contrat ; car il peut fort bien arriver que le mandat ou le dépôt n'ait occasionné aucune dépense à l'un ni à l'autre.

(1) Les contrats à *titre onéreux* sont les mêmes que Pothier appelle *contrats intéressés de part et d'autre.*

fait pour l'intérêt et l'utilité réciproque des parties, comme *la vente, l'échange, le prêt à intérêt*, etc. Le contrat *à titre onéreux* est *commutatif* ou *aléatoire*. Il est *commutatif*, quand chacune des parties est censée (1) recevoir l'équivalent effectif (2) de ce qu'elle donne. Il est *aléatoire*, quand l'équivalent consiste dans une chance incertaine de gain ou de perte : tels sont *tous les jeux, les gageures, les contrats d'assurance, la rente viagère.*

1106.

1104.

La quatrième division des contrats est en *principaux* et *accessoires*.

Les contrats *principaux* sont ceux qui peuvent subsister par eux-mêmes, et indépendamment de toute autre convention.

Les contrats *accessoires* sont ceux qui ont pour objet d'assurer l'exécution d'un autre engagement duquel ils dépendent, et sans lequel ils ne peuvent subsister : tels sont *le cautionnement, le nantissement, l'hypothèque.*

Enfin, il est une cinquième division des con-

___

(1) *Est censée* : Parce qu'il n'est pas nécessaire, au moins dans le for extérieur, que la chose donnée soit absolument et réellement d'égale valeur à celle reçue. Il suffit que les parties l'aient considérée comme telle, sauf le cas de lésion dans certains contrats, ou à l'égard de certaines personnes. (Art. 1118.)

(2) *Effectif* : A la différence du contrat aléatoire, dans lequel l'équivalent ne consiste que dans une chance de gain ou de perte.

212 Liv. III. *Manières d'acq. la Propriété.*

trats, en contrats que nous appellerons *solemnels* et *non solemnels*.

Les contrats *non solemnels* (1) sont ceux qui ne sont assujettis à aucune forme particulière, mais seulement aux règles générales des contrats, comme *la vente, le louage, le mandat,* etc.

Les contrats *solemnels* (2) sont, au contraire, ceux dont l'existence est subordonnée à l'observation de certaines formalités sans lesquelles ils ne produisent aucun effet civil : tels sont l'*hypothèque conventionnelle, le contrat de mariage,* etc.

Il faut, au surplus, observer que la distinction établie par les lois romaines entre les contrats nommés et innommés, déjà proscrite dans notre ancien droit, l'est également dans le droit actuel ; et que tous les contrats, soit qu'ils aient, ou non, une dénomination propre, sont soumis aux règles générales portées dans le présent titre.

1107. Après avoir fait connoître les diverses espèces de contrats, il est essentiel d'ajouter ici une distinction établie par les auteurs, et indiquée d'ailleurs dans quelques articles du Code. On distingue donc dans chaque contrat

---

(1) Ce sont ceux que Pothier, d'après le droit romain, appelle contrats *du droit des gens.*

(2) Appelés par Pothier, *du droit civil.*

les choses qui sont de son essence, celles qui sont de sa nature, et celles qui lui sont accidentelles.

Les choses qui sont de l'essence du contrat, sont celles sans lesquelles ce contrat ne peut subsister, tellement que le défaut de l'une d'elles fait, ou qu'il n'y a pas du tout de contrat, ou qu'il y en a un d'une tout autre espèce que celui que les parties paroissent avoir eu intention de former. Ainsi, il est de l'essence de la vente qu'il y ait une chose vendue, et un prix réel et effectif. Si donc, au moment de la vente, la chose vendue n'existoit plus, il n'y a ni vente ni aucune autre espèce de contrat. Si le prix étoit tellement disproportionné à la valeur de la chose, qu'il fût à-peu-près illusoire, alors ce ne seroit pas une vente, quoique les parties l'aient ainsi qualifié; ce seroit une donation.

Les choses qui sont de la nature du contrat, sont celles qui, sans être de son essence, en font cependant partie, même sans aucune stipulation spéciale de la part des contractans. Ainsi, il est de la nature du mandat d'être gratuit. Les choses qui sont de la nature du contrat, diffèrent de celles qui sont de son essence, en ce que le contrat peut subsister sans elles, et qu'elles peuvent en être détachées par la convention des parties.

1719.

Enfin, les choses qui sont accidentelles au contrat, sont celles qui n'étant ni de sa nature ni de son essence, n'y sont renfermées que par suite de quelque clause particulière que les parties y ont ajoutée.

CHAPITRE II.

Des Conditions nécessaires pour la validité des Obligations conventionnelles.

Le contrat étant une convention, et la convention elle-même étant le consentement de deux ou plusieurs personnes, il s'ensuit que, sans consentement, il ne peut y avoir de contrat.

Mais, pour que le consentement soit lui-même valable à l'effet de produire une obligation, quatre conditions sont nécessaires :

La première, que les parties soient légalement capables de consentir à l'effet de s'obliger;

La seconde, que le consentement ne soit pas infecté de vices qui en détruisent ou en altèrent la substance ;

La troisième, qu'il s'applique à un objet quelconque ;

La quatrième, qu'il soit déterminé par une cause, et que cette cause n'ait rien de contraire aux bonnes mœurs ni à l'ordre public.

Section première.

De la Capacité des Parties contractantes.

Les conventions étant en général regardées comme étant de droit commun, toutes personnes peuvent contracter, si elles n'en sont déclarées incapables par la loi civile.

1123.

Sont incapables : 1°. les interdits, pour tous les actes quelconques ;

2°. Ceux à qui il a été donné un conseil judiciaire ;

3°. Les mineurs ;

4°. Les femmes mariées, et non autorisées.

Ces trois derniers, pour tous les actes qui excédent leur capacité.

5°. Enfin, toutes les personnes auxquelles la loi a interdit certains contrats (1).

1124.

Nous verrons ci-après, chap. V, sect. 7, l'effet de ces diverses sortes d'incapacités, et comment doit être demandée la rescision des obligations contractées par les personnes incapables.

Section II.

Des différentes Causes qui peuvent vicier le consentement.

Il y a quatre causes qui peuvent vicier le

---

(1) Voyez les articles 450, 1595 et suiv.

consentement, au point de l'annuller même dans certains cas : ce sont l'erreur, la violence, le dol et la lésion. Elles ont cela de commun, que même dans les cas où elles annullent la convention, elles ne la rendent cependant pas nulle de plein droit ; mais elles donnent seulement lieu à une action en nullité ou en rescision, sur laquelle les tribunaux doivent prononcer.

§. Ier.

De l'Erreur.

L'erreur n'est une cause de nullité de la convention, que lorsqu'elle tombe sur la nature même du contrat, ou sur les choses qui lui sont essentielles.

Sur la nature du contrat : Par exemple, si l'un entend vendre, et l'autre prendre à bail, il n'y a, en ce cas, ni vente ni louage.

Sur les choses qui lui sont essentielles : Si donc il y a erreur sur la substance (1) de la chose qui fait l'objet de la vente, la convention est nulle. Il en est de même dans les contrats commutatifs, quand il y a dissentiment

---

(1) Par exemple, si je crois acheter un bijou en or, et qu'il ne soit qu'en cuivre doré, la vente est nulle. Il en seroit autrement, si j'avois acheté un mauvais ouvrage, le croyant bon : la bonté de l'ouvrage, dans ce cas, est le motif qui m'a fait acheter ; mais cela n'empêche pas que l'ouvrage que j'ai acheté ne soit réellement celui que j'avois intention d'acheter.

sur le prix (1). Nous disons *dissentiment sur le prix :* car, si l'erreur ne portoit que sur le rapport du prix convenu avec la valeur réelle de l'objet, il y auroit alors ce que l'on nomme *lésion*, et le contrat ne pourroit être attaqué que dans certains cas, ainsi que nous le verrons plus bas, §. 4.

L'erreur sur les qualités de la chose peut aussi quelquefois faire prononcer la nullité du contrat : par exemple, s'il s'agit de vices redhibitoires (2). 1644.

L'erreur sur la personne avec laquelle on a l'intention de contracter, n'est point une cause de nullité, à moins que la considération de cette personne n'ait été la cause principale de la convention (3). 1110.

L'erreur dans le motif n'annulle pas en général la convention : cependant, s'il étoit évident que sans cette erreur le contrat n'auroit

---

(1) Si je crois acheter votre maison 10,000 fr. et que vous croyiez me la vendre 12,000 fr., la vente est nulle.

(2) *Redhibitoires :* Ce mot est consacré pour signifier les défauts cachés d'une chose vendue, et qui sont tels, que l'acquéreur ne l'auroit pas achetée s'il les avoit connus. (Art. 1641 et 1644.)

(3) Par exemple, si j'ai fait marché pour un tableau avec un peintre qui n'est pas celui avec lequel je croyois traiter, la convention peut être annullée, parce que, dans un marché de ce genre, on ne considère ordinairement que le nom et la réputation du peintre.

pas eu lieu, elle peut devenir cause de nullité. C'est dans ce sens que l'on dit que l'obligation
1131. contractée sur une fausse cause est nulle.

§. II.

De la Violence.

Toute espèce de violence ne vicie pas le consentement, au moins dans le for extérieur (1), mais seulement celle qui est de nature à faire impression sur une personne raisonnable, eu égard à son âge, son sexe et sa
1112. condition.

On regarde comme une violence de ce genre, celle qui peut inspirer au contractant la crainte de se voir exposé, lui, son conjoint,
1113. ses ascendans ou ses descendans, à un mal
1112. considérable et présent, dans leurs personnes ou dans leurs fortunes; mais, la seule (2) crainte de déplaire à son père, à sa mère, ou à tout autre ascendant, que l'on nomme *crainte révérentielle*, ne suffit pas pour annuller le
1114. contrat.

Il n'est pas nécessaire que la violence ait été

---

(1) Dans le for intérieur, il est défendu d'inspirer la plus légère crainte injuste à quelqu'un, pour lui faire contracter une obligation.

(2) *Seule :* Par conséquent, si cette crainte a été accompagnée de violence de la part de l'ascendant, elle pourra donner lieu à la nullité de l'obligation.

Tit. V. *Des Contrats ou des Obligat.* 219
exercée par celui au profit duquel l'obligation
a été contractée; il suffit qu'elle ait eu pour
objet direct de faire consentir l'obligation.

1111.

§. III.
Du Dol.

On définit le dol, tout artifice dont on se
sert pour tromper une autre personne. Cependant toute espèce de dol ne suffit pas, dans
le for extérieur, pour annuller la convention.
Il faut, 1°. qu'il soit l'ouvrage de l'une des
parties, et 2°. qu'il ait donné lieu au contrat,
c'est-à-dire, qu'il soit évident que, sans les
manœuvres pratiquées, l'autre partie n'auroit
pas contracté (1). Tout autre dol qui interviendroit dans le contrat, même de la part
de l'un des contractans, pourroit seulement
donner lieu à des dommages-intérêts.

1116.

---

(1) C'est ce que les Romains appeloient *dolus dans causam contractui*, à la différence du *dolus incidens in contractum*, qui n'annulle pas la convention. Exemple : je sais que vous voulez acheter une maison ; j'emploie des manœuvres qui vous déterminent à acheter la mienne ; voilà le dol *dans causam contractui* ; et si vous avez été réellement trompé, vous pouvez faire annuller la convention. Mais vous étiez en marché pour acheter ma maison, et j'ai usé d'artifice pour vous en faire donner un prix plus considérable ; c'est le *dolus incidens in contractum* ; il n'y a pas lieu à annuller la convention, mais seulement à accorder des dommages et intérêts, qui, dans l'espèce, équivaudront à la différence du prix porté au contrat, avec celui que l'acquéreur en auroit probablement donné, si l'artifice n'eût pas eu lieu.

C'est, au surplus, à celui qui prétend avoir été trompé à le prouver. Le dol ne se présume jamais.

§. IV.

De la Lésion.

Il y a lésion dans les contrats commutatifs, toutes les fois que l'une des parties ne reçoit pas l'équivalent de ce qu'elle donne ; mais s'il étoit permis, dans le for extérieur (1), de demander la nullité d'une convention, pour toute lésion, quelque modique qu'elle fût, bientôt le commerce ne présenteroit plus aucune sûreté, et il faudroit renoncer aux contrats les plus nécessaires. C'est donc avec grande raison que la loi civile a décidé que la lésion ne vicioit les conventions que dans certains cas ou à l'égard de certaines personnes.

Nous verrons, dans la suite du présent titre, et au titre *de la Vente*, quels sont, dans les diverses circonstances, les effets de la lésion dont nous avons d'ailleurs déjà parlé au titre *des Successions*, chap. 5, sect. 1re., §. 4.

---

(1) Dans le for intérieur, toute lésion commise à dessein doit être réparée.

Section III.

De l'Objet des Contrats.

Il résulte de la définition du contrat, qu'il a pour objet une chose que les deux parties ou l'une d'elles s'obligent à donner, à faire, ou à ne pas faire. 1126.

Le mot *chose* se prend ici dans une acception générale, et s'applique également à l'usage (1), et même à la simple possession (2) de l'objet. 1127.

Mais pour qu'une chose puisse être l'objet d'un contrat, il faut : 1°. qu'elle existe, ou au moins qu'elle puisse exister un jour. Les choses futures (3), une simple espérance même (4), peuvent être l'objet d'une obligation. Cependant on regarde avec raison comme contraires à l'honnêteté publique les stipulations relatives à la succession d'une personne vivante, même celles faites de son consentement. Toute con-

---

(1) Dans le commodat, le simple usage de la chose est l'objet du contrat.

(2) Dans le nantissement, le créancier n'a ni la propriété de la chose, ni même le droit de s'en servir; il n'a que celui de la retenir jusqu'à l'acquittement de sa créance. La simple possession de la chose est donc l'objet du contrat de nantissement.

(3) Je puis vendre la récolte que produira telle pièce de terre l'année prochaine.

(4) Par exemple, un coup de filet, la cargaison de tel navire qui est en mer.

vention de ce genre est en conséquence prohibée (1) ;

2°. Qu'elle soit dans le commerce ;

3°. Qu'elle soit déterminée, au moins sous certains rapports (2). Il n'est pas nécessaire d'ailleurs que la quotité soit certaine, pourvu que la convention contienne des bases qui puissent servir à la déterminer;

4°. Si c'est un fait, qu'il soit physiquement et moralement possible ;

5°. Enfin, que la chose concerne les parties contractantes. Il est de principe, en effet, que l'on ne peut, en général, promettre ou stipuler (3) en son propre nom que pour soi-même; car les conventions n'ayant d'effet qu'entre les parties contractantes, et ne pouvant, en général (4), nuire ni profiter aux tiers, il n'en peut résulter d'action en faveur de ceux-ci. Il n'en résulte pas davantage en faveur de la partie qui a stipulé pour le tiers, parce que

---

(1) Cette disposition ne s'applique pas à celles portées dans les articles 918 et 1076, ni à celles dont il est question dans les chapitres 5 et 6 du titre précédent.

(2) Ainsi, il faut que la chose qui est l'objet de l'obligation soit déterminée, au moins quant à son espèce.

(3) *Promettre ou stipuler :* C'est le débiteur qui promet ; c'est le créancier qui stipule.

(4) Nous disons *en général*, parce qu'il existe quelques cas, ainsi que nous allons le voir tout-à-l'heure, dans lesquels les conventions peuvent profiter aux tiers.

n'ayant, dans l'hypothèse, aucun intérêt pécuniaire à ce que la convention s'exécute, elle ne peut réclamer aucune indemnité en cas d'inexécution : l'autre partie peut donc y contrevenir impunément ; il n'y a donc pas d'obligation civile. Mais il faut prendre garde d'appliquer ce principe à plusieurs espèces de conventions, dans lesquelles nous paroissons stipuler ou promettre pour un autre, quoique, dans le fait, ou par le résultat, nous promettions ou stipulions pour nous-mêmes.

Ainsi, on peut stipuler en son nom pour un autre, toutes les fois que l'on a un intérêt personnel et pécuniaire à ce que la stipulation s'exécute. On le peut également, lorsque telle est la condition d'une stipulation que l'on fait pour soi-même (1), ou d'une donation que l'on fait à un autre (2). Mais, dans ce cas, le tiers ne peut poursuivre l'exécution de la disposition pour ce qui le concerne, que lorsqu'il a déclaré vouloir en profiter. Jusque-là elle est révocable par le seul consentement de ceux qui y ont été parties.

1121.

On n'est pas censé stipuler ou promettre pour un autre, lorsqu'on stipule ou qu'on pro-

---

(1) Exemple : *Vous donnerez votre maison à Pierre, sinon vous me donnerez* 10,000 *fr.*

(2) Ainsi je vous donne ma maison, à condition que *vous donnerez* 10,000 *fr. à Pierre* ; la convention est valable.

met pour ses héritiers, parce qu'ils sont, en quelque façon, la continuation de nous-mêmes; et c'est pour cette raison que non seulement l'on peut valablement stipuler ou promettre pour eux, mais encore que l'on est toujours censé l'avoir fait, à moins que le contraire ne soit exprimé, ou ne résulte de la nature de la convention (1).

1122.

La même disposition a lieu à l'égard des ayans-cause, c'est-à-dire, des successeurs à titre singulier. Mais il faut, dans ce cas, que la stipulation concerne l'objet auquel l'ayant-cause succède.

Ibid.

Enfin, ce n'est pas non plus stipuler pour un autre, lorsque je stipule que la chose qui fait l'objet de la convention sera délivrée à un tiers désigné, parce qu'alors l'obligation est acquise à moi seul, que j'ai seul droit d'en poursuivre l'exécution, et que le tiers n'est, en quelque sorte, dans la convention, que comme mon fondé de pouvoir, à l'effet de recevoir la chose pour moi et en mon nom (2).

Nous avons dit qu'on ne pouvoit stipuler ni

---

(1) Si, par exemple, j'ai stipulé un usufruit, une rente viagère, il répugne à la nature de la convention que mes héritiers puissent demander la continuation de l'usufruit ou de la vente. (Voir aussi un exemple singulier de cette exception dans l'art. 1514.)

(2) C'est ce que les Romains appeloient *adjectus solutionis gratiâ.*

promettre *en son propre nom* pour un autre, parce que l'on peut stipuler ou promettre pour un autre, pourvu que la convention soit faite au nom de celui pour lequel on stipule ou l'on promet. C'est ainsi qu'un fondé de pouvoir peut contracter au nom de son commettant, parce qu'alors ce n'est pas lui qui est censé contracter, mais bien le commettant lui-même par son ministère. Il en est de même des tuteurs et curateurs, qui sont les procureurs légaux des pupilles et des mineurs.

Si même je contracte au nom d'une personne dont je n'ai de pouvoir, ni légal, ni conventionnel, et que je me porte fort pour elle, je suis censé par-là garantir à l'autre partie la ratification de celui au nom duquel j'ai contracté, et m'obliger au paiement des dommages et intérêts, en cas de non ratification. Cette stipulation est donc valable, mais avec cette distinction, que, si le tiers ratifie, il est obligé, comme si j'avois eu de lui, dans le principe, un pouvoir formel, et je reste déchargé de toute obligation. Si, au contraire, il refuse, il n'est tenu en aucune manière; et alors, par l'effet de la garantie à laquelle je me suis engagé, je suis tenu d'indemniser l'autre partie de tout le préjudice qu'elle éprouve par suite de ce refus. 1120.

Section IV.

De la Cause.

1131. On entend, dans notre droit, par cause du contrat, ce qui détermine les parties à contracter ; et comme on n'est jamais présumé s'engager sans un motif quelconque, il en résulte que toute obligation sans cause, ou, ce qui est la même chose, sur une fausse cause, est nulle. Il n'est pas, au surplus, nécessaire que la cause émane d'un intérêt pécuniaire. Ainsi, dans le contrat de bienfaisance, la libéralité est une cause suffisante de l'obligation.

1132. De même l'obligation n'est pas nulle, par cela seul que la cause n'est pas exprimée (1), pourvu qu'il soit d'ailleurs prouvé légalement qu'il en existe une licite.

1133. Nous disons *une licite,* c'est-à-dire, qui ne soit point prohibée par la loi, ni contraire aux bonnes mœurs ou à l'ordre public. Autrement, non seulement l'engagement seroit nul, dans le sens que le créancier ne pourroit en poursuivre l'exécution ; mais encore, si la cause illicite provenoit de son fait seul (2), le débiteur qui auroit payé seroit fondé à répéter.

---

(1) Par exemple : *Je promets payer telle somme à Pierre*, sans autre explication.

(2) *Secùs*, si la cause étoit illicite des deux côtés : *in pari causâ melior est conditio possidentis.*

CHAPITRE III.

Des diverses modifications de l'Obligation conventionnelle.

L'obligation conventionelle peut être
    Conditionnelle,
    A terme,
    Alternative,
    Facultative,
    Indéterminée,
    Solidaire,
    Divisible ou indivisible,
    Avec clause pénale.

SECTION PREMIÈRE.

De l'Obligation conditionnelle.

Pour déterminer d'une manière précise l'effet de l'obligation conditionnelle, nous verrons d'abord ce qu'on doit entendre par condition, et quand elle est réputée accomplie : nous verrons, en second lieu, de combien de manières on peut contracter une obligation conditionnelle.

§. Ier.

Des Conditions en général et de leur accomplissement.

On entend, en général, par condition dans

les obligations, le cas d'un événement futur et incertain.

Futur : en effet, quoique le Code, dans l'article 1181, paroisse avoir rangé dans la classe des conditions l'événement arrivé au moment du contrat, mais encore inconnu aux parties, il est cependant vrai de dire qu'il assimile, et avec raison, ce cas, plutôt au terme qu'à la condition, puisque le même article ajoute que l'obligation ainsi contractée a son effet du jour où elle est intervenue.

Incertain : parce que, dans les contrats, le cas d'un événement qui doit certainement arriver, quoique l'époque en soit incertaine, n'est pas une condition, et ne suspend point l'obligation, mais en diffère seulement l'exigibilité.

Les conditions se divisent, premièrement : en positives et négatives.

La condition positive est celle qui consiste dans le cas où la chose arrivera.

La condition négative est celle qui consiste dans le cas où la chose n'arrivera pas.

Les conditions se divisent, secondement : en potestatives, casuelles, et mixtes.

La condition potestative est celle qui dépend de la volonté de l'une des parties contractantes.

Tit. V. *Des Contrats ou des Obligat.*

La condition casuelle est celle qui dépend purement du hasard (1). 1169.

La condition mixte est celle qui dépend tout-à-la-fois de la volonté d'une des parties, et de celle d'un tiers (2), ou même du hasard (3). 1171.

La condition positive doit être physiquement et moralement possible. Toute autre est nulle, et rend nulle la convention qui en dépend. 1172.

Quant à la condition négative, il est évident que celle qui est physiquement impossible, ne vicie pas la convention, qui, au contraire, dans ce cas, est regardée comme pure et simple; 1173. mais si l'impossibilité étoit seulement morale (4), la condition même négative vicieroit la convention. On ne doit rien exiger pour s'abstenir d'une chose prohibée.

L'obligation est également nulle, si la condition est purement potestative de la part du débiteur. 1174.

Nous disons *purement*, c'est-à-dire, si la condition est telle qu'elle fasse dépendre la convention d'un acte pur et simple de la vo-

---

(1) Ou de la volonté d'un tiers.
(2) Comme : *je vous donnerai 10,000 fr. , si vous épousez telle personne.*
(3) Comme : *je vous donnerai 100 écus , si vous gagnez le premier prix.*
(4) Telle seroit la promesse faite à un individu pour qu'il ne commette pas un meurtre, un assassinat.

lonté du débiteur (1); car si elle la fait dépendre, non pas d'un simple acte de sa volonté, mais d'un fait qu'il soit en son pouvoir d'exécuter ou de ne pas exécuter, l'obligation est valable (2).

1175. La condition doit être accomplie de la manière que les parties ont vraisemblablement entendu qu'elle le fût (3); et elle est toujours réputée accomplie, lorsque celui qui doit sous cette condition, en a empêché l'accomplisse-
1178. ment (4).

L'accomplissement des conditions est indivisible, quand même ce qui en fait l'objet seroit divisible. En conséquence, l'exécution de la convention ne peut être demandée, même pour partie, avant l'accomplissement total de la condition.

---

(1) Par exemple : *Je vous payerai cent écus, si je veux ;* l'obligation est nulle par défaut de lien.

(2) Telle est, par exemple, cette convention : *Je vous promets cent écus, si je vais à Lyon.*

(3) Ainsi, je vous fais un legs, à condition que vous donnerez une somme d'argent à une telle personne : cette personne est mineure ; au lieu de donner l'argent à son tuteur, vous le lui donnez à elle-même, et elle le dissipe. La condition n'est pas remplie. Il est vraisemblable que j'ai voulu que cette somme profitât au mineur.

(4) Par exemple : J'ai promis cent écus à quelqu'un pour aller à Lyon. Il se présente pour faire le voyage. J'ai changé d'avis, et je refuse de lui donner la commission. Je dois les cent écus.

Tit. V. *Des Contrats ou des Obligat.*

S'il y a un temps fixé pour l'accomplissement de la condition positive, elle est censée défaillie, lorsque le temps est expiré sans que l'événement soit arrivé ; s'il n'y a point de temps fixé, elle n'est censée défaillie que lorsqu'il est devenu certain que l'événement n'arrivera pas. 1176.

Par la même raison, s'il y a un temps fixé pour l'accomplissement de la condition négative, elle est censée accomplie, lorsque le temps est expiré sans que l'événement soit arrivé. Elle est même censée accomplie avant le terme fixé, lorsqu'il est devenu certain que l'événement n'arrivera pas. S'il n'y a pas de temps fixé, la condition n'est accomplie que lorsqu'il est certain que l'événement n'arrivera pas. 1177.

§. II.

Des différentes manières dont une Obligation peut être contractée sous condition.

Une obligation peut être contractée sous condition de deux manières. En effet, ou elle est suspendue jusqu'à l'événement de la condition, de manière que jusque-là elle est censée ne pas exister, et elle ne peut, en conséquence, recevoir aucune exécution ; ou, parfaite et existante dès le moment du contrat, elle doit cesser d'avoir effet du moment de l'accomplissement de la condition, et les choses doivent dès-lors être remises dans l'état où elles étoient avant que l'obligation ne fût contractée.

Dans le premier cas, la condition est dite *suspensive;* dans le second, *résolutoire.*

De la Condition Suspensive.

La condition suspensive est celle qui suspend l'obligation jusqu'à ce qu'elle soit accomplie. De-là il résulte : 1°. que, jusqu'à l'événement de la condition, l'obligation n'existe réellement pas ; il y a seulement espérance qu'elle existera ; espérance que le créancier transmet à ses héritiers (1), et qui suffit pour qu'il ait le droit de faire tous les actes conservatoires nécessaires (2) ;

2°. Que ce qui seroit payé avant l'événement de la condition, pourroit être répété ;

3°. Que jusqu'à cet accomplissement il n'y a pas de transport de propriété. La chose qui est l'objet de l'obligation, reste donc aux risques du débiteur. En conséquence, si elle vient à périr entièrement, il est censé n'y avoir jamais eu de convention (3). Si elle est sim-

---

(1) A la différence des dispositions testamentaires, qui deviennent caduques, si le légataire décède avant l'accomplissement de la condition.

(2) Il pourra prendre des inscriptions hypothécaires, etc.

(3) L'effet de la condition est de faire naître l'obligation : or, elle ne peut faire naître une obligation dont la matière n'existe plus.

plement détériorée, mais sans la faute du débiteur, le créancier a le choix, ou de la prendre telle qu'elle est, sans diminution de prix, ou de résoudre l'obligation ; enfin, si elle est détériorée par la faute du débiteur, le créancier a encore le même choix, et, en outre, le droit de demander des dommages-intérêts. 1182.

Cependant l'accomplissement de la condition suspensive a, sous quelques rapports, un effet rétroactif. Ainsi, dans le cas d'une créance 1179. hypothécaire contractée sous condition, l'hypothèque est censée acquise du jour que toutes les formalités nécessaires auront été remplies, quand même la condition n'auroit existé que long-temps après.

De la Condition Résolutoire.

La condition résolutoire est celle dont l'existence opère la révocation de l'obligation, et remet, pour l'avenir, les choses au même état que si l'obligation n'avoit pas existé. 1183.

Nous disons *pour l'avenir,* parce que l'obligation contractée sous une condition résolutoire, est, comme nous l'avons dit, parfaite dès l'instant du contrat ; l'exécution en peut dès-lors être poursuivie ; il y a transport de propriété, et la chose est aux risques du créancier, qui gagne les fruits et qui prescrit dans 1665. l'intervalle. Seulement, si la condition s'accomplit, et que la chose existe encore, chacune des parties est obligée de restituer ce qu'elle a reçu.

1183.

La condition résolutoire peut être expresse ou tacite.

Elle est expresse, quand elle a été stipulée formellement dans la convention, comme dans le pacte commissoire (1), la vente à réméré, etc. (2).

Elle est tacite dans les contrats synallagmatiques parfaits. On y sous-entend toujours la condition que le contrat sera résolu, dans le cas où l'une des parties ne satisferoit pas à son engagement.

1184.

L'effet de ces deux espèces de conditions diffère en ce que, 1°. quand la condition est expresse, le cas arrivant, le contrat est résolu de plein droit (3); au lieu que, si elle n'est que tacite, la résolution doit être demandée et pro-

---

(1) Le pacte commissoire est celui par lequel le vendeur stipule que, faute par l'acquéreur d'avoir payé le prix au terme convenu, la vente sera résolue.

(2) *La vente à réméré* ou à faculté de rachat. (Voyez pour cette clause, et le pacte commissoire, ci-après, au titre *De la Vente*).

(3) Si cependant la condition résolutoire, quoique expresse, est pour le cas d'inexécution des engagemens, le contrat n'est résolu qu'après que la partie qui n'a pas satisfait, a été mise en demeure par une sommation; mais il n'est pas besoin de jugement. (Art. 1656.)

noncée en justice (1); et il peut même, suivant les circonstances, être accordé un délai au défendeur.

2°. Si elle est expresse, chacune des deux parties a le droit d'en réclamer l'effet (2); si elle n'est que tacite, le droit de demander la résolution n'appartient qu'à celui des contractans envers lequel l'engagement n'a pas été exécuté; et, dans ce cas même, il a le choix, ou de demander la résolution avec dommages et intérêts, ou de forcer l'autre partie, si cela est possible, d'exécuter la convention.

1184.

Section II.

De l'Obligation à terme.

Le terme est la fixation de l'époque à laquelle l'obligation doit être acquittée. On distingue deux sortes de termes : celui de droit, et celui de grâce.

Le terme est *de droit*, lorsqu'il fait partie

---

(1) Donc, jusqu'au jugement, le débiteur peut payer et empêcher la résolution. Il faut cependant excepter le cas d'une vente de denrées ou autres effets mobiliers, dont la résolution a lieu de plein droit et sans sommation, au profit du vendeur, après l'expiration du terme convenu pour le retirement. (Art. 1657.)

(2) Il faut excepter également le cas où la condition résolutoire expresse est pour le cas d'inexécution des engagemens. Il est de principe, en effet, que celui qui manque d'exécuter une convention, ne peut se faire un titre de son infidélité, pour demander la résolution du contrat.

de la convention, expressément ou tacitement.

Nous disons *tacitement*, parce qu'indépendamment de toute stipulation, la convention est toujours censée renfermer le terme du temps nécessaire pour l'accomplir.

Le terme est *de grâce*, quand il est accordé par le juge, sur la demande du débiteur (1).

Le terme diffère de la condition suspensive, en ce que, 1°. il ne suspend point l'obligation; il en diffère seulement l'exécution (2).

2°. L'acquittement de l'obligation ne peut être, à la vérité, exigé avant l'échéance du terme (3); mais s'il a été effectué auparavant, il n'y a pas lieu à répétition.

Il est cependant plusieurs cas dans lesquels le créancier peut exiger le paiement avant le terme; par exemple, en cas de faillite du dé-

---

(1) On appeloit aussi *jours de grâce*, un certain nombre de jours qui étoient accordés pour le paiement des effets commerciaux. Ce nombre varioit suivant la nature des objets dans lesquels la valeur de l'effet avoit été fournie. Ces *jours de grâce* ont été retranchés par l'art. 135 du Code de Commerce.

(2) C'est dans ce sens qu'il faut entendre ce brocard de droit : *Qui a terme, ne doit rien.*

(3) En observant que *dies termini non computatur in termino*. (Voyez la note (1) de la page 9 du tome Ier.) C'est pour cela que, quoique l'on puisse exiger le paiement d'un effet de commerce le jour même de l'échéance, cependant le protêt ne peut être fait que le lendemain, parce que le débiteur a toute la journée de l'échéance pour payer. (*Code de Commerce*, art. 161 et 162.)

biteur; si les sûretés données par le contrat se trouvent diminuées, soit par le fait du débiteur, soit même par un événement qui lui soit étranger; mais, dans ce dernier cas, le débiteur peut réclamer le bénéfice de terme, en donnant des sûretés équivalentes.

{ 1188.
Com. 448

2131.

Le terme de grâce doit, en outre, cesser, lorsque le débiteur est prisonnier ou contumace, ou lorsque ses biens sont vendus à la requête d'autres créanciers.

Pr. 124.

Le terme est toujours présumé stipulé en faveur du débiteur; en conséquence, quoiqu'il puisse se défendre de payer avant l'échéance, s'il veut néanmoins se libérer, le créancier ne peut refuser le paiement, à moins qu'il ne résulte de la convention, ou des circonstances, ou de la nature même de l'obligation (1), que le terme a été aussi convenu en faveur du créancier.

1187.

Le terme de droit a un autre effet qui lui est particulier; c'est que, jusqu'à ce qu'il soit expiré, il empêche que la compensation de la dette puisse être opposée au débiteur (2).

1292.

---

(1) *De la nature de l'obligation* : Dans les effets commerciaux, le terme est censé apposé, autant en faveur du créancier que du débiteur. (*Comm.* 146.)

(2) La compensation est un paiement réciproque et fictif qui a lieu lorsque deux personnes se trouvent respectivement créancières l'une de l'autre, et que les deux dettes sont également *exigibles*. (Art. 1291.)

Section III.

De l'Obligation alternative.

1189. L'obligation alternative est celle par laquelle une personne s'oblige à donner ou à faire plusieurs choses, de manière cependant que le paiement de l'une doive l'acquitter de toutes.

1191. Nous disons *le paiement de l'une*, parce que le débiteur peut bien se libérer totalement en payant l'une des choses promises ; mais il faut, pour cela, qu'il la paie en totalité, et il ne peut forcer le créancier de recevoir partie de l'une et partie de l'autre.

Le caractère distinctif de cette obligation est que toutes les choses qui y sont comprises, sont dues en général, mais sous l'alternative, et sans qu'aucune d'elles soit due déterminément et en particulier. Il résulte de ce principe :

1°. Que le créancier ne peut demander spécialement l'une des choses promises ; mais qu'il doit les demander toutes, sous l'alternative sous laquelle elles lui sont dues ;

2°. Que si l'une des choses promises ne pouvoit être l'objet de l'obligation, elle cesse d'être alternative, et devient déterminée pour 1192. la chose qui en est susceptible ;

3°. Que l'extinction, même sans la faute

du débiteur, d'une des choses promises, n'éteint point l'obligation, parce que toutes étant dues, l'obligation subsiste sur celles qui restent, sans que le débiteur puisse, quand même il auroit eu le choix dans le principe, forcer le créancier de recevoir le prix de celle qui n'existe plus; comme aussi le créancier est tenu de se contenter de celle qui existe, et ne peut exiger le prix de celle périe, même lorsque la perte est arrivée par la faute du débiteur; 1193.

4°. Que si toutes les choses comprises dans l'obligation périssent sans la faute du débiteur, et avant qu'il ne soit en demeure (1), l'obligation est éteinte; mais s'il est en faute à l'égard 1193. de l'une seulement, l'obligation subsiste, et il est tenu de payer le prix de celle qui a péri la dernière. 1193.

Nous avons raisonné jusqu'à présent, dans l'hypothèse que le choix de la chose à payer appartenoit au débiteur, parce que cela est effectivement ainsi, toutes les fois que le contraire n'est pas stipulé; mais si, par l'effet de 1190. la convention, le choix a été déféré au créancier, alors, en cas de perte d'une, ou de toutes les choses comprises dans l'obligation, il faut distinguer :

---

(1) Et même, quand il seroit en demeure, s'il peut prouver que les choses seroient également péries, si la livraison avoit été faite au créancier. (Art. 1302.)

Si l'une d'elles seulement est périe, et qu'il n'y ait pas de faute du débiteur, le créancier ne peut demander que celle qui reste : si le débiteur est en faute, le créancier peut demander à son choix, ou la chose qui reste, ou le prix de celle perdue (1). Il en est de même lorsque les deux choses sont péries, et que le débiteur est en faute, même à l'égard de l'une d'elles seulement. Le créancier peut, dans ce cas, demander le prix de l'une ou de l'autre à son choix. Il ne peut rien demander si elles sont péries toutes deux sans la faute du débiteur, et avant qu'il ait été mis en demeure (2).

De ce qu'aucune des choses comprises dans l'obligation alternative, n'est due spécialement et déterminément, il s'ensuit que si un meuble et un immeuble sont dus sous l'alternative, la nature de la créance est en suspens, et n'est déterminée que par la nature de la chose qui sera payée par le débiteur, soit que le choix lui appartienne, ou qu'il ait été déféré au créancier.

---

(1) Le débiteur n'a pu, par son fait, préjudicier au droit que le créancier avoit de choisir.

(2) Et encore sauf la distinction établie dans la note de la page précédente.

Section IV.

Des Obligations facultatives.

J'appelle obligation *facultative*, celle qui a pour objet une chose déterminée, mais avec la faculté pour le débiteur d'en payer une autre à la place.

Cette obligation, qui, au premier coup-d'œil, paroît être du même genre que celle dite *alternative*, en diffère néanmoins en plusieurs points très-importans. En effet, dans cette obligation, il n'y a réellement qu'une chose due; l'autre est seulement, comme disent les auteurs, *in facultate solutionis* (1). Un exemple va faire sentir les principaux résultats de cette différence.

Pierre a légué à Paul sa maison de campagne, si mieux n'aimoit son héritier donner à Paul 10,000 fr. Nous disons que dans ce legs il n'y a que la maison qui soit due, et qu'il n'y a qu'elle seule qui soit dans l'obligation. De-là il résulte :

1°. Que le créancier ne peut demander que la maison, et point les 10,000 fr., quoique le débiteur puisse, en les payant, se dispenser de livrer la maison ;

---

(1) Voyez des exemples d'obligations facultatives dans les articles 1681, 2168, etc.

2°. Que si la maison périssoit entièrement, par exemple, par un tremblement de terre, une inondation, l'obligation seroit entièrement éteinte, et ne subsisteroit pas même pour les 10,000 fr.;

3°. Enfin, que la créance résultant de ce legs, est une créance immobilière, quand même le débiteur paieroit les 10,000 fr.

Section V.

Des Obligations indéterminées.

Nous avons vu, section III du chapitre II, que la chose qui est l'objet de l'obligation, devoit être déterminée sous différens rapports. Il est évident, en effet, que ce qui est absolument indéterminé, ne peut être l'objet d'une obligation. Telle seroit la promesse de donner quelque chose, en général, sans autre explication. Mais si la chose est déterminée, au moins quant à son espèce, comme un cheval,

1129. dix setiers de bled, etc., l'engagement est valable, et l'obligation qui en résulte se nomme obligation *indéterminée.*

Cette obligation est donc, en général, celle dont l'objet n'est pas individuellement exprimé. Elle est plus ou moins indéterminée, suivant que l'espèce ou le genre dans lequel la chose est à prendre, est plus ou moins général. Ainsi l'obligation que quelqu'un auroit contractée de donner un cheval de ses haras, est moins indéterminée que celle de donner simplement un cheval.

Dans ces sortes d'obligations, aucune des choses comprises sous le genre n'est spécialement dans l'obligation, quoique chacune d'elles soit *in facultate solutionis*. En effet, nous avons vu, section précédente, qu'il n'y a d'obligation que par rapport à la chose que le créancier peut demander. Or, dans l'obligation indéterminée, il n'y a aucune des choses comprises sous le genre, que le créancier puisse demander déterminément, tandis qu'au contraire il n'y en a aucune que le débiteur ne puisse payer, pourvu qu'elle soit bonne, loyale et marchande (1). Il suit de ces principes, 1°. que la perte des choses, du genre survenue depuis le contrat, même sans la faute du débiteur, n'éteint pas l'obligation ; car le genre entier ne pouvant périr, et aucune des choses qui y sont comprises n'étant spécialement dans l'obligation, le débiteur ne peut pas dire que ce soit les choses péries qui étoient dues, plutôt que celles qui existent encore ;

---

(1) C'est-à-dire, qu'il n'est pas tenu de la donner de la meilleure qualité, mais qu'il ne peut l'offrir de la plus mauvaise. (Art. 1246.)

2°. Que, par la même raison, le créancier ne peut se plaindre de l'aliénation même volontaire que le débiteur auroit pu faire depuis l'obligation, ou de l'extinction arrivée par sa faute, de plusieurs choses du genre; car aucune d'elles n'étant déterminément dans l'obligation, le créancier ne peut pas dire que ce soit celles aliénées ou péries qui étoient dues, plutôt que celles qui existent.

SECTION VI.

Des Obligations solidaires.

En général, lorsque l'obligation d'une seule et même chose divisible a été contractée par plusieurs ou envers plusieurs personnes, chacun des débiteurs, dans le premier cas, ne peut être poursuivi que pour sa part, et chacun des créanciers, dans le second, ne peut également exiger que sa part.

Mais la convention des parties (1) peut être telle, que le total de la dette puisse être exigé

---

(1) Ou la disposition de la loi. On trouve des exemples de solidarité légale, ou qui n'a que la loi pour unique cause, dans plusieurs articles des différens codes. (Voyez les articles 395, 396, 1033, etc. du Code Napoléon, et les articles 140 et suiv. du Code de Commerce.) De même, dans les lois criminelles, lorsqu'il y a plusieurs délinquans, il y a solidarité entr'eux pour le paiement des frais du procès et des dommages-intérêts.

Tit. V. *Des Contrats ou des Obligat.* 243

de chaque débiteur, ou demandé par chaque créancier; c'est ce que l'on appelle solidité ou solidarité d'obligation.

Une obligation est donc solidaire quand la même chose est, d'après le titre, due pour le total à chacun de plusieurs créanciers, ou par chacun de plusieurs débiteurs, de manière que le paiement fait à l'un des créanciers, dans le premier cas, ou par l'un des débiteurs, dans le second, éteigne l'obligation à l'égard de tous. {1197. 1200.

Nous disons *la même chose,* parce qu'une des conditions essentielles pour que l'obligation soit solidaire, est qu'elle soit une par rapport à la chose qui en est l'objet, quoique, par rapport aux contractans, l'on puisse dire qu'il y a autant d'obligations distinctes qu'il y a de co-créanciers ou de co-débiteurs; d'où il résulte qu'elle peut être contractée différemment à l'égard de chacun d'eux, sans cesser, pour cela, d'être solidaire, pourvu que la chose due soit toujours la même : ainsi, elle peut être à terme ou sous condition à l'égard de l'un, et pure et simple à l'égard de l'autre, etc. 1201.

De cette unité d'obligation, au moins par rapport à ce qui en est l'objet, il résulte encore que tout ce qui perpétue l'obligation à l'égard de l'un des contractans, la perpétue également à l'égard de tous les autres. En conséquence, tout acte qui interrompt la prescription, quoique fait par un seul des co-créanciers, ou contre un seul des co-débiteurs, profite, dans le premier cas, à tous les autres créanciers, et préjudicie, dans le second, à tous les co-débiteurs.

D'après le titre : parce que si la nécessité de payer ou de recevoir le tout à-la-fois, ne provenoit pas du titre, mais de la nature de la chose, ce seroit indivisibilité, et non solidarité (1). Mais il faut que le titre contienne une mention expresse de la solidarité, attendu qu'elle ne se présume jamais.

A chacun de plusieurs créanciers, ou par chacun de plusieurs débiteurs : parce que la solidarité peut exister, soit entre les créanciers, soit entre les débiteurs. Nous allons traiter séparément de chaque espèce.

§. Ier.

De la Solidarité entre créanciers.

Nous avons vu qu'une obligation étoit solidaire entre créanciers, quand chacun d'eux étoit, d'après le titre, créancier pour le total, de manière cependant que le paiement fait à l'un d'eux libérât le débiteur envers tous.

Nous disons *le paiement :* car dans notre

---

(1) Nous verrons, dans la section suivante, les différences qui existent entre l'obligation solidaire et celle indivisible.

droit il faut qu'il y ait paiement, pour que le débiteur soit tout-à-fait libéré ; ainsi, chaque créancier peut bien recevoir la dette ; mais il ne peut en faire remise, ni déférer le serment au débiteur ; et s'il l'a fait, le débiteur n'est libéré que pour sa part. {1198. 1365.

De ce que chaque créancier est capable de recevoir le total de la dette, il résulte que le débiteur a le droit de payer à celui qu'il veut choisir, pourvu qu'il n'ait pas encore été dirigé de poursuites contre lui par un d'entr'eux ; car 1198. alors il ne pourroit payer qu'au poursuivant ; sauf, dans tous les cas, le recours des autres créanciers contre celui qui a reçu le paiement, chacun en raison de l'intérêt qu'il a dans l'obligation.

§. II.

De la Solidarité entre débiteurs.

Une obligation est solidaire entre débiteurs, ainsi que nous l'avons dit, quand ils sont, d'après le titre, obligés à une certaine chose, de manière que chacun d'eux puisse être contraint pour le tout, et que l'extinction de l'obligation, à l'égard de l'un, libère tous les autres. 1200.

Les effets de cette solidarité sont : premièrement, que le créancier peut s'adresser à celui des débiteurs qu'il veut choisir, sans que celui-ci puisse lui opposer le bénéfice de division (1). Mais comme la solidarité n'existe qu'en faveur du créancier, il s'ensuit qu'après le paiement, le recours de celui qui a payé se divise de plein droit entre les autres co-débiteurs, dont chacun n'est tenu que proportionnément à l'intérêt qu'il a dans la cause de la dette (2), et cela, nonobstant la subrogation légale (3), qui a lieu, à la vérité, au profit du débiteur qui a payé, mais pour les priviléges et hypothèques seulement.

Si, cependant, l'un des co-débiteurs se trouvoit insolvable, la perte qu'occasionneroit son insolvabilité, seroit répartie par contribution entre tous les autres co-débiteurs solvables et celui qui a fait le paiement.

Mais il faut bien observer que les poursuites

---

(1) Le bénéfice de division est une exception par laquelle une personne assignée en paiement d'une dette à laquelle elle est obligée conjointement avec d'autres personnes, peut, dans certains cas, demander que le créancier dirige son action en même temps contre les autres co-obligés, et la réduise à la part et portion de chacun d'eux. (Art. 1203.)

(2) Si donc la dette a été contractée solidairement, mais pour une affaire qui ne concernoit qu'un seul des co-débiteurs, le créancier pourra bien agir contre chacun d'eux pour le total; mais, le paiement une fois fait, le débiteur que la dette concerne, sera tenu pour la totalité vis-à-vis de ses co-débiteurs, qui, par rapport à lui, ne seront considérés que comme ses cautions. (Art. 1216.)

(3) Voyez ci-après, chap. V, sect. 1re. §. 7, ce qu'on doit entendre par subrogation légale.

faites par le créancier, contre un des co-débiteurs, ne libèrent pas les autres, et qu'il peut, s'il n'est pas entièrement satisfait par celui auquel il s'est adressé, en attaquer un second, et successivement.

1204.

Le second effet de la solidarité entre débiteurs est, comme nous l'avons vu au commencement de cette section, que tout ce qui perpétue l'obligation à l'égard de l'un des co-débiteurs, la perpétue également à l'égard de tous les autres. Nous avons déjà parlé de cet effet relativement à la prescription: nous ajouterons, d'après le même principe, que si la chose due a péri par la faute, ou pendant la demeure (1) de l'un des co-débiteurs, les autres ne sont point libérés. Il y a cependant une distinction à faire à cet égard; c'est que le fait de l'un peut bien perpétuer, mais non augmenter l'obligation des autres. Ainsi, dans l'espèce proposée, les autres débiteurs sont bien tenus solidairement de payer le prix de la chose périe, sauf leur recours contre celui par le fait duquel la perte est arrivée. Mais s'il y a lieu en outre à des dommages-intérêts, ils ne peuvent être prononcés que contre ce dernier. Il n'en est pas de même des intérêts, lorsqu'il s'agit d'une

1205.

---

(1) *Pendant la demeure* : Mais toujours avec la distinction établie dans l'art. 1302.

créance pécuniaire; la demande formée contre l'un des co-débiteurs les fait courir à l'égard de tous.

1207.

Nous avons dit que l'extinction de l'obligation, à l'égard de l'un des co-débiteurs, libéroit tous les autres. Nous nous sommes servis de cette expression générale, *extinction,* parce qu'il n'est pas nécessaire qu'il y ait paiement réel, pour que l'obligation soit éteinte à l'égard de tous les co-obligés (1); de-là il suit :

1°. Que si l'un des débiteurs poursuivi par le créancier, lui oppose valablement et de son chef la compensation, la dette est éteinte à l'égard de tous.

1294. Nous disons *de son chef,* parce qu'il ne peut l'opposer du chef de ses co-débiteurs.

2°. La libération a également lieu, s'il intervient novation (2) entre le créancier et l'un des débiteurs. Si cependant le créancier n'avoit consenti à la novation que sous la condition que les autres co-débiteurs accéderoient à la nouvelle obligation, le refus de ceux-ci

―――――

(1) Il faut observer cependant que la confusion, quoiqu'étant une manière d'éteindre les obligations, n'éteint cependant celle solidaire que pour la part de celui dans la personne duquel elle s'est opérée. (Art. 1209 et 1301.) Nous en verrons le motif, lorsque nous traiterons de la confusion.

(2) La novation est la substitution d'une nouvelle obligation à l'ancienne, qui se trouve par conséquent éteinte.

faisant défaillir la condition, il n'y auroit pas de novation, et l'ancienne obligation subsisteroit toujours à l'égard de tous les obligés ; 1281.

3°. La remise faite à l'un des débiteurs, libère également tous les autres, à moins que le créancier n'ait expressément réservé ses droits contr'eux ; auquel cas, il ne peut plus répéter la dette, que déduction faite de la part de celui auquel il a fait remise ; 1285.

4°. Enfin, que le serment déféré par le créancier à l'un des co-débiteurs, profite à tous les autres, pourvu toutefois qu'il ait été déféré sur le fait de la dette, et non sur celui de la solidarité, ou de l'obligation personnelle de celui qui a juré. 1365.

Quant aux exceptions à opposer contre la demande du créancier, il faut distinguer entre celles dites réelles, et celles personnelles.

Les exceptions réelles sont celles qui tiennent à la nature de l'obligation ou au mode d'après lequel elle a été contractée : telles sont celles du dol, de la lésion, du défaut de formalités, etc. Elles sont communes à tous les co-débiteurs, et peuvent être opposées par chacun d'eux.

Les exceptions personnelles sont celles qui dépendent de l'état ou de la qualité du débiteur : telles sont celles résultantes de la minorité, de l'interdiction, etc. Elles ne peuvent être opposées que par le débiteur du chef duquel elles existent, et elles ne profitent qu'à lui seul.

1208. La solidarité n'étant qu'une modification de l'obligation, il est clair qu'elle peut cesser d'exister, sans que, pour cela, l'obligation soit éteinte; par exemple, si le créancier consent à y renoncer, soit à l'égard de tous les débiteurs, soit à l'égard de l'un ou de plusieurs d'entr'eux seulement. Cette renonciation peut être expresse ou tacite.

La renonciation tacite à la solidarité en faveur d'un des co-débiteurs, résulte du concours (1) des trois circonstances suivantes :

La première, que le créancier ait reçu divisément la part d'un des débiteurs dans la dette ;

La seconde, que la quittance porte que la somme reçue est pour la part de tel débiteur;

Et la troisième, que le créancier n'y ait fait aucune réserve, soit spécialement de la solidarité, soit en général de ses droits.

La renonciation tacite à la solidarité résulte encore de la demande formée par le créancier, de la portion du débiteur dans la dette, ladite

---

(1) *Le concours :* Il faut donc que les trois circonstances concourent. Si une seule manque, la solidarité n'est pas censée remise.

demande suivie de l'acquiescement du débiteur ou d'un jugement conforme. 1211.

Au reste, la renonciation, soit expresse, soit tacite, étant toujours une espèce de libéralité, ne profite qu'au débiteur en faveur de qui elle a eu lieu, et les autres sont toujours tenus solidairement, déduction faite de la portion que ce débiteur a payée au créancier. Mais si 1210. la remise partielle de la solidarité ne profite point aux autres co-débiteurs, elle ne peut non plus leur préjudicier. En conséquence, si l'un d'eux devient insolvable, sa portion dans la dette est répartie contributoirement (1) entre tous les débiteurs, même ceux déchargés de la solidarité. 1215.

La renonciation tacite à la solidarité doit être restreinte à ce qui se trouve exigible au moment où elle est intervenue. Si donc la somme reçue du créancier divisément, pour la part du débiteur, et sans réserve, fait partie des arrérages de la dette, la solidarité n'est censée remise que pour les intérêts échus, et non pour ceux à écheoir, ni à plus forte raison pour le capital, à moins que le même paiement, divisé et sans réserve, n'ait duré dix ans consécutifs. 1212.

---

(1) *Contributoirement :* C'est-à-dire, en raison de l'intérêt que chacun a dans la dette.

Section VII.

Des Obligations divisibles et indivisibles.

Avant d'exposer les principes relatifs à la divisibilité ou à l'indivisibilité des obligations, il faut remarquer qu'il ne peut y avoir le plus souvent (1) lieu à aucune question à cet égard, tant que le débiteur et le créancier sont tous deux vivans. Quelque divisible que soit la dette, le débiteur ne peut l'acquitter partiellement, sans le consentement du créancier, à moins que cela n'ait été expressément convenu dans l'origine, ou ordonné depuis par le juge.

1220.
1244.

Mais la mort de l'un ou de l'autre donne lieu à l'application de cette ancienne règle, qui nous vient de la loi des Douze-Tables, et dont nous avons déjà fait connoître les principaux effets au Titre *des Successions ;* savoir : que *les dettes, tant actives que passives, se divisent de plein droit entre les héritiers*. D'un autre côté cependant, comme malgré la généralité de ce principe, il ne peut avoir lieu

---

(1) *Le plus souvent :* Parce qu'il peut arriver que la divisibilité de la dette ait lieu du vivant du créancier et du débiteur : si, par exemple, elle a été contractée par plusieurs débiteurs, ou envers plusieurs créanciers, sans solidarité de part et d'autre, nous avons vu que chacun des débiteurs ne pouvoit en être tenu, et que chacun des créanciers ne pouvoit en exiger le paiement que pour sa part.

qu'autant que la division est possible, il a été nécessaire d'établir des règles servant à faire connoître dans quels cas une obligation est, ou non, divisible.

Une obligation est divisible, quand elle a pour objet une chose qui est susceptible de division, soit matérielle, soit intellectuelle. Dans le cas contraire, elle est indivisible. {1217, 1218.

La division matérielle est celle qui peut se faire en parties réellement et effectivement divisées; l'obligation de livrer dix boisseaux de bled est une obligation matériellement divisible.

La division intellectuelle est celle qui n'existe que dans l'entendement, *quæ solo intellectu fit*, lorsque la chose, quoique non susceptible de division réelle, peut cependant être possédée par plusieurs personnes, par parties indivises. Un cheval, par exemple, est susceptible de cette dernière espèce de division.

La chose qui fait l'objet de l'obligation peut être indivisible, ou par sa nature, ou par le rapport sous lequel elle a été considérée dans le contrat. 1218.

Par sa nature, lorsque l'on ne peut supposer aucune division, soit réelle, soit intellectuelle de cette chose, comme un droit de vue, de passage, etc.

Par le rapport, etc., lorsque la chose est

naturellement divisible, mais que la manière dont elle a été envisagée dans la convention doit la faire considérer comme indivisible : telle est l'obligation de bâtir une maison. La simple convention des parties ne suffiroit pas pour donner à l'obligation le caractère d'indivisibilité. Ainsi, par exemple, dans l'obligation de payer une somme d'argent, quand il auroit été stipulé que, même après la mort du débiteur, elle ne pourroit être acquittée partiellement, cette convention, qui devroit sans doute être exécutée, ne rendroit pas pour cela l'obligation indivisible.

1218. L'obligation de faire peut aussi être divisible ou indivisible, suivant la nature du fait qui en est l'objet. Ainsi l'obligation de bâtir une maison est regardée comme indivisible. Celle de façonner dix arpens de terre seroit regardée comme divisible.

La même distinction peut être appliquée à l'obligation de ne pas faire. Celle de ne pas aller à Rome est indivisible; celle de ne point troubler le possesseur d'un héritage divisible, est elle-même divisible.

Ces principes posés, nous allons traiter séparément de chacune de ces deux espèces d'obligations.

§. Ier.

Des Effets de l'Obligation divisible.

Quand l'obligation est divisible, le principe général est, comme nous l'avons dit, que les héritiers du créancier ne peuvent demander la dette, et ceux du débiteur ne sont tenus de la payer que pour la part dont ils sont saisis dans la succession de leur auteur. 1220.

Ce principe reçoit cependant plusieurs exceptions à l'égard des héritiers du débiteur :

1°. S'il s'agit d'une dette hypothécaire : dans 1221. ce cas, l'action personnelle reste bien divisée entre tous les héritiers ; mais l'action réelle ou hypothécaire peut, ainsi qu'il a été dit au titre *des Successions*, être dirigée pour le total contre celui ou ceux d'entr'eux, qui possèdent des immeubles affectés à la créance, parce que l'hypothèque est, de sa nature, indivisible ; qu'elle subsiste en entier sur chaque immeuble et sur chaque portion de l'immeuble affecté. 2114.

2°. S'il s'agit de la restitution d'un gage mobilier affecté au paiement d'une dette même divisible : l'indivisibilité, qui est la même pour le gage que pour l'hypothèque, fait que l'un des héritiers du débiteur, quoiqu'ayant payé sa part dans la dette, ne peut cependant recouvrer le gage, même pour sa portion, qu'après l'acquittement total de la dette à la sûreté de laquelle le gage est affecté.

3°. Lorsque la dette est d'un corps certain : celui des héritiers dans le lot duquel ce corps est tombé, peut être poursuivi pour le total, sauf son recours contre ses cohéritiers.

4°. Lorsque la chose est périe par le fait ou la faute d'un des co-héritiers : dans ce cas, la division de la dette, qui a lieu de plein droit, faisant que l'obligation de chacun d'eux est distincte et séparée de celle de ses co-héritiers, il en résulte qu'ils sont chacun dans le cas d'un débiteur de corps certain, qui est libéré par l'extinction de la chose due, arrivée sans aucun fait qui lui soit imputable. Le créancier a donc recours pour la valeur totale de l'objet, et même pour les dommages-intérêts, s'il y a lieu, seulement contre l'héritier par le fait duquel la chose est périe.

5°. Lorsque l'un des héritiers est chargé seul, par le titre, de l'exécution de l'obligation.

6°. Lorsqu'il s'agit de dettes alternatives, quand même toutes les choses comprises dans l'obligation seroient divisibles ; ce qu'il faut néanmoins entendre dans ce sens, que chaque héritier n'est admis à payer sa part de l'une des choses, qu'autant que les autres consentent à payer aussi leur part de la même chose ; tellement que, quand même le créancier auroit reçu volontairement la part d'un des héritiers dans une des choses, ce paiement ne devient définitif et valable, que lorsque les autres héritiers auront payé leur part dans la même chose. Il en est de même dans les obligations indéterminées.

7°. Lorsqu'il résulte, soit de la nature de l'engagement (1), soit de la chose qui en fait l'objet (2), soit de la fin que les parties se sont proposée (3), que leur intention a été que la dette ne pût s'acquitter partiellement. Dans ces cas, quoique l'obligation soit divisible, néanmoins chaque héritier peut être poursuivi pour le tout, sauf son recours contre ses co-héritiers.

1221.

8°. Enfin, lorsqu'avant le paiement, toutes les portions se trouvent réunies en une seule personne. Il en est de même, dans ce cas, à

---

(1) Si, par exemple, il a été convenu que, même en cas de décès, l'obligation ne pourroit être acquittée partiellement, nous avons vu que, dans ce cas, chaque héritier n'est, à la vérité, tenu que pour sa part, mais qu'il ne peut néanmoins offrir valablement de la payer, qu'autant que ses autres co-héritiers offriront en même temps les leurs.

(2) Telle est l'obligation de livrer un cheval, une voiture, et autres choses semblables.

(3) Par exemple, l'obligation de livrer une pièce de terre de grandeur suffisante pour y bâtir une grange de telle dimension ; de payer une somme de mille écus dont le créancier a besoin pour sortir de prison, etc.

l'égard des héritiers du créancier, lorsque la dette est devenue divisible par sa mort.

§. II.

Des Effets de l'Obligation indivisible.

1222. Il résulte de la nature de l'obligation indivisible, qu'elle ne peut être acquittée partiellement. Si donc elle a été contractée conjointement par plusieurs, chacun des débiteurs en est tenu, et chacun des créanciers peut en exiger le paiement pour la totalité.

1219. En cela, l'indivisibilité a le même effet que la solidarité; mais, ce point excepté, il faut bien se garder de confondre l'obligation indivisible avec la solidaire. Elles sont très-distinctes sous beaucoup d'autres rapports, ainsi que nous allons le faire connoître; ce qui indiquera en même temps les principaux effets de l'obligation indivisible.

1223.
1224. Premièrement, l'indivisibilité provenant de la nature de l'obligation, en devient une qualité réelle, qui ne peut en être détachée, et qui passe avec elle aux héritiers, en sorte que chacun des héritiers du débiteur en est tenu, et chacun des héritiers du créancier peut en exiger le paiement pour le total. La solidarité, au contraire, ne tenant pas à la nature de l'obligation, mais au fait personnel des parties,

et à leur convention particulière, n'empêche pas que l'obligation ne se divise entre les héritiers de chaque créancier ou de chaque débiteur : d'où il résulte, ainsi que nous l'avons vu, Section précédente, que dans l'obligation solidaire, l'interruption de la prescription à l'égard d'un des héritiers d'un co-débiteur n'a aucun effet à l'égard de ses co-héritiers, et n'a d'effet, à l'égard des autres co-débiteurs, que pour la part dont cet héritier est tenu ; au lieu que, si l'obligation est indivisible, la prescription interrompue à l'égard d'un des héritiers du débiteur, l'est également, non seulement à l'égard de ses co-héritiers, mais encore, et pour le total, à l'égard des autres débiteurs de la même dette, s'il en existe. 2249.

Deuxième différence, qui est une suite de la première : Si, par l'effet de la non exécution de l'obligation primitive, elle vient à se convertir en une obligation de dommages-intérêts, et qu'il y ait solidarité, elle existe pour la seconde obligation comme pour la première : s'il y a seulement indivisibilité, l'obligation des dommages-intérêts étant toujours divisible, chacun des débiteurs n'en est tenu, et chacun des créanciers ne peut en exiger le paiement que pour sa part.

Troisièmement, dans l'obligation solidaire, un des débiteurs assigné en paiement ne peut

demander la mise en cause de ses co-débiteurs, parce qu'il doit réellement le total à lui seul, et en vertu de sa propre obligation ; au lieu que, dans l'obligation indivisible, le débiteur assigné ne devant pas le total en vertu de son obligation particulière, peut demander un délai, pour mettre en cause ses co-débiteurs, à moins cependant que la dette ne soit de nature à ne pouvoir être acquittée que par lui (1); auquel cas il peut être condamné seul
1225. pour le tout, sauf son recours.

Quatrièmement enfin, dans l'obligation solidaire entre créanciers, si l'un d'eux a fait remise de la dette, elle est diminuée de plein droit jusqu'à concurrence de sa portion : au lieu que, dans l'obligation indivisible, si l'un des héritiers du créancier a déchargé le débiteur, à titre gratuit ou onéreux, les autres peuvent encore demander l'acquittement total de l'obligation, à la charge, toutefois, de tenir compte de la valeur de la portion de celui qui
1224. a fait la remise.

---

(1) Si, par exemple, il s'agit d'un droit de servitude qui doive être imposé sur un héritage qui lui a été abandonné par le partage, à la charge qu'il souffriroit la servitude.

Section VIII.

Des Obligations avec clause pénale.

La clause pénale est celle par laquelle une personne s'oblige à quelque chose, en cas d'inexécution d'une obligation précédemment contractée. Cette clause est donc une obligation secondaire et accessoire, dont l'objet est d'assurer l'exécution de l'obligation principale, 1226. et de fixer d'avance le montant des dommages-intérêts que le créancier aura droit de réclamer en cas d'inexécution. De-là plusieurs 1229. conséquences :

La première, que si l'obligation principale est nulle, l'obligation pénale l'est également, mais sans réciprocité ; car le principal peut exister sans l'accessoire, mais non l'accessoire sans le principal ; 1227.

La seconde, que la demande des dommages-intérêts étant toujours facultative dans la personne du créancier, il peut, toutes les fois que l'obligation principale est encore exécutable, en poursuivre l'exécution, au lieu de demander la peine stipulée ; 1228.

La troisième, que la clause pénale étant l'estimation faite par les parties elles-mêmes, du dommage que le créancier est censé souffrir par suite de l'inexécution de l'obligation principale, il ne peut demander en même temps le principal et la peine. Si cependant la peine avoit été stipulée pour le simple retard, alors elle seroit l'estimation du dommage résultant du retard seul; et s'il y avoit en effet retard, le créancier pourroit demander d'abord la peine, et ensuite le principal.

1229.

Ibid.

Ces principes établis, il reste à déterminer quand et comment la peine est encourue.

§. Ier.

Quand y a-t-il lieu à l'application de la clause pénale ?

Il faut distinguer, à cet égard, entre les obligations de donner ou de faire, et celles de ne pas faire.

Si l'obligation est de donner ou de faire, la peine est encourue du moment que le débiteur est en demeure (1).

1230.

Si l'obligation est de ne pas faire, la peine est due aussitôt que la chose a été faite. La preuve de la contravention est dans le fait même.

1145.

---

(1) Pour connoître quand le débiteur est en demeure, voir ce que nous disons, chapitre suivant, sect. 1re.

§. II.

Comment la Clause pénale doit-elle être appliquée?

Pour résoudre cette question, il faut distinguer le cas où le débiteur est vivant, et celui où l'exécution est dirigée contre ses héritiers.

Dans le premier cas, l'inexécution totale de l'obligation donne lieu à l'application de la peine en totalité, tellement qu'il n'est pas même au pouvoir du juge d'y rien ajouter ou retrancher (1). 1152.

Nous disons *l'inexécution totale :* car si l'obligation principale a été exécutée en partie, alors, comme il seroit contre l'équité que le créancier eût la peine entière, et une partie de la chose, il pourroit y avoir lieu à modifier la peine, d'après une évaluation proportionnelle, pour laquelle, en cas de contestation, le recours aux tribunaux deviendroit nécessaire. 1231.

Mais, si le débiteur est mort, alors le mode d'application de la clause pénale dépend de la nature de l'obligation principale. Si celle-ci est divisible, l'autre se divise également; en

---

(1) Cela est rigoureux, mais juste : d'ailleurs, on a voulu éviter l'arbitraire.

conséquence, les héritiers du débiteur n'étant tenus de l'obligation principale que pour leur portion héréditaire, si quelques-uns d'entr'eux l'ont exécutée pour ce qui les concernoit, ils sont libérés de la peine, qui n'est encourue que par les contrevenans, et pour la part seulement dont ces derniers étoient tenus dans l'obligation principale.

1233.

Mais, si l'obligation est indivisible, il suffit qu'un des héritiers contrevienne pour donner lieu à l'application de la peine en totalité ; et comme cette peine est ordinairement divisible, elle est alors encourue par chacun des co-héritiers, pour leur part et portion, sauf leur recours contre le contrevenant, qui peut même être poursuivi par le créancier directement et pour la totalité (1).

1232.

Il en est de même, quand l'obligation pénale a été ajoutée, dans l'intention que l'obligation principale, quoique divisible, ne pût cependant être exécutée partiellement (2), si un des héritiers du débiteur en a empêché l'exécution.

1333.

---

(1) On donne cette faculté au créancier pour éviter le circuit d'actions.

(2) *Exemple :* Vous me fournirez cent pièces de vin d'ici à tel temps, en une seule livraison ; et faute par vous de me les livrer en une seule fois, vous me paierez cent écus.

CHAPITRE IV.

De l'Effet des Obligations conventionnelles (1).

Les obligations conventionnelles ont trois principaux effets :

1°. Elles tiennent lieu de loi à ceux qui les ont contractées. En conséquence, elles ne peuvent être révoquées que de leur consentement mutuel, ou pour les causes autorisées par la loi.   1134.

Mais si les conventions ont cet effet à l'égard des contractans eux-mêmes, il n'en est pas de même à l'égard des tiers, auxquels, comme nous l'avons dit, elles ne peuvent jamais nuire; 1165. mais elles peuvent leur profiter dans trois cas :

1°. Lorsque le tiers se trouve dans la condition apposée à une convention qui concerne les parties contractantes, et qu'il a déclaré vouloir en profiter;   1121.

2°. Lorsqu'il y a cautionnement ou solidarité, les conventions faites entre le créancier et le débiteur principal ou un des co-débiteurs solidaires, et qui tendent à l'extinction de la

---

(1) Quoiqu'il paroisse n'être question ici que des obligations *conventionnelles*, cependant les principes contenus dans ce chapitre sont généraux, et s'appliquent également aux obligations qui se forment sans convention.

dette, profitent aux cautions ou aux autres co-débiteurs ;

3°. Enfin, les créanciers peuvent exercer contre les tiers les droits et actions de leur débiteur, pourvu cependant qu'il ne s'agisse point de droits exclusivement attachés à la personne du débiteur même (1). Les créanciers peuvent aussi, en leur nom personnel, attaquer les actes faits par leur débiteur, en fraude ou au préjudice de leurs droits, en se conformant d'ailleurs aux règles prescrites suivant la nature des actes qu'ils veulent attaquer (2).

Le second effet des obligations, est de donner lieu à des dommages-intérêts, en cas de refus ou de retard dans l'exécution;

Le troisième, c'est de supposer toujours la bonne foi dans l'exécution, c'est-à-dire, qu'elles obligent non seulement à ce qui y est exprimé, mais encore à tout ce que l'équité, l'usage, ou la loi exigent, d'après la nature de l'obligation.

Nous disons *d'après la nature de l'obligation*, parce qu'il faut distinguer, pour ce qui concerne ce dernier effet et le précédent, entre l'obligation de donner, et celle de faire

---

(1) Ainsi, les créanciers d'une femme mariée ne pourroient demander en son nom la séparation de biens. (Art. 1446.)
(2) Voyez l'art. 882.

Tit. V. Des Contrats ou des Obligat. 269
ou de ne pas faire. Nous verrons donc dans ce chapitre :

1°. Quels sont les effets de l'obligation de donner ;

2°. Quels sont ceux de l'obligation de faire ou de ne pas faire ;

3°. Quelles sont les règles à suivre pour l'intérprétation des conventions qui présentent quelqu'incertitude ;

4°. Enfin, quand et comment il y a lieu à des dommages-intérêts pour raison d'inexécution, ou de retard dans l'exécution des obligations.

Section première.

Des Effets de l'Obligation de donner.

L'obligation de donner emporte celle de livrer la chose ; et quand elle s'applique à un corps certain et désigné, elle contient, de plus, l'obligation de le conserver jusqu'à la livraison. Dans ce dernier cas, le débiteur est 1136. tenu d'apporter à la conservation de la chose tous les soins d'un bon père de famille, soit que la convention ait pour objet l'utilité commune des contractans, ou seulement celle de l'une des parties, sauf cependant le plus ou moins d'étendue de cette obligation, relativement à certains contrats ; ce qui sera expliqué sous les titres qui les concernent. Mais, dans 1137.

aucun cas, le débiteur n'est tenu de la force majeure ou cas fortuit, à moins qu'il n'en soit spécialement chargé par une convention particulière, ou que le cas fortuit n'ait été précédé d'une faute de sa part qui y ait donné lieu.

1148.

Dans les contrats translatifs de propriété, l'obligation de livrer la chose rend le créancier propriétaire, du moment que le consentement mutuel des parties est intervenu, et sans qu'il soit besoin de tradition.

1138.

Ce principe est néanmoins sujet à plusieurs exceptions.

Ainsi, quand il s'agit d'effets mobiliers, si l'obligation de livrer la même chose a été contractée successivement avec plusieurs personnes, celle qui a été mise la première en possession réelle, est préférée, quand même son titre seroit postérieur en date, pourvu qu'elle soit de bonne foi (1).

1141.

Secondement, nous avons vu que quand l'obligation étoit contractée sous une condition suspensive, le créancier ne devenoit propriétaire que du moment de l'accomplissement de la condition.

---

(1) C'est-à-dire, si elle ignore que la chose ait été promise antérieurement à une autre personne. Au surplus, la bonne foi se présume toujours ; c'est à celui qui prétend qu'une personne est de mauvaise foi, à le prouver. (Art. 2268.)

Troisièmement, lorsque l'obligation est alternative, facultative, ou indéterminée, il est évident que l'objet de ces sortes d'obligations n'étant pas certain, il n'y a que la tradition, ou les offres, qui puissent déterminer la chose sur laquelle le créancier a droit.

Quatrièmement, enfin, nous avons vu également au Titre *des Donations*, que la propriété de l'immeuble donné n'étoit transférée, à l'égard des tiers, que par la transcription.

De ce que le créancier est propriétaire du moment de l'obligation, il résulte que la chose est à ses risques dès ce même moment, quoique la tradition n'en ait pas été faite. Il faut cependant excepter le cas où le débiteur est en demeure de livrer. Il est alors responsable de tous les accidens survenus depuis sa demeure, même de ceux arrivés par cas fortuit, à moins qu'il ne soit en état de prouver que l'accident auroit eu lieu également, si la chose eût été livrée au créancier. 1138.

Ibid.

1302.

Le débiteur est en demeure, 1°. lorsque la chose qu'il s'est obligé de donner ou de faire, ne pouvoit être donnée ou faite que dans un intervalle de temps qu'il a laissé passer ; 1146.

2°. Par l'effet de la convention seule, lorsqu'elle est à terme, et qu'il y est stipulé expressément que la demeure aura lieu par la seule

échéance du terme, et sans qu'il soit besoin
1139. d'acte judiciaire ;

3°. Dans tous les autres cas, par une som-
Ibid. mation ou autre acte équivalent (1).

Section II.

Des Effets de l'Obligation de faire ou de ne pas faire.

On ne peut, à la rigueur, et sans attenter à
la liberté naturelle, forcer un individu de faire
ce qu'il ne veut pas, ou l'empêcher de faire sur
son propre bien ce qu'il veut; mais on peut,
dans ces deux cas, le punir, s'il est contrevenu
à des obligations par lui contractées. De-là le
principe, que toute obligation de faire ou de
ne pas faire se résout en dommages-intérêts,
1142. en cas d'inexécution.

Cependant, s'il s'agit d'une obligation de
faire, et que le fait puisse être accompli par
un tiers, le créancier peut être autorisé à faire
exécuter l'obligation aux dépens du débi-
1144. teur (2), et sans préjudice des dommages-intérêts résultans du retard.

---

(1) Si cependant l'obligation étoit de donner une somme d'argent, une simple sommation ne suffiroit pas pour faire courir les intérêts, ainsi que nous le verrons ci-après, section 4.

(2) Il est toujours vrai de dire que, dans ce cas, l'obligation se résout, à l'égard du débiteur, en dommages-intérêts, lesquels consistent en ce qu'il est tenu d'indemniser le créancier du retard, et de ce qu'il lui en a coûté pour faire exécuter la chose à laquelle il s'étoit engagé.

De même, si l'obligation est de ne pas faire, et que ce qui a été fait en contravention puisse être détruit, le créancier a le droit d'en demander la destruction ; et il peut même se faire autoriser à le détruire aux dépens du débiteur, toujours sans préjudice des dommages-intérêts, s'il y a lieu. 1143.

SECTION III.

De l'Interprétation des Conventions.

Il arrive assez fréquemment que l'on est obligé d'interpréter les conventions, soit parce que les parties elles-mêmes se sont expliquées d'une manière obscure, soit parce qu'un événement survenu depuis le contrat, fait naître une question non prévue, et qu'il faut cependant décider.

Nul doute que l'on ne doive alors recourir à l'intention des parties, s'il est possible de la découvrir ; tellement que, quand même le sens littéral des termes y paroîtroit contraire, il faudroit encore s'attacher de préférence à l'intention (1). 1156.

De même, s'il s'agit de décider quelles sont

---

(1) Ainsi, quoiqu'il ait été dit dans l'acte qu'un objet a été vendu, s'il est ajouté que la vente a été faite pour neuf ans, moyennant telle somme par chaque année, ce n'est pas une vente, mais un louage.

les choses comprises dans la convention, c'est encore à l'intention seule qu'il faut recourir, quelque généraux que soient d'ailleurs les termes dans lesquels la convention est conçue (1).

1163.

Tout cela n'est susceptible d'aucune difficulté, lorsque la preuve de l'intention résulte clairement de la teneur du contrat; mais, dans le cas contraire, il faut bien se contenter d'une simple présomption, fondée, ou sur la raison, ou sur l'usage, ou sur la nature même du contrat.

Sur la raison : ainsi, lorsqu'une clause est susceptible de deux sens, dont l'un en rendroit l'effet absolument nul, l'on doit raisonnablement présumer que les parties ont eu en vue le sens dans lequel la clause peut avoir un effet, plutôt que celui dans lequel elle n'en auroit aucun (2).

1157.

---

(1) Ainsi, quoiqu'une transaction renferme renonciation de la part des parties, à tous droits, actions et prétentions, cependant cette renonciation ne doit s'entendre que des droits et actions relatifs au différend qui a donné lieu à la transaction. (Art. 2048.)

(2) *Exemple :* Pierre est propriétaire d'une maison aboutissant sur une pièce de terre appelée *le Grand-Pré*, et divisée en plusieurs portions appartenant à divers, et entr'autres à lui-même Pierre. Il vend sa maison à Paul, et il est dit dans l'acte que Paul aura un droit de passage sur *le Grand-Pré*, sans dire sur quelle portion. On doit entendre que c'est sur la portion du Grand-Pré qui appartient à Pierre, et non sur les autres parties qui ne lui appartiennent pas.

C'est la raison qui dit également que toutes les clauses d'un même acte doivent s'interpréter les unes par les autres, et être entendues d'après le sens qui résulte de l'acte entier (1). 1161.

Sur l'usage : parce que l'on ne présume point, à moins de stipulation formelle, que les parties ont voulu s'écarter de l'usage ordinaire. En conséquence, les dispositions qui présentent de l'incertitude, s'interprètent toujours par ce qui est d'usage dans le pays où le contrat a été passé (2). 11

L'usage a même une si grande autorité, en fait de convention, que l'on doit toujours, à moins que le contraire ne résulte expressément de l'acte, y suppléer les clauses consacrées par l'usage, quoiqu'elles n'y soient pas exprimées (3). 1160.

―――――

(1) *Exemple :* Si dans un contrat de bail il y a diverses clauses toutes applicables au bail, et une seule qui paroisse tenir du contrat de vente ; par exemple, s'il est dit que le preneur jouira de la maison donnée à bail, en toute propriété, ou à titre de propriétaire, on entendra cette clause dans le sens du contrat de bail, pour le droit qu'a le fermier de jouir de la chose, et d'en percevoir tous les fruits comme le propriétaire lui-même.

(2) Si j'ai fait marché avec un laboureur pour la façon de mes terres, sans désigner le nombre de labours, nous sommes censés avoir entendu le nombre qu'il est d'usage de donner dans le pays.

(3) Si, par exemple, le contrat de bail d'une maison située à Paris ne désigne pas les époques de paiement des loyers, on doit présumer que les parties ont voulu se conformer à l'usage de payer par quartier, de trois en trois mois.

Sur la nature du contrat : parce que les parties sont toujours présumées avoir voulu s'y conformer, tant qu'elles n'ont pas manifesté d'intention contraire. Lors donc que, dans une convention, l'on a exprimé un cas quelconque, si la clause n'est pas conçue d'une manière exclusive, les parties sont censées avoir voulu par-là donner un exemple ou une explication de leur intention, plutôt que restreindre l'obligation au cas exprimé (1).

1164.

De même, si une clause ou une expression sont susceptibles de deux sens qui présentent tous deux un résultat admissible, on doit prendre de préférence celui qui convient le plus à la nature du contrat (2).

1158.

Enfin, si toutes choses sont égales de part

---

(1) *Quæ dubitationis tollendæ causâ contractibus inferuntur, jus commune non lædunt.* L. 56, ff. *Mandati*, où l'on trouve une application de ce principe. De même, si un père déclare par le contrat de mariage de sa fille, qu'il lui constitue en dot tel héritage avec les fruits pendans au moment de la célébration, on ne présumera pas, à moins que cela n'ait été formellement stipulé, que les fruits fassent partie du capital de la dot, parce qu'il est de la nature de la dot que les fruits appartiennent au mari pour soutenir les charges du mariage.

(2) Si, par exemple, je vous ai donné à bail un héritage moyennant la somme de 300 fr., sans autre explication, on doit entendre 300 fr. par année, et non pas 300 fr. une fois payés, parce qu'il est de la nature du contrat de louage, que le prix consiste dans une prestation annuelle.

et d'autre, la clause douteuse doit s'interpréter contre le créancier, qui est ordinairement le maître d'imposer les conditions, et qui doit s'imputer de ne pas s'être expliqué plus clairement; et s'il s'agit d'un contrat synallagmatique parfait, la chose douteuse s'interprète contre celui qui doit livrer la chose, parce qu'on présume qu'il a été le maître des conditions. 1162.

SECTION IV.

Des Dommages-Intérêts résultans de l'inexécution ou du retard dans l'exécution des Conventions.

On appelle en général dommages-intérêts, la perte qu'une personne a faite, et le gain qu'elle a manqué de faire. Lors donc que l'on dit que le débiteur est tenu des dommages et intérêts du créancier, on entend qu'il doit l'indemniser de la perte ou du défaut de gain qu'il lui a occasionné, soit par l'inexécution de l'obligation, soit par la mauvaise exécution, soit même par le simple retard dans l'exécution. 1149.

Les dommages et intérêts sont dus, lorsque le débiteur est en demeure; ou si l'obligation est de ne pas faire, du moment qu'il y est contrevenu. Il n'est pas nécessaire, pour y donner lieu, qu'il y ait mauvaise foi de la part du débiteur. Ils sont dus par le fait seul de l'inexé- 1146. 1145. 1147.

cution, ou du retard dans l'exécution, à moins que le débiteur ne prouve que c'est par suite d'une force majeure ou d'un cas fortuit et imprévu (1), qu'il a été empêché de donner ou de faire ce à quoi il étoit obligé, ou qu'il a fait ce qui lui étoit interdit.

1148.

Cependant, comme il ne seroit pas juste de punir la simple négligence, ou l'imprévoyance, comme la mauvaise foi, il a dû être fait quelque distinction à cet égard, quant à la fixation (2) des dommages-intérêts.

Si donc on ne peut reprocher au débiteur aucun dol, il n'est tenu que des dommages qui ont été prévus, ou qui ont pu l'être lors du contrat (3).

1150.

Mais s'il y a dol, il est tenu de tous les dommages, qui sont une suite immédiate et directe du retard ou de l'inexécution.

1151.

Au surplus, ces distinctions ne peuvent

---

(1) Observez qu'il y a deux cas dans lesquels la preuve du cas fortuit ne suffit pas pour dispenser le débiteur des dommages-intérêts : le premier, s'il est en demeure, à moins qu'il ne prouve que la chose qui fait l'objet de l'obligation seroit également périe, si elle eût été livrée ; et le deuxième, si le cas fortuit a été précédé d'une faute de la part du débiteur, qui y a donné lieu.

(2) *Quant à la fixation :* Ainsi, dans tous les cas, il y a lieu à dommages et intérêts ; mais ils sont plus ou moins forts, suivant qu'il y a mauvaise foi ou simple négligence.

(3) Voyez Pothier sur cet objet, n°s 159 et suivans.

avoir lieu qu'au défaut de la convention ; car si le cas du retard ou de l'inexécution a été prévu, et qu'il ait été stipulé une somme déterminée à titre de dommages-intérêts, le juge, comme nous l'avons dit, ne peut se permettre d'y rien changer. Mais dans le silence du contrat, c'est aux tribunaux à fixer le montant des condamnations (1). — 1152.

Les principes que nous venons d'établir relativement à la fixation des dommages-intérêts, ne sont point applicables au cas où l'obligation est de payer une somme d'argent ; d'abord, parce que les dommages résultans du retard dans l'accomplissement de cette espèce d'obligation, varient à l'infini ; et, en second lieu, parce que ce seroit ouvrir la porte à une infinité de contrats usuraires, qu'une sage législation doit empêcher autant que possible.

Dans cette obligation donc, les dommages et intérêts ne peuvent jamais consister que dans la condamnation aux intérêts fixés par la loi (2), sauf les règles particulières relatives au contrat de société, au cautionnement, et au — 1153. {1846. 2028.

---

(1) Voyez les articles 523, 524 et 525 du Code de Procédure.
(2) Cet intérêt est de cinq pour cent en matière civile, et de six pour cent en matière de commerce, le tout sans retenue. (*Loi du* 3 *septembre* 1807, *Bulletin*, n°. 2740.)

commerce (1); mais aussi le créancier n'a pas besoin, comme dans les autres obligations, de justifier d'aucune perte. Le fait seul du retard suffit; et les intérêts courent, ou de plein droit, dans les cas prévus par la loi (2); ou par l'effet de la convention, s'il a été stipulé qu'à défaut de paiement à l'échéance, les intérêts

1139. courront de plein droit; ou enfin, par la mise
1153. en demeure du débiteur.

Le débiteur d'une somme d'argent n'est constitué en demeure, pour ce qui concerne
Ibid. les intérêts, que par une demande judiciaire (3); il peut cependant l'être par une simple citation en conciliation, pourvu qu'elle soit suivie d'une demande formée, au plus tard, dans le mois, à compter du jour de la non compa-
Pr. 57. rution ou de la non conciliation.

La demeure du débiteur fait courir les intérêts, non seulement des capitaux, mais encore des revenus échus, tels que fermages, loyers, arrérages de rentes perpétuelles ou viagères. Il en est de même des restitutions de fruits, et des intérêts payés par un tiers en

---

(1) Voyez le Code de Commerce, art. 177 et suiv.

(2) Comme dans les articles 474, 856, etc.

(3) Ainsi, une simple sommation de payer ne suffiroit pas. Il paroît cependant qu'il en seroit autrement dans la vente. (Art. 1652.)

l'acquit du débiteur ; mais, dans tous les cas, les intérêts ne courent, qu'autant qu'il y a demande judiciaire, citation suivie de demande, ou stipulation expresse. 1153.

Mais si la somme demandée consiste elle-même en intérêts de capitaux, elle n'est susceptible de produire intérêt, soit par l'effet d'une demande judiciaire, soit même par une convention spéciale, qu'autant qu'il s'agit du revenu d'une année entière (1). 1154.

CHAPITRE V.

De l'Extinction des Obligations.

Les obligations s'éteignent par
    Le paiement ;
    La novation ;
    La remise de la dette ;
    La compensation ;
    La confusion ;
    La perte de la chose due ;
    La nullité ou rescision ;
    L'effet de la condition résolutoire ;
Et enfin, par la prescription, qui fera l'objet d'un titre particulier. Nous avons traité

---

(1) On a voulu prévenir la trop prompte accumulation des intérêts d'intérêts, qui finiroient par ruiner le débiteur.

de la condition résolutoire, chap. 3, sect. 1re;

1234. §. 2. Il nous reste à parler des huit autres manières d'éteindre les obligations, qui feront l'objet des huit sections suivantes.

SECTION PREMIÈRE.

Du Paiement.

Le paiement en général est la prestation réelle de ce qu'on s'est obligé de donner ou de faire.

Nous disons *en général*, parce que, dans le style ordinaire, l'on entend particulièrement, sous le nom de paiement, l'acquittement de l'obligation de donner, et le plus souvent même de donner une somme d'argent; mais en droit, tout accomplissement réel d'une obligation quelconque se nomme paiement.

Réelle, pour distinguer le paiement dont il s'agit dans cette section, de la compensation et de la confusion, qui sont des paiemens purement fictifs.

Pour faire connoître les principes relatifs à cette manière d'éteindre les obligations, nous aurons à voir par qui, à qui, quand, où, et comment le paiement doit être fait; comment le paiement doit être imputé, lorsqu'il existe plusieurs obligations, et qu'elles ne sont pas toutes acquittées; enfin, quel est l'effet du paiement régulièrement effectué.

§. Ier.

Par qui le paiement doit-il être fait ?

Lorsque l'obligation est de faire, et que la considération de la personne du débiteur est entrée pour quelque chose dans la convention (1), le créancier peut exiger que l'obligation soit acquittée par le débiteur lui-même. 1237. Ce cas excepté, l'obligation de faire, comme celle de donner, peut être acquittée par toute personne, quelle qu'elle soit, malgré le créancier. 1236.

Quant à l'effet différent qu'a le paiement lorsqu'il est fait par le débiteur, ou par un tiers, nous en traiterons ci-après, §. 7.

Lorsque l'obligation a pour but de transférer la propriété, il est évident que le paiement n'est valable, qu'autant que celui qui paie est propriétaire de la chose payée, et de plus, capable de l'aliéner.

Si cependant l'objet payé, même par le non propriétaire, est une chose fongible, le paie-

---

(1) Par exemple, dans l'obligation contractée par un peintre, de faire tel portrait, il est évident que la considération de la personne du peintre est entrée pour beaucoup dans la convention.

ment devient valable, quand le créancier a consommé la chose de bonne foi, sauf le recours, s'il y a lieu, du véritable propriétaire, contre celui qui a payé.

1258.

§. II.

A qui le paiement doit-il être fait ?

Pour que le paiement soit valable, il faut qu'il soit fait, ou au créancier lui-même,

Ou à son fondé de pouvoir;

Ou à celui qui est autorisé par la loi (1) ou par le juge (2) à recevoir pour lui;

1259.

Ou enfin, à la personne indiquée à cet effet dans la convention.

Le paiement fait à celui qui n'avoit pas de pouvoir du créancier, devient valable, si celui-ci le ratifie, ou s'il en a profité, ou si celui qui a reçu le paiement, succède à la créance, soit comme héritier du créancier, soit à tout autre titre.

Ibid.

Le paiement est également valable, s'il a été fait de bonne foi à celui qui étoit en pos-

---

(1) *Par la loi*, comme son tuteur, si c'est un mineur; son mari, si c'est une femme commune en biens, et qu'il s'agisse d'une dette mobilière, etc.

(2) *Par le juge*, comme un séquestre, etc.

session de la créance (1), quand même il s'en trouveroit évincé par la suite. 1240.

D'un autre côté, le paiement fait au créancier lui-même est nul dans deux cas :

1°. S'il n'est pas capable de recevoir (2), et que la chose payée n'ait pas réellement tourné à son profit; 1241.

2°. Si le paiement a été fait au préjudice de saisies-arrêts ou oppositions (3), il n'est pas valable à l'égard des saisissans ou opposans, qui peuvent, selon leur droit, contraindre le débiteur à payer une seconde fois, sauf son recours contre le créancier (4). 1242.

---

(1) Par exemple, à un héritier qui étoit en possession de la succession du créancier, et qui a ensuite été évincé par un héritier plus proche.

(2) Par exemple, un mineur, un interdit.

(3) Dans l'état actuel des choses, il n'y a plus de différence entre la saisie-arrêt et l'opposition. (*Code de Procédure*, liv. 5, tit. 7.)

(4) Pour les formalités à observer dans les saisies-arrêts et oppositions, voyez le Code de Procédure, art. 557 à 582, et notamment l'art. 565, qui déclare valables les paiemens faits jusqu'à la dénonciation au tiers-saisi de la demande en validité de la saisie ou opposition, et les art. 580, 581 et 582, qui indiquent les créances qui ne peuvent être saisies, ou qui ne peuvent l'être qu'en partie.

Pour l'effet des oppositions sur les cautionnemens des fonctionnaires et sur les fonds des communes, voyez les avis du Conseil-d'Etat, approuvés le 12 août 1807 (*Bulletin*, n°. 2661 et 2662); et pour les formalités des oppositions entre les mains

Il n'est pas nécessaire, pour la validité du paiement, qu'il soit fait du consentement du créancier. Il peut avoir lieu, et le débiteur peut être libéré malgré le créancier, au moyen de la consignation.

La consignation est un acte équipollent à paiement, qui peut être défini, le dépôt de la chose ou de la somme due, fait au refus du créancier, et avec les formalités requises, entre les mains d'une tierce personne.

* Nous disons *un acte équipollent à paiement*, parce que la consignation n'est point un véritable paiement. Elle en diffère en ce que le paiement éteint la dette irrévocablement, sans qu'il soit même au pouvoir des parties de la faire revivre, au lieu que la consignation n'éteint l'obligation d'une manière irrévocable, que lorsqu'elle a été acceptée par le créancier, ou qu'elle a été déclarée valable

1262. par un jugement passé en force de chose jugée.

Au refus du créancier : ce refus doit être constaté par un procès-verbal d'offres réelles. Les conditions nécessaires pour la validité de ces offres sont : 1°. qu'elles soient faites au

---

des caissiers des fonds publics, voyez le décret impérial du 18 du même mois. (*Bulletin*, n°. 2663.)

Nota. Il n'est admis d'opposition au paiement d'une lettre-de-change ou billet à ordre, qu'en cas de perte d'iceux, ou de faillite du porteur. (*Code de Commerce*, art. 149 et 187.)

créancier capable de recevoir, ou à celui qui le représente;

2°. Qu'elles soient faites à la requête d'une personne capable de payer, c'est-à-dire, d'aliéner la chose dont il s'agit;

3°. Que le terme soit échu, si toutefois il a été stipulé en faveur du créancier;

4°. Si l'obligation est conditionnelle, que la condition soit accomplie;

5°. Que les offres soient faites au lieu convenu pour le paiement; à défaut de convention, à la personne du créancier, ou à son domicile, ou au domicile élu pour l'exécution de l'acte;

6°. Qu'elles soient faites par un officier ministériel, ayant caractère pour ces sortes d'actes (1);

7°. Qu'elles soient de la totalité de la chose ou de la somme exigible, des intérêts dus, des frais liquidés, et d'une somme quelconque pour ceux non liquidés, sauf à parfaire; 1258.

8°. Que le procès-verbal d'offres désigne l'objet offert, de manière qu'on ne puisse en substituer un autre; ou, si ce sont des espèces, qu'il en contienne l'énumération et la qualité; *Pr.* 812.

9°. Enfin, que ce même procès-verbal fasse

---

(1) C'est-à-dire, un huissier.

mention de la réponse, du refus ou de l'acceptation du créancier, et s'il a signé, refusé de signer, ou déclaré ne le savoir ou ne le pouvoir.

Pr. 813.

Les offres étant faites de la manière ci-dessus prescrites, si le créancier les a refusées, le débiteur peut se libérer en consignant, et sans avoir besoin d'y être autorisé par le juge.

1257.
1259.

Les formalités nécessaires pour la validité de la consignation, sont :

1°. Qu'elle soit précédée d'une sommation faite au créancier d'y assister, avec indication du jour, de l'heure, et du lieu où elle sera faite ;

2°. Que le débiteur se dessaisisse de la chose offerte, en la remettant dans le lieu indiqué par la loi (1), avec les intérêts, si la créance en produit, jusqu'au jour du dépôt ;

3°. Qu'il soit dressé procès-verbal de la nature des choses offertes, du refus fait par le créancier, ou de sa non comparution, et enfin du dépôt ;

4°. Qu'en cas de non comparution de la part du créancier, le procès-verbal de dépôt lui soit signifié avec sommation de retirer la chose déposée ;

Ibid.

---

(1) D'après la loi du 28 nivose an 13, art. 1er., les consignations pécuniaires ordonnées, soit par jugement, soit par décision administrative, doivent être faites à la caisse d'amortissement. Par l'art 7, la même caisse est autorisée à recevoir les consignations volontaires. (*Bulletin,* n°. 474.)

Si la chose due est un corps certain qui doive être livré dans le lieu où il se trouve, le débiteur peut, par un acte notifié à la personne, ou au domicile réel ou conventionnel du créancier, le sommer de la faire enlever. Cette sommation tient lieu d'offres et de consignation, et met la chose aux risques du créancier. Si, en outre, le débiteur a besoin du lieu où elle est placée, il peut être autorisé à la faire séquestrer. {1264. 1961.

Dans tous les cas, lorsque les offres et la consignation sont valables, les frais sont à la charge du créancier. 1260.

L'effet de la consignation valablement faite est d'éteindre l'obligation, de libérer le débiteur, et de mettre la chose aux risques du créancier ; mais cependant l'extinction de 1257. l'obligation et la libération du débiteur ne sont irrévocables et définitives, que quand la consignation a été acceptée par le créancier, ou qu'elle a été déclarée valable par un jugement passé en force de chose jugée. Jusques-là le 1262. débiteur peut la retirer ; et s'il la retire en effet, ni lui, ni ses co-débiteurs ou cautions ne sont libérés. 1261.

Après l'acceptation de la consignation, ou le jugement qui l'a déclaré valable, le débiteur peut bien encore, avec le consentement du créancier, retirer la consignation ; mais cela

290 Liv. III. *Manières d'acq. la Propriété.*

est regardé comme une nouvelle obligation contractée entr'eux seulement, et entièrement étrangère aux co-débiteurs ou cautions, qui 1262. restent toujours pleinement libérés. Il en est de même des priviléges et hypothèques qui étoient originairement affectés à la créance. Ils sont éteints irrévocablement par l'acceptation ou le jugement ; et si le créancier consent ensuite à ce que la consignation soit retirée, il n'a plus d'hypothèque que du jour de la nouvelle inscription prise, en vertu de l'acte par lequel il a consenti, si toutefois cet acte a été revêtu des formes requises pour em-
1263. porter hypothèque (1).

§. III.

Quand le Paiement doit-il être fait ?

Si l'obligation est pure et simple, le créancier peut exiger le paiement quand il le juge convenable.

Si elle est à terme, le créancier ne peut exiger le paiement avant l'échéance ; mais le débiteur peut l'offrir à sa volonté, à moins, comme nous l'avons dit, que le terme n'ait
1187. été apposé en faveur du créancier.

Si l'obligation est contractée sous une condi-

---

(1) Voyez au titre *des Priviléges et Hypothèques.*

tion suspensive, non seulement le créancier ne peut être forcé de recevoir, ni le débiteur de payer, avant l'accomplissement de la condition; mais même, si le débiteur a payé par erreur, il peut répéter, tant que la condition n'est pas accomplie.

§. IV.

Où le Paiement doit-il être fait ?

Le paiement doit être fait au lieu désigné par la convention.

S'il n'y a point d'indication de lieu, il faut distinguer : s'il s'agit d'un corps certain et déterminé, les parties sont présumées avoir voulu que le paiement se fît au lieu où étoit la chose au moment de l'obligation. Dans tous les autres cas, le paiement doit être fait au domicile du débiteur (1), et les frais qu'il peut occasionner (2) sont à sa charge (3).

1247.
1248.

---

(1) Dans la vente, le paiement du prix doit se faire au lieu où l'objet vendu doit être livré. (Art. 1651.)

(2) Par exemple, les frais de quittance.

(3) Cependant les frais de l'enregistrement fait avant l'échéance, ne sont à la charge du débiteur, qu'autant qu'il a refusé de se libérer après l'échéance ou l'exigibilité de la dette. (Loi du 3 septembre 1807, art. 2, *Bulletin*, n°. 2741.) Voir aussi l'article 193 du Code de Procédure.

§. V.

Comment le Paiement doit-il être fait ?

1243. Le débiteur ne peut payer que la chose même qui est due. Quand même la valeur de celle offerte seroit égale, ou même plus grande, le créancier ne peut être forcé de la recevoir; mais aussi, si la dette est d'un corps certain et déterminé, le créancier est tenu de le prendre dans l'état où il se trouve au moment du paiement, sauf les deux cas suivans:

1°. Si les détériorations proviennent du fait ou de la faute du débiteur, ou des personnes dont il est responsable;

1245. 2°. Si elles sont survenues, même par cas fortuit, mais après que le débiteur a été mis en demeure (1); dans ces deux cas, le créancier peut demander ou la résiliation du contrat, ou des dommages-intérêts, suivant les circonstances.

Si l'obligation est d'une chose qui ne soit déterminée que par son espèce (2), le débiteur n'est pas tenu de la donner de la meilleure

---

(1) A moins, dans ce dernier cas, que le débiteur ne puisse prouver que les détériorations auroient eu également lieu, si la chose avoit été livrée au créancier. (Art. 1302.)

(2) Comme un cheval, un secrétaire, etc.

qualité ; mais il ne peut l'offrir de la plus mauvaise. 1246.

Nous avons vu, en traitant *des Obligations divisibles et indivisibles*, que, pendant la vie du créancier et du débiteur, le paiement, pour être valable, devoit être de la chose entière qui est due ; le débiteur ne peut donc forcer le créancier de recevoir le paiement partiel d'une dette, quand même la chose seroit divisible. Si cependant sa position paroît mériter quelque considération, les juges peuvent l'autoriser à diviser le paiement à des intervalles modérés (1), et avec sursis à l'exécution des poursuites, toutes choses demeurant en état ; mais ils ne doivent user de ce pouvoir qu'avec la plus grande réserve. 1244.

Il peut arriver cependant que tous les créanciers d'un même débiteur soient forcés de recevoir, même pendant sa vie, un paiement partiel ; c'est quand il est en déconfiture, et que ses biens ne consistent que dans du mobilier. Dans ce cas, il y a lieu à contribution entre les créanciers, au marc le franc de leurs créances (2). 2093.

---

(1) Observez que les juges ne peuvent accorder de délai pour le paiement d'une lettre-de-change ou d'un billet à ordre. (*Code de Commerce*, art. 157 et 187.)

(2) Sauf les cas de préférence, que nous ferons connoître au titre *des Priviléges et Hypothèques*.

§. VI.

De l'Imputation des Paiemens.

L'imputation d'un paiement est l'indication de la dette que le paiement doit éteindre. Il est clair qu'il ne peut y avoir de question à ce sujet, que quand il y a plusieurs dettes, et que le paiement n'est pas suffisant pour les éteindre toutes.

L'imputation est faite par les parties, ou, à leur défaut, par l'effet de la loi.

Par les parties : c'est en général au débiteur à déclarer quelle est la dette qu'il entend
1253. acquitter. Il n'a pas même besoin de l'aveu du créancier pour faire cette imputation, excepté dans un seul cas ; c'est lorsque devant tout-à-la-fois et un capital, et les intérêts de ce capital, il veut imputer la somme payée sur le
1254. capital, de préférence aux intérêts. Cette observation est même d'autant plus importante, que si le créancier, en consentant à l'imputation, donnoit quittance du capital sans faire réserve des intérêts, ils seroient présumés
1908. payés, et le débiteur totalement libéré.

Si le débiteur ne fait pas l'imputation, le créancier a le droit de la faire, mais à l'instant même, c'est-à-dire dans la quittance ; et lorsqu'elle a été faite ainsi, le débiteur qui a accepté la quittance, ne peut plus contester l'imputation, à moins qu'il n'y ait eu dol ou surprise de la part du créancier. 1255.

Lorsque l'imputation n'a été faite ni par l'un, ni par l'autre, elle a lieu de droit, et par l'effet de la loi seule, d'abord sur la dette échue, de préférence à celle qui ne l'est point, et quoique cette dernière soit plus onéreuse. Si le paiement ne suffit pas pour acquitter toutes celles échues, l'imputation se fait sur celle que le débiteur avoit le plus d'intérêt d'acquitter. Si toutes les dettes sont de même nature, l'imputation se fait sur la plus ancienne ; toutes choses égales, elle se fait proportionnellement sur toutes. 1256.

§. VII.

De l'Effet du Paiement, et de la Subrogation.

Il est évident que le paiement fait par le débiteur lui-même, ayant la capacité convenable, et d'une chose dont il est propriétaire, a l'effet d'éteindre entièrement l'obligation, tant à son égard, qu'à l'égard du créancier, et de tous les accessoires (1) de la dette.

Mais quand le paiement est fait par un tiers,

---

(1) Par *accessoires*, on entend ici les obligations secondaires qui ont pour objet d'assurer l'exécution de l'obligation principale, comme les cautions, les hypothèques.

il faut distinguer : si ce tiers est intéressé à acquitter l'obligation, comme une caution, un co-débiteur solidaire, l'obligation est bien éteinte, par rapport au créancier qui n'a plus d'action à exercer ; mais elle ne l'est pas par rapport au débiteur, et aux accessoires de l'obligation, à cause de la subrogation légale qui a lieu dans ce cas.

Il n'en est pas de même quand l'obligation est acquittée par un tiers qui n'a pas d'intérêt. Elle est éteinte alors, comme si le paiement eût été fait par le débiteur lui-même. Si cependant ce tiers avoit payé, mais en son nom propre, et non pas en l'acquit et au nom du débiteur, et qu'il se fût fait en outre subroger par le créancier (1), alors ce ne seroit pas, à proprement parler, un paiement, mais un simple transport de créance ; et en conséquence l'obligation du débiteur ne seroit pas éteinte.

1286. Il résulte de ces principes, que toutes les fois que la subrogation a lieu par l'effet, soit de la loi, soit de la convention des parties, le paiement désintéresse bien, à la vérité, le créancier ; mais l'obligation n'en subsiste pas

---

(1) C'est ce que l'on appelle *la subrogation conventionnelle*, qui a le même effet que la subrogation légale, ainsi que nous l'allons voir.

Tit. V. *Des Contrats ou des Obligat.* 297
moins à l'égard du débiteur et des accessoires, qui ne font alors que changer de créancier : il est donc essentiel de déterminer quand il y a subrogation, et comment elle peut s'opérer.

On distingue en droit deux espèces de subrogation : la subrogation réelle, et la personnelle.

Il y a subrogation réelle, quand une chose prend la place d'une autre, et qu'elle est réputée de même nature et qualité : il ne s'agit point ici de cette espèce de subrogation (1).

La subrogation personnelle peut être définie : le changement de créancier, sans novation de la dette. Elle a lieu toutes les fois que les droits du créancier passent à un tiers: elle est conventionnelle ou légale.

1249.

La subrogation conventionnelle est celle qui résulte de l'accord fait avec le créancier ou avec le débiteur.

Avec le créancier : quand il reçoit son paiement d'un tiers, et qu'il le subroge dans tous ses droits, actions, et priviléges contre le débiteur. Il faut que cette subrogation soit expresse, et faite en même temps que le paie-

---

(1) On peut en voir des exemples dans les articles 1407, 1434 et 1435.

ment ; et elle peut avoir lieu sans le consentement du débiteur.

Avec le débiteur : quand il emprunte une somme de deniers, à l'effet de payer la dette, et sous la condition de subroger le prêteur dans les droits du créancier. Dans ce cas, la subrogation peut s'opérer sans le consentement de ce dernier ; mais pour qu'elle soit valable à l'égard des tiers, il faut, premièrement : que l'acte d'emprunt et la quittance du créancier soient passés devant notaires ; et secondement : qu'il soit déclaré dans l'acte d'emprunt que la somme a été empruntée pour faire le paiement ; et dans la quittance, que le paiement a été fait des deniers provenans de l'emprunt.

La subrogation légale est celle qui a lieu de plein droit, et sans stipulation particulière, au profit de toute personne qui peut avoir un intérêt personnel (1) à l'acquittement de la dette.

Tels sont : 1°. le créancier qui paie celui qui lui est préférable à raison de ses priviléges ou hypothèques ;

2°. L'acquéreur d'un immeuble, qui emploie le prix de son acquisition au paiement des

---

(1) La subrogation légale a lieu au profit de celui qui paie une lettre-de-change, par intervention, et sans aucun intérêt personnel. (*Code de Commerce*, art. 159.)

créanciers auxquels cet immeuble est hypothéqué ;

3°. Celui qui paie une dette dont il est tenu pour d'autres ou avec d'autres ;

4°. Enfin, l'héritier bénéficiaire qui paie de ses deniers les dettes de la succession. 1251.

L'effet de la subrogation, tant légale que conventionnelle, est de mettre entièrement le subrogé à la place du créancier, dont il peut exercer, en conséquence, tous les droits, priviléges et hypothèques, tant contre le débiteur principal que contre les tiers obligés personnellement ou hypothécairement à la dette, sans que néanmoins cette subrogation puisse préjudicier aux droits du créancier lui-même, qui, lorsque le paiement n'a été que partiel, est toujours préféré au subrogé pour ce qui lui reste dû sur sa créance. 1252.

Section II.

De la Novation.

La novation est la substitution d'une nouvelle dette à l'ancienne, qui se trouve en conséquence éteinte.

D'une nouvelle dette : il faut donc, pour qu'il y ait novation, qu'il y ait une nouvelle obligation. Ainsi, 1°. la novation ne peut avoir lieu qu'entre personnes capables de contracter ; 1272.

300 Liv. III. *Manières d'acq. la Propriété.*

2º. Si la seconde obligation est conditionnelle, la novation n'a lieu que par l'accomplissement de la condition;

3º. S'il n'y a qu'une simple indication faite par le débiteur, d'une personne qui doit payer à sa place, ou par le créancier, d'une personne qui doit recevoir pour lui, il est clair qu'il n'y a point de changement d'obligation, et conséquemment point de novation.

1277.

Qui se trouve en conséquence éteinte : l'extinction d'une obligation ne se présumant pas facilement, et pouvant quelquefois être très-préjudiciable au créancier, il en résulte que la simple présomption ne suffit pas non plus pour établir la novation. On n'exige pas, à la vérité, que les parties aient expressément et textuellement déclaré qu'elles vouloient faire novation; mais il faut au moins que la volonté de l'opérer résulte clairement de l'acte.

1273.

La novation s'opère de trois manières :

Premièrement, lorsqu'il n'y a qu'un simple changement d'obligation, sans intervention d'aucune nouvelle personne (1);

Secondement, lorsqu'il y a changement de créancier, et en même temps nouvel engagement de la part du débiteur.

1271.

---

(1) Par exemple, si le vendeur d'un héritage consent à recevoir les billets de l'acquéreur en paiement du prix, dont il donne quittance pure et simple.

Nous disons *nouvel engagement*, parce qu'il faut, dans ce cas, pour qu'il y ait novation, que le débiteur contracte une nouvelle obligation envers une tierce personne, de l'ordre du premier créancier, qui consent à le libérer; et c'est ce qui distingue ce cas de celui où le créancier a purement et simplement cédé sa créance à un tiers. Il y a bien alors changement de créancier, puisque, du moment que cette cession est signifiée au débiteur, celui-ci est libéré à l'égard du cédant, et ne peut plus payer qu'au cessionnaire; mais comme ce transport peut se faire, et se fait ordinairement sans l'intervention du débiteur, et conséquemment sans qu'il y ait, de sa part, un nouvel engagement, c'est toujours la même obligation qui subsiste, et il n'y a pas de novation ; 1690. 1691.

Troisièmement enfin, lorsqu'il y a changement de débiteur; ce qui arrive quand une personne se charge de la dette d'un tiers, du consentement du créancier, qui décharge, en conséquence, l'ancien débiteur. Cette espèce de novation peut s'opérer sans le concours du premier débiteur. Lorsqu'il y intervient, et ce qui arrive le plus souvent, lorsqu'il présente lui-même la tierce personne qui doit se charger de la dette, et qui est ordinairement un de ses débiteurs, c'est ce que l'on appelle *dé-* 1271. 1274.

légation, qui est, à proprement parler, une double novation, comme dans l'espèce suivante :

« Paul, débiteur de Jacques, d'une somme
» de mille écus, et créancier de Pierre de pa-
» reille somme, présente ce dernier à Jacques,
» envers lequel Pierre s'oblige pour ladite
» somme de mille écus. Il y a alors, comme
» nous l'avons dit, double novation, si toute-
» fois telle a été l'intention des parties, parce
» que Pierre est déchargé envers Paul; Paul
» l'est également envers Jacques; et il ne reste
» que le nouvel engagement de Pierre envers
» Jacques. »

Nous disons, *si telle a été l'intention des parties* : parce qu'en effet, pour que cet acte emporte novation, au moins à l'égard de Jacques, il faut qu'il ait expressément déclaré

1275. qu'il entendoit décharger Paul, son premier débiteur; auquel cas, il n'a plus de recours contre lui, quand même le délégué Pierre deviendroit insolvable, à moins que l'acte n'en contienne la réserve expresse, ou que le délégué ne fût en faillite ouverte, ou tombé en

1276. déconfiture (1) au moment de la délégation.

---

(1) Il y a déconfiture, lorsque le délégué ne possède pas assez de biens pour payer ce qu'il doit. Il y a faillite, lorsqu'il a manqué à ses engagemens, quand même il auroit assez de biens pour payer.

La novation éteignant la dette, en éteint pareillement tous les accessoires. En conséquence, les priviléges et hypothèques de l'ancienne créance ne passent point à la nouvelle, à moins qu'il n'y en ait réserve expresse, 1278. et que la novation ne se soit opérée sans changement de débiteur; et, dans ce cas même, 1279. s'ils sont plusieurs débiteurs, même solidaires, la réserve n'a son effet que sur les biens de celui d'entr'eux qui a contracté la nouvelle obligation. 1280.

Par suite du même principe, la novation faite entre le créancier et le débiteur principal, libère les cautions. Si cependant le créancier n'a consenti à la novation, que sous la condition que les cautions accéderoient à la nouvelle obligation, leur refus faisant défaillir la condition, la seconde obligation est censée n'avoir jamais existé, et conséquemment la novation ne s'être point opérée. Il en est de même, comme nous l'avons vu, dans le cas de la novation faite avec un débiteur solidaire, sous la condition de l'accession de ses co-débiteurs. 1281.

SECTION III.

De la Remise de la Dette.

Il est de principe que dans tout ce qui n'est

pas d'ordre public, il est libre à chacun de renoncer à son droit. Si donc le créancier ayant le libre exercice de ses droits, consent à remettre la dette, l'obligation est éteinte, et le débiteur libéré.

Cette remise peut s'opérer de deux manières; expressément ou tacitement.

La remise expresse, qui est aussi appelée *conventionnelle*, est celle qui résulte d'un acte formel passé entre le débiteur et le créancier, ou son fondé de pouvoir spécial.

La remise tacite est celle qui résulte d'un fait qui doit faire présumer dans le créancier la volonté d'éteindre la dette ; telle est la remise volontaire par lui, au débiteur, du titre de l'obligation. Il y a cependant une distinction à apporter dans ce cas. Si le titre est sous signature privée, la remise de l'original fait preuve complette de la libération (1).

S'il y a minute, la remise même volontaire de la grosse ne fait présumer la remise de la dette ou le paiement, qu'autant que le créancier n'est pas en état de faire la preuve contraire.

L'obligation principale pouvant subsister sans l'accessoire, la remise même volontaire

---

(1) *De la libération* en général ; c'est-à-dire, soit de la remise de la dette, soit même du paiement.

de la chose donnée en nantissement, emporte bien la libération du gage, mais ne fait pas présumer la remise de la dette. Par la même raison, la remise personnelle et gratuite faite à la caution, ne libère ni le débiteur principal, ni les autres cautions.

1286.

1287.

Nous disons, *la remise personnelle :* parce que, si elle est réelle (1), par exemple; si le créancier a donné à la caution quittance pure et simple de la dette, ou si, dans un acte passé avec elle, il a déclaré qu'il tenoit la dette pour acquittée, la remise profite à tous ceux qui ont intérêt (2).

Dans le doute, la remise expresse faite à la caution, est toujours présumée personnelle, parce que l'obligation de la caution étant distincte de celle du débiteur principal, le créancier est toujours, à moins de preuve contraire, présumé avoir voulu décharger la caution de son obligation particulière, plutôt qu'éteindre totalement la dette.

Cette raison ne pouvant s'appliquer aux débiteurs solidaires dont l'obligation est la

---

(1) La remise est personnelle, quand, sur plusieurs personnes obligées pour la même dette, le créancier consent à en libérer une en particulier, en se réservant ses droits contre les autres. Elle est réelle, quand un créancier fait un acte duquel résulte l'extinction de la dette. L'effet de cette dernière étant qu'il n'y a plus de chose due, elle libère tous les obligés.

(2) Argument tiré de l'art. 1365.

même pour tous, la remise expresse ou tacite, faite à l'un d'eux, est toujours présumée réelle, et libère en conséquence tous les autres. Si cependant la remise est conventionnelle, et que le créancier ait expressément réservé ses droits contre les autres débiteurs, il pourra les poursuivre, mais déduction faite de la part de celui auquel il a fait la remise.

1284.
1285.

Nous disons *la remise gratuite :* parce que, si le créancier a reçu quelque chose de la caution à qui il a accordé la décharge personnelle, ce qu'il a reçu doit être imputé sur la dette, et tourner à la décharge de tous les intéressés.

1288.

SECTION IV.

De la Compensation.

La compensation est un paiement réciproque et fictif qui a lieu lorsque deux personnes se trouvent débitrices l'une envers l'autre (1).

1289.

On peut distinguer deux espèces de compensation : l'une légale, et l'autre facultative.

La compensation légale est celle qui a lieu de plein droit, lorsque les deux créances réunissent les qualités et conditions exigées pour que la compensation ait lieu.

1290.

---

(1) Le cas qui donne lieu le plus fréquemment à la compensation, est lorsque le débiteur devient héritier du créancier de son créancier.

Ces conditions sont : 1°. que les deux dettes aient pour objet une somme d'argent, ou une certaine quantité de choses fongibles de la même nature et qualité : si cependant l'une étoit d'une somme d'argent, et l'autre de grains ou autres denrées, dont le prix fût réglé par des mercuriales (1), la compensation seroit admise ; 1291.

2°. Que les deux créances soient liquides, c'est-à-dire qu'il soit constant qu'il est dû, et combien il est dû ;

3°. Qu'elles soient toutes deux exigibles ; *Ibid.* cependant le terme de grâce n'est point un obstacle à la compensation ; 1292.

4°. Que la dette opposée en compensation soit due à la personne même qui l'oppose. Ainsi le débiteur principal ne peut opposer la compensation de ce que le créancier doit à la caution, quoique la caution puisse l'opposer de ce qui est dû au débiteur principal ; 1294.

5°. Que la dette opposée en compensation soit due par la personne même à qui elle est opposée. Ainsi le débiteur d'un mineur, assigné en paiement par le tuteur, ne peut opposer la compensation de ce qui lui est dû par ce

---

(1) Les mercuriales sont des registres tenus par les autorités compétentes, et qui constatent le cours des denrées qui se vendent dans les différens marchés.

dernier. De même le débiteur auquel il a été signifié un acte de cession de la créance qui existe contre lui, étant devenu par-là débiteur du cessionnaire seul, ne peut lui opposer la compensation des créances qu'il pourroit avoir acquises contre le cédant, postérieurement à la signification; et même si la cession, au lieu d'avoir été signifiée au débiteur, a été acceptée par lui, sans réserve, il est censé avoir renoncé au droit d'opposer la compensation, même pour les créances antérieures à son acceptation.

1295.

C'est par suite du même principe, que dans le cas de saisie-arrêt, le débiteur ne peut opposer, au préjudice du saisissant, la compensation des créances postérieures à la saisie.

1298.

6°. Que la dette contre laquelle on oppose la compensation, ne soit pas du nombre de celles exceptées par la loi. Sont exceptées :

La demande en restitution d'une chose dont le propriétaire a été injustement dépouillé.

La demande en restitution d'un dépôt ou d'un prêt à usage.

Enfin toute dette ayant pour cause des alimens, ou des objets déclarés insaisissables par la loi ou par le donateur.

1293.
1981.

Lorsque les deux dettes réunissent toutes ces conditions, la compensation s'opère de plein droit, d'où il résulte premièrement: que ces deux dettes s'éteignent réciproquement par la seule force de la loi, et même à l'insu des débiteurs, jusqu'à concurrence de leurs quotités respectives, du moment où elles se trouvent exister à-la-fois ; et en second lieu, que la compensation éteint pareillement tous les accessoires de la dette, tels que cautionnemens, priviléges, hypothèques, etc. Celui donc qui, pouvant opposer la compensation, a omis de le faire, par erreur de droit (1), et a payé, n'a plus, de droit strict, que l'action dite *condictio indebiti* (2), pour se faire rendre ce qu'il a payé ; mais en supposant que d'après les termes de l'article 1299, l'on puisse prétendre, *ex æquitate*, que la première dette n'est pas éteinte, pour ce qui concerne le débiteur, au moins est-il constant qu'il ne peut plus se prévaloir, au préjudice des tiers, des priviléges ou hypothèques qui étoient attachés à la créance primitive.

1290.

1299.

La compensation facultative est celle qui a lieu, lorsque l'une des deux créances seule-

---

(1) On appelle *erreur de droit*, celle qui résulte de l'ignorance des dispositions de la loi. Cette erreur n'excuse pas, parce que personne ne doit ignorer la loi. L'erreur de fait, est celle qui consiste dans l'ignorance d'un fait. Elle excuse ordinairement, parce qu'on peut aisément et probablement ignorer un fait.

(2) *Condictio indebiti* : c'est-à-dire, l'action pour se faire rendre la chose payée qui n'étoit pas due.

ment réunit les qualités requises pour la compensation. Dans ce cas, la partie à qui cette créance est due, peut opposer la compensation; mais elle ne peut lui être opposée. Ainsi le débiteur d'une dette non exigible peut en offrir la compensation avec celle exigible, dont il est créancier; mais s'il refuse de compenser, on ne peut l'y forcer. La compensation est encore facultative, quand les deux dettes ne sont pas payables au même lieu. Dans ce cas, chacun des débiteurs ne peut opposer la compensation, qu'en offrant

1296. de faire raison des frais de remise (1).

La compensation facultative diffère de celle légale, en ce qu'elle n'a pas lieu de plein droit, mais seulement quand la partie qui peut l'opposer, a déclaré qu'elle est dans l'intention de le faire.

Dans tous les cas où la compensation a lieu, elle équivaut au paiement. Si donc la même personne a plusieurs dettes, toutes de nature à être compensées, l'on doit suivre pour la compensation, les règles établies ci-dessus

1297. pour l'imputation.

---

(1) Ainsi, vous me devez mille francs payables à Paris : je vous dois mille francs payables à Lyon. Je puis demander la compensation, en offrant de vous tenir compte de ce qu'il en coûteroit pour faire parvenir cette somme à Lyon.

SECTION V.

De la Confusion.

On appelle, en général, confusion, le concours, dans un même sujet, de deux qualités qui se détruisent. Ainsi, pour ce qui concerne les obligations, le même individu ne pouvant être tout-à-la-fois créancier et débiteur d'une même dette (1), il s'ensuit que, dès que ces deux qualités se réunissent dans la même personne (2), il se fait une confusion de droits, qui éteint les deux créances.

1300.

Il faut cependant observer une différence essentielle entre la confusion et les autres modes de libération, tels que le paiement, la compensation, et autres semblables. Cette différence consiste en ce que le paiement, etc. profite à tous les intéressés, parce qu'il fait que la chose n'est plus due, et que par conséquent il ne reste plus rien de l'obligation, ni principal ni accessoire, au lieu que la confusion fait seulement que la personne dans laquelle les

---

(1) *D'une même dette* : J'ai ajouté ces mots pour distinguer la confusion de la compensation, dans laquelle la même personne est tout-à-la-fois créancière et débitrice, mais pour des dettes différentes.

(2) Par exemple, lorsque le créancier devient héritier pur et simple de son débiteur, *et vice-versâ* : ou lorsque la même personne devient héritière tout-à-la-fois du créancier et du débiteur.

deux qualités de créancier et de débiteur se trouvent concourir, cesse d'être obligée, parce qu'elle ne peut l'être envers elle-même; mais d'ailleurs l'obligation en elle-même n'est éteinte, qu'autant que cette personne se trouve débitrice principale et unique.

Débitrice principale : car il est bien évident que la confusion qui s'opéreroit dans la personne de la caution, éteindroit seulement l'obligation de la caution, mais non pas l'obligation principale (1).

Débitrice unique : car si la dette étoit solidaire, la confusion opérée dans la personne d'un des co-débiteurs ne profiteroit aux autres que pour sa part et portion dans la dette.

1301. Il est possible que le concours des deux qualités de créancier et de débiteur n'ait lieu que pour une partie de la dette. Dans ce cas, la confusion ne s'opère, et la dette n'est éteinte que dans la même proportion (2).

---

(1) Mais l'obligation de la caution seroit éteinte par la confusion opérée dans la personne du débiteur principal. La raison de différence est, comme nous l'avons déjà dit, que le principal peut exister sans l'accessoire, mais non l'accessoire sans le principal.

(2) Si, par exemple, le créancier devient héritier du débiteur pour un quart, il ne confondra la créance que pour un quart, et il pourra exiger les trois autres quarts de ses cohéritiers.

Section VI.

De la Perte de la Chose due.

Nous avons vu que l'obligation de donner contenoit, outre l'obligation de livrer la chose au temps prescrit, celle de la conserver jusqu'à la livraison avec les soins d'un bon père de famille. {1136. 1137.

Lors donc que le débiteur a rempli la dernière de ces obligations, et que, malgré ses précautions, la chose vient à périr ou à se perdre, ou à être mise hors du commerce, il ne peut plus être tenu de la livrer. C'est dans ce sens que la perte de la chose due emporte l'extinction de l'obligation de la livrer. 1302.

D'après les principes établis ci-dessus, chapitre 3, section 5, l'on voit que ce mode de libération ne peut avoir lieu à l'égard des obligations indéterminées: *genus non perit :* il ne s'applique donc qu'aux obligations de corps certain et déterminé ; et encore faut-il que le débiteur prouve que la chose est périe par cas fortuit : autrement elle est présumée périe par son fait ou par sa faute ; et dans ce cas, l'obligation continue d'exister, mais elle change d'objet ; et au lieu de la chose même qui ne peut plus être livrée, le débiteur est tenu d'en payer le prix avec dommages-intérêts, s'il y a lieu. *Ibid.*

Cette disposition s'applique même au cas où la perte de la chose est arrivée par cas fortuit, lorsque le débiteur s'en est chargé par la convention, ou lorsqu'il y a eu faute de sa part, qui a donné lieu au cas fortuit, ou enfin lorsqu'il a été mis en demeure avant l'accident, à moins, dans ce dernier cas, qu'il ne puisse prouver que la chose seroit également périe, si elle eût été livrée au créancier.

Lors même qu'il n'y a ni faute ni demeure de la part du débiteur, l'équité exige que s'il a quelques droits ou actions en indemnité à exercer, relativement à la perte de la chose, il soit tenu d'en faire la cession au créancier.

Les distinctions établies dans la présente section ne peuvent être invoquées par le voleur : de quelque manière que la chose volée ait péri dans ses mains (1), il est tenu d'en restituer le prix.

Section VII.

De l'Action en nullité ou en rescision des Conventions.

Dans l'ancien droit, la distinction entre la nullité et la rescision étoit importante à établir, parce que, quand la convention étoit nulle, il suffisoit d'en demander ou d'en opposer la nul-

---

(1) Même par cas fortuit, et cela, *odio furum*.

lité pour la faire prononcer (1); au lieu que, si elle n'étoit que rescindable (2), il falloit prendre des lettres de rescision (3), que le juge entérinoit, s'il y avoit lieu.

La formalité de ces lettres n'existant plus dans le droit actuel, cette distinction n'est plus nécessaire ; et il faut également s'adresser aux tribunaux pour faire prononcer la nullité ou la rescision de l'obligation. Aussi voyons-nous que le Code se sert indifféremment de ces deux expressions (4).

1117.

Quoi qu'il en soit, une convention peut être nulle, ou dans l'intérêt public, ou dans l'intérêt privé seulement.

Une convention est nulle dans l'intérêt public, quand la nullité est fondée sur des motifs qui ont un rapport direct avec l'ordre public ou les bonnes mœurs. Telle seroit une obliga-

---

(1) Telles étoient les conventions contre les bonnes mœurs, celles usuraires, celles passées par les femmes mariées non autorisées, etc.

(2) Comme dans le cas de minorité, dol, violence, ou lésion.

(3) Qui se délivroient dans les chancelleries établies près les Cours souveraines sans connoissance de cause ; c'étoit aux juges à qui elles étoient adressées, à examiner si la cause de rescision étoit juste, et, dans le cas de l'affirmative, à les entériner, c'est-à-dire, à en ordonner l'exécution.

(4) Cependant le mot de *nullité* s'applique plus particulièrement aux conventions nulles dans l'intérêt public, et celui de rescision, à celles qui sont nulles dans l'intérêt des parties seulement.

tion pour cause illicite, celle sur une succession future, celle qui dérogeroit aux dispositions relatives à la puissance paternelle ou à la puissance maritale, etc.

Une convention est nulle dans l'intérêt privé, quand les motifs de nullité sont fondés principalement (1) sur l'intérêt des contractans, comme dans les cas d'erreur, violence, dol, minorité, etc., ou même aussi sur l'intérêt des tiers qui n'ont pas été parties dans l'acte; telles sont les nullités des donations, etc.

Ces deux espèces de nullité diffèrent, 1°. en ce que les premières (celles d'ordre public) sont absolues, et qu'elles entachent l'obligation d'un vice radical, tellement que la nullité peut en être demandée par tous ceux qui ont intérêt, et même, le cas échéant, par le ministère public : les autres, au contraire, sont relatives, c'est-à-dire qu'elles ne peuvent être invoquées que par ceux dans l'intérêt desquels elles sont établies.

2°. Par suite du même principe, les premières ne peuvent être couvertes (2) ni par le laps de temps, ni par aucune ratification;

---

(1) Je dis *principalement*, parce que ces motifs ont aussi des rapports, mais seulement indirects, avec l'ordre public.

(2) On dit qu'une nullité est *couverte*, quand elle ne peut plus être demandée ni opposée.

tandis que les secondes peuvent se couvrir de l'une de ces deux manières, ainsi que nous l'allons voir dans la suite de la présente section.

Les nullités de la première espèce étant en général traitées sous les titres qui les concernent, nous n'avons à nous occuper ici que de celles de la seconde. Nous verrons d'abord 1°. quelles sont les diverses causes de nullité ; 2°. dans quel délai elles doivent être alléguées ; 3°. comment peut s'opérer la ratification d'une obligation nulle ou rescindable.

§. Ier.

Des diverses causes de Nullité.

Les causes de nullité de la seconde espèce peuvent se réduire à huit :

Erreur ;
Violence ;
Dol ;
Lésion ;
Défaut d'autorisation maritale ;
Minorité ;
Interdiction ;
Défaut de formalités requises pour la validité de l'acte.

Nous avons traité, au commencement de ce

titre, des quatre premières causes. Quant au défaut de formalités, nous avons vu et nous verrons par la suite, sous chaque titre, dans quels cas il entraîne la nullité de l'obligation. Il reste donc seulement à exposer dans ce paragraphe les principes relatifs aux obligations contractées par les mineurs, les interdits, ou par les femmes mariées non autorisées.

L'incapacité du mineur et de l'interdit étant établie uniquement dans leur intérêt, elle ne peut être opposée que par eux seuls ou leurs héritiers. En conséquence la partie capable qui a traité avec le mineur ou l'interdit, non-seule-

1125. ment ne peut argumenter de l'incapacité de ce dernier; mais encore elle ne peut, dans le cas où la nullité est demandée par le mineur ou l'interdit, réclamer le remboursement de ce qu'elle a payé, en vertu de l'engagement, pendant la minorité ou l'interdiction, à moins qu'elle ne prouve que ce qui a été payé a

1312. tourné au profit de celui qui demande la rescision. Les mêmes dispositions ont lieu à l'égard de la femme mariée qui a contracté sans être autorisée, sauf que la rescision peut être demandée non-seulement par elle, mais en-

225. core par son mari, et par leurs héritiers respectifs.

Il y a néanmoins cette différence entre l'incapacité de l'interdit et celle du mineur, que la première étant fondée sur l'impossibilité dans laquelle est l'interdit d'émettre un consentement valable, toute obligation contractée par lui peut être annullée, par cela seul qu'elle est postérieure à son interdiction (1); au lieu que l'incapacité du mineur n'étant fondée que sur la foiblesse présumée de son jugement, il ne peut attaquer les actes desquels résulte la présomption contraire, c'est-à-dire ceux qui ne lui étoient pas préjudiciables au moment où ils ont été passés, quand même, par l'effet d'un événement casuel et imprévu, ils lui seroient devenus désavantageux par la suite (2). En un mot, l'interdit est restitué comme interdit, au lieu que le mineur n'est pas relevé simplement comme mineur : il n'y a que la lésion résultant du contrat, qui puisse donner lieu à la rescision en sa faveur. Mais aussi, quelque modique que soit cette lésion, elle peut être invoquée par lui contre toutes sortes d'actes, ou contre

502.

1306.

___

(1) Je crois qu'on en doit dire autant de celui à qui il a été donné un conseil, pour les actes qu'il ne peut faire sans l'assistance de ce conseil. Mais l'interdit et celui à qui il a été donné un conseil, sont tous deux non recevables, *si et quatenùs locupletiores facti sunt.*

(2) Par exemple : Un mineur a acheté une maison : le marché étoit avantageux ; depuis, cette maison a été consumée par un incendie : il ne pourra faire rescinder le contrat de vente.

ceux qui excèdent les bornes de sa capacité, s'il est émancipé.

Quant à la femme mariée, il suffit du défaut d'autorisation pour que la rescision demandée doive être prononcée.

Le mineur étant, à un certain âge, capable de délinquer, ne peut être restitué contre les obligations résultantes de son délit ou de son quasi délit (1) (2). Il en est de même en cas de dol de sa part. Cependant la simple déclaration (3) de majorité faite par lui, ne seroit pas regardée comme un dol suffisant pour empêcher la restitution.

Nous avons vu au Titre *de la Minorité*, que le mineur commerçant, banquier ou artisan, n'est point restituable contre les engagemens qu'il a pris, à raison de son commerce ou de son art, lorsque d'ailleurs les formalités requises par l'article 2 du Code de Commerce

---

(1) Le délit et le quasi délit sont en général des faits illicites qui nuisent à autrui. Mais il y a cette différence, que le délit est commis avec intention de nuire ; et le quasi délit résulte d'une imprudence, à la vérité inexcusable, mais sans intention criminelle.

(2) Pour la femme mariée, voyez le titre *du Contrat de Mariage*.

(3) *La simple déclaration:* Il faut qu'il n'y ait qu'une simple déclaration ; si elle étoit accompagnée de circonstances telles, que l'on dût présumer que l'autre partie a pu être induite en erreur, ce seroit un dol qui empêcheroit la restitution.

ont été remplies. Il ne l'est pas davantage contre les conventions portées en son contrat de mariage, lorsqu'elles ont été faites avec le consentement et l'assistance de ceux dont le consentement suffit pour la validité du mariage. 1309.

§. II.

Du Délai pour intenter l'Action en nullité ou en rescision.

En général, le délai fixé pour intenter l'action en nullité ou en rescision, est de dix ans, à moins que des motifs d'intérêt public n'aient déterminé le législateur à fixer un délai plus court (1).

Les dix années doivent être utiles, c'est-à-dire qu'elles ne courent que du jour où celui dans l'intérêt duquel est établie la nullité, a été en état d'agir. Si donc la nullité est demandée pour cause de violence, le temps ne court que du jour où la violence a cessé ;

Si c'est pour cause d'erreur ou de dol, du jour où ils ont été découverts ;

Si c'est pour défaut d'autorisation maritale, du jour de la dissolution du mariage ;

---

(1) Ainsi qu'on peut le voir aux titres *du Mariage* et *de la Vente.*

Si c'est pour cause de minorité, du jour de la majorité ;

Enfin s'il s'agit d'actes passés par un interdit, ou par celui à qui il a été donné un conseil judiciaire, du jour de la main-levée de l'interdiction ou de la révocation du conseil.

1304.

§. III.

De la Ratification des Actes sujets à la nullité ou à la rescision.

Les nullités dont il s'agit ici étant toutes, comme nous l'avons dit, établies dans l'intérêt des individus, il est évident qu'elles ne peuvent plus être invoquées par ceux qui ont ratifié l'acte sujet à nullité ou à rescision (1), quand même la nullité résulteroit d'un défaut de formalité.

1311.

La ratification peut être expresse ou tacite.

La ratification expresse est celle qui résulte d'un acte énonçant formellement l'intention de ratifier. Pour qu'elle soit valable, il faut que l'acte qui la contient, renferme en outre la substance de l'obligation, et la mention du motif pour lequel la nullité ou la rescision pouvoit être demandée.

1338.

---

(1) Il faut excepter cependant les nullités des donations, qui, quoiqu'établies dans l'intérêt privé, peuvent cependant être invoquées par le donateur qui a ratifié. (Art. 1339.)

Tit. V. *Des Contrats ou des Obligat.* 323

La ratification tacite est celle qui résulte ou de l'exécution volontaire de l'obligation, ou du silence gardé pendant le temps accordé par la loi pour demander la restitution. 1115.

La ratification expresse et celle tacite ont cela de commun : 1°. qu'elles ne peuvent avoir lieu qu'après que la cause de l'incapacité a cessé; 1338.

2°. Qu'elles doivent émaner de celui dans l'intérêt duquel la nullité est établie. C'est ainsi que, comme nous l'avons vu au titre *des Donations* (1), la ratification expresse ou tacite des héritiers ou ayans-cause du donateur, après le décès de ce dernier, couvre toute espèce de nullité des donations, tandis que celle faite par le donateur lui-même n'a aucun effet; {1339. 1340.

3°. Enfin, qu'elles ne peuvent préjudicier aux droits des tiers. 1333.

CHAPITRE VI.

De la Preuve de l'existence et de l'extinction des Obligations.

C'est à celui qui réclame l'exécution d'une obligation, à prouver qu'elle existe (2). Mais

---

(1) Chapitre II, au commencement.
(2) *Onus probandi incumbit actori.*

aussi, l'existence de l'obligation une fois démontrée, si le défendeur soutient qu'elle est éteinte, c'est à lui à le prouver. Il est donc nécessaire, en terminant ce traité *des Obligations*, de faire connoître comment l'on peut prouver leur existence ou leur extinction.

Cette preuve peut se faire de cinq manières :

Par écrit ;

Par témoins ;

Par présomption ;

Par l'aveu de la partie ;

Et par le serment.

Nous allons traiter séparément de ces différens genres de preuve.

SECTION PREMIÈRE.

De la Preuve par écrit.

La preuve par écrit est celle qui résulte de titres. On entend, en général, par titre, tout écrit qui tend à prouver un fait quelconque.

Les titres sont authentiques, sous seing-privé, ou sans signature ;

Originaux ou copies ;

Primordiaux ou recognitifs.

§. Ier.

Du Titre authentique.

Le titre authentique est celui qui a été reçu

avec les solemnités requises par un officier public ayant le droit d'instrumenter dans le lieu (1) où l'acte a été rédigé.

Si l'officier public est incapable ou incompétent (2), ou si les solemnités requises n'ont pas été observées (3), l'acte vaut comme écriture privée, s'il est signé des parties : sinon il est entièrement nul, sauf, dans les deux cas, s'il y a lieu, les dommages-intérêts contre l'officier public (4).

Le principal effet de l'authenticité de l'acte, est qu'il fait pleine foi par lui-même, tant qu'il n'est pas attaqué par la voie de l'inscription de faux ; et les tribunaux sont tenus en conséquence d'en ordonner l'exécution provisoire sans caution.

S'il y a inscription de faux, il faut distinguer : si c'est en faux principal (5), l'exécution est suspendue par la mise en accusation ;

1317.

1318.

Pr. 135.

―――――――――

(1) Voyez la loi du 25 ventose an 11 (*Bulletin*, n°. 2440), et un Avis du Conseil-d'état approuvé le 7 fructidor an 12. (*Bulletin*, n°. 197.)

(2) Le notaire est incompétent quand il instrumente hors du ressort qui lui est attribué.

(3) Voyez, à ce sujet, les articles 8 et suivans de la loi susdite.

(4) Même loi, art. 68.

(5) Le faux principal est une poursuite criminelle qui s'intente contre la personne prévenue d'avoir falsifié l'acte, à l'effet de la faire punir comme faussaire, et par suite de faire rejeter de la procédure la pièce falsifiée.

si c'est en faux incident (1), les juges peuvent, suivant les circonstances, suspendre ou non l'exécution de l'acte.

1519.

L'acte authentique fait foi, non-seulement entre les parties contractantes, leurs héritiers ou ayans-cause, mais encore à l'égard des tiers, sauf les distinctions suivantes :

D'abord, si c'est une contre-lettre (2), il n'a aucun effet à l'égard des tiers.

1521.

En second lieu, les actes authentiques font foi entre les contractans, non-seulement de la convention qui y est portée, mais encore de ce qui n'y est exprimé qu'en termes énonciatifs, pourvu que l'énonciation ait un rapport direct à la disposition (3) ; mais à l'égard des tiers, ces actes ne font foi que de l'existence

1520.

---

(1) L'inscription en faux incident est celle qui s'intente incidemment à une affaire civile, à l'effet de faire déclarer fausse une pièce de laquelle la partie adverse a déclaré vouloir tirer avantage, de ce interpellée. Le faux incident se poursuit devant les tribunaux civils, attendu qu'il n'a pour but que de faire le procès à la pièce, et point à la personne. Et comme dans une procédure civile il n'y a point de mise en accusation, c'est pour cela qu'on n'a pu fixer précisément le point où l'exécution de l'acte seroit suspendue. Pour la procédure à suivre sur le faux incident civil, voyez le Code de Procédure, art. 214 à 251.

(2) La contre-lettre est un acte destiné à rester secret, et par lequel on déroge à un autre acte public et ostensible.

(3) Quant aux énonciations étrangères à la disposition, elles peuvent tout au plus servir, dans certains cas, de commencement de preuve par écrit.

de la convention seule, et ne prouvent rien de ce qui y est simplement énoncé.

§. II.

Des Actes sous seing-privé.

L'acte sous seing-privé est celui qui est revêtu seulement de la signature des parties, ou au moins de celle qui s'oblige.

Il existe entre cet acte et l'acte authentique trois différences essentielles quant à la preuve qui en résulte.

La première, c'est que l'acte authentique, comme nous l'avons dit, fait pleine foi par lui-même, jusqu'à l'inscription de faux; et dans ce cas même, c'est à celui qui le prétend faux, à le prouver : l'acte sous seing-privé, au contraire, ne fait foi qu'autant qu'il a été reconnu, expressément ou tacitement (1), par ceux qui ont intérêt de ne pas le reconnoître, tellement que la simple dénégation du défendeur peut en arrêter l'exécution; et c'est alors au demandeur à en prouver la vérité. En un mot, l'acte authentique, même attaqué, est présumé vrai, tant que le faux n'est pas prouvé;

---

(1) *Ou tacitement :* Lorsque, par exemple, celui qui est poursuivi en paiement d'un billet, demande terme et délai pour payer, il est censé reconnoître la vérité du billet.

au lieu que l'acte sous seing-privé, lorsqu'il y a dénégation, est présumé faux jusqu'à preuve contraire.

1323. Celui donc à qui l'on oppose un acte privé paroissant revêtu de sa signature, peut se contenter de la désavouer (1); et si le deman-
1324. deur insiste, la vérification est ordonnée, et poursuivie à la requête dudit demandeur (2). Il en est de même, à plus forte raison, à l'égard des héritiers ou ayans-cause de celui de qui l'acte paroît émané. Ils ne sont pas même obligés de désavouer formellement; mais ils peuvent se contenter de déclarer qu'ils ne connoissent point l'écriture ou la signature de
1323. leur auteur, et alors la vérification est ordonnée comme ci-dessus.

Mais après la reconnoissance expresse ou tacite, volontaire ou forcée, l'acte sous seing-privé fait, entre les signataires, leurs héritiers
1322. ou ayans-cause, la même foi que l'acte authentique; et l'exécution provisoire en doit être
Pr. 135. également ordonnée sans caution.

Nous disons *entre les signataires*, etc., parce qu'à l'égard des tiers, les actes sous seing-privé ne sont censés exister que du jour où ils

---

(1) Il n'a pas besoin de s'inscrire en faux.
(2) Voyez, à ce sujet, les articles 193 à 213 du Code de Procédure.

Tit. V. *Des Contrats ou des Obligat.* 329
ont acquis une date certaine (1), soit par l'enregistrement, soit par la mort d'un des signataires, soit enfin lorsque leur substance est constatée dans des actes authentiques, tels que procès-verbaux de scellé, d'inventaire, actes de dépôt ou autres.

1328.

La seconde différence entre l'acte authentique et celui sous seing-privé, consiste en ce que le premier tirant sa force du caractère de l'officier public qui l'a reçu, est valable, quand même les parties ne l'auroient pas signé, pourvu qu'il y soit fait mention de la déclaration faite par elles qu'elles ne savent ou ne peuvent signer (2). L'acte sous seing-privé, au contraire, n'ayant d'autre force que celle résultant de la signature des parties, doit généralement (3) être signé, au moins par celle qui s'engage. Et même, si l'obligation est de payer une somme d'argent ou une chose appréciable, il faut en outre que l'acte soit écrit en entier de la main de celui qui doit le souscrire, ou, du moins, il faut qu'outre sa signature il écrive

―――――――――――――――――――――

(1) Cette disposition est fondée sur ce qu'il seroit très-facile d'antidater un acte sous seing-privé, et par-là de préjudicier aux tiers.

(2) Même loi du 25 ventose an 11, art. 14.

(3) *Généralement :* Nous verrons, en effet, dans le paragraphe suivant, qu'il y a quelques cas dans lesquels les écrits non signés peuvent faire foi.

de sa main un *bon* ou *approuvé*, portant *en toutes lettres* la somme ou la quantité de la
1326. chose ; et s'il arrivoit que la quantité ou la somme exprimée au corps de l'acte fût différente de celle portée dans le *bon* ou l'*approuvé*, l'obligation seroit, à moins de preuve contraire, présumée de la somme ou quantité moindre, et cela quand même l'acte et le *bon* seroient tous deux écrits en entier de la
1327. main de l'obligé. Ces dispositions ne sont point applicables aux marchands (1), artisans, laboureurs, vignerons, gens de journée et de service, dont la signature suffit pour la vali-
1326. dité de l'acte (2).

Enfin la troisième différence entre l'acte authentique et celui sous seing-privé, consiste en ce que le premier, quoique fait en un seul original, fait foi entre toutes les parties et dans tous les cas; au lieu que les actes privés, lorsqu'ils contiennent des conventions synallagmatiques parfaites, ne sont valables que s'ils ont été faits en autant d'originaux qu'il y a de parties ayant un intérêt distinct. Chaque original doit contenir en outre la

---

(1) En détail ; ceux en gros se nomment plutôt *négocians*.

(2) Cette disposition est fondée sur ce qu'il y a un grand nombre de ces personnes qui ne savent que signer leur nom, et que ce seroit entraver le commerce, que d'exiger d'eux l'*approuvé* en toutes lettres.

mention du nombre de ceux qui ont été faits, sans néanmoins que le défaut de cette mention puisse être opposé par celui qui a exécuté pour sa part la convention portée dans l'acte. 1525.

§. III.

Des Ecrits non signés.

On distingue trois espèces d'écrits non signés, mais qui cependant sont susceptibles d'être pris en considération, et qui même font foi dans quelques circonstances : ce sont les livres des marchands, les registres et papiers domestiques, et les écrits apposés à la suite, en marge, ou au dos d'un acte authentique ou sous seing-privé.

Il est bien de principe en général qu'on ne peut se faire de titre à soi-même. On a admis néanmoins en faveur du commerce, une exception à l'égard des livres des marchands. En effet, quoique ces livres ne fassent point preuve par eux-mêmes contre les personnes non marchandes (1), ils peuvent cependant, d'après les circonstances, déterminer le juge à déférer

---

(1) *Non marchandes* : Les livres tenus conformément aux art. 8, 9, 10 et 11 du Code de Commerce, peuvent être admis par le juge pour faire preuve entre commerçans, pour fait de commerce. (*Ibid.* art. 12.)

1329. le serment à l'une ou l'autre des parties (1); mais si ces livres ne prouvent point par eux-mêmes en faveur du marchand, ils prouvent contre lui ; mais il faut alors les prendre tels qu'ils sont, sans pouvoir diviser leur contenu.

1330. Quant aux registres et papiers domestiques, ils ne peuvent jamais former un titre pour celui qui les a écrits ; mais ils font foi contre lui dans deux cas :

1°. S'ils énoncent formellement un paiement reçu ;

2°. S'ils énoncent une obligation de la part de celui qui les a écrits, pourvu, dans ce dernier cas, qu'ils contiennent la mention expresse que la note a été faite pour suppléer le défaut de titre en faveur du créancier.

1331. Pour ce qui concerne les écrits particuliers apposés à la suite, au dos, ou en marge d'un titre quelconque, ou ils tendent à la libération, ou à une nouvelle obligation. Dans le premier cas, il faut distinguer : si le titre est toujours resté en la possession du créancier, l'écrit est valable, quand même il ne seroit signé ni daté par lui. Mais si le titre est de nature à être double, et que l'écrit soit à la suite du

---

(1) Voyez l'article 1367.

Tit. V. *Des Contrats ou des Obligat.* 333

double appartenant au débiteur, ou s'il est à la suite d'une quittance, il n'est valable qu'autant que le double ou la quittance se trouvent actuellement dans la possession du débiteur lui-même (1). 1332.

Si l'écrit tend à une nouvelle obligation, le Code n'a rien déterminé à cet égard. L'on pourroit décider, conformément à l'avis de Pothier qui a suivi en cela l'opinion de Boiceau, que quand ces écritures sont de la main du débiteur, et qu'elles expriment une relation avec l'acte signé, à la suite duquel elles se trouvent, elles font foi contre lui (2).

On peut assimiler aux actes non signés ce que l'on appelle *taille*. La taille est composée de deux parties d'un même morceau de bois; l'un qui conserve le nom de *taille*, est en la possession du fournisseur, et l'autre, qui se nomme *échantillon*, reste chez le consomma-

---

(1) Autrement, si le titre qui devoit être dans les mains du débiteur, se trouve dans celles du créancier, on peut présumer que le débiteur le lui a remis pour y écrire la quittance d'un à-compte qu'il devoit lui donner; et que le créancier ayant écrit la quittance, mais n'ayant pas reçu l'à-compte, n'a pas voulu remettre le titre.

(2) Si, par exemple, à la suite d'un billet de 300 francs, le débiteur avoit écrit *plus, je reconnois devoir 50 francs*. Pothier pense que l'écriture pourroit faire foi également dans ce cas contre le débiteur, quand même elle ne seroit pas de sa main, si l'acte au bas duquel elle se trouve, étoit toujours resté en sa possession, comme seroit un des doubles exigés par l'art. 1325.

teur. Lors des fournitures, on réunit ces deux parties, l'on y fait une marque commune ; et si, lors du compte, les marques sont corrélatives, elles font foi des fournitures faites entre les personnes qui sont dans l'usage d'employer ce genre de preuves (1).

§. IV.

Des Titres originaux et des Copies.

1333. On appelle titre original celui qui est signé par les parties elles-mêmes, ou qui a été reçu par l'officier public compétent, en leur présence, et de leur consentement, et qui contient leur déclaration de ne pouvoir ou ne savoir signer (2). On entend en général (3) par copie (4) d'un acte, celle qui est tirée sur l'original. Tant que ce dernier existe, la copie ne fait aucune foi par elle-même, et l'on peut toujours demander la représentation de l'original.

1334. Mais lorsque l'original n'existe plus, il faut

---

(1) Tels sont à Paris les boulangers.
(2) Quand l'acte est notarié, l'original s'appelle *minute*.
(3) *En général* : Nous allons voir qu'il peut être tiré des copies ailleurs que sur l'original.
(4) Les copies des actes notariés se nomment *expéditions* ; la première expédition se nomme *grosse*, quand elle est en forme exécutoire, c'est-à-dire, quand elle est revêtue de la formule prescrite par l'art. 141 de l'acte des Constitutions du 28 floréal an 12.

bien alors recourir aux copies ; et le degré de preuve qui en résulte, se règle d'après les distinctions suivantes :

Premièrement, si la copie présentée est une grosse ou première expédition, elle fait la même foi que l'original. Quant aux secondes grosses, il faut distinguer : d'abord, il est défendu à tout notaire, à peine de destitution, de délivrer, de son autorité privée, une seconde grosse à la même partie (1). Celui donc qui veut obtenir la délivrance d'une seconde grosse, présente requête à cet effet au président du tribunal, qui rend une ordonnance, en vertu de laquelle il est fait sommation au notaire, dépositaire de la minute, de délivrer la grosse demandée, à jour et heure indiqués, et aux parties intéressées d'être présentes à ladite délivrance. Cette ordonnance est jointe à la minute de l'acte (2), et mention en est faite au bas de la seconde grosse, ainsi que de la somme pour laquelle on peut exécuter, si la créance est en partie acquittée ou cédée. S'il y a contestation, il y est pourvu sur référé. Lorsque toutes ces formalités ont été observées, la seconde grosse fait la même foi que l'original, à son défaut. Il en est de

---

(1) Loi déjà citée, du 25 ventose an 11, art. 26.
(2) Même loi du 25 ventose an 11, même art. 26.

même des copies tirées sans l'autorité du magistrat, mais en présence des parties et de leur consentement réciproque.

Secondement, les copies tirées depuis la délivrance des premières grosses, sans l'autorité du magistrat et sans le consentement des parties, peuvent, en cas de perte de l'original, faire foi, quand elles sont anciennes, c'est-à-dire, quand elles sont tirées depuis plus de trente ans (1), pourvu toutefois qu'elles aient été expédiées sur la minute même de l'acte, par le notaire qui l'a reçu, ou par un de ses successeurs, ou par un officier public, dépositaire légal des minutes. Si elles ont moins de trente ans, elles ne peuvent servir que de commencement de preuve par écrit. Il en est de même, quelle que soit leur ancienneté, si elles ont été expédiées, même sur la minute, mais par tout autre que l'un des officiers mentionnés ci-dessus.

Troisièmement, les copies de copies (2) peuvent, suivant les circonstances, être considérées comme simples renseignemens.

Quatrièmement, enfin, la transcription d'un

---

(1) On ne peut pas alors supposer qu'elles ont été faites pour la cause.

(2) Mais si la copie dont la copie est représentée, étoit elle-même une première grosse ou expédition, sa copie seroit regardée comme copie de l'original. (*Procéd.* art. 844.)

acte sur les registres publics (1), ne peut jamais servir que de commencement de preuve par écrit (2), et encore avec le concours simultané des trois circonstances suivantes :

1°. S'il s'agit d'un acte notarié ;

2°. S'il existe un répertoire en règle du notaire, constatant que l'acte a été fait à la date relatée sur le registre ;

3°. S'il est prouvé que toutes les minutes de l'année dans laquelle l'acte paroît avoir été fait, sont perdues, ou au moins que celle de l'acte dont il s'agit, a été perdue par un accident particulier.

Dans tous les cas, s'il existe encore des témoins signataires de l'acte, ils doivent être entendus dans l'enquête. 1336.

§. V.

Des Titres primordiaux et recognitifs.

Le titre primordial est, comme le mot le fait entendre, le premier qui ait été passé entre les parties.

Le titre recognitif est celui qui a été passé depuis par le débiteur, ses héritiers, ou ayans-

---

(1) Tels que ceux des receveurs du droit d'enregistrement.
(2) Qui doit être complétée par la preuve testimoniale.

cause, pour reconnoître ou confirmer l'obligation contenue dans le titre primordial.

On distingue deux espèces de titres recognitifs : celui dans lequel la teneur de l'acte primordial est spécialement relatée ; et celui qui ne rapporte que la substance de l'obligation.

Le titre recognitif de la première espèce dispense le créancier de la représentation du titre primordial.

Il n'en est pas de même de ceux de la seconde, qui ne sont présumés faits que pour interrompre la prescription (1), et confirmer le titre primordial. Mais comme ils ne peuvent le confirmer qu'autant qu'il est vrai, ils n'en prouvent point l'existence, et ne dispensent point le créancier de le rapporter. Si cependant il y en avoit plusieurs conformes passés successivement, dont l'un eût trente ans de date, et qu'ils fussent soutenus de la possession, le créancier pourroit (2) être dispensé de représenter le titre primordial. Mais ces distinctions n'ont lieu que dans le cas où le titre primordial n'existe réellement plus. S'il

_____

(1) Aux termes de l'art. 2263, après 28 ans de la date du dernier titre, le débiteur d'une rente peut être contraint de fournir, à ses frais, un titre nouvel à son créancier. Nous verrons, au titre *de la Prescription*, le motif de cette disposition.

(2) *Pourroit* : Cela est facultatif ; la dispense n'est pas de droit.

existe et qu'il soit représenté, ce que le titre recognitif, quel qu'il soit, de la première ou de la seconde espèce, contient de plus ou de différent, est entièrement nul.

1337.

Section II.

De la Preuve testimoniale.

La preuve testimoniale est celle qui résulte de la déclaration des témoins (1).

La malheureuse facilité avec laquelle on pourroit se procurer criminellement ce genre de preuve, a déterminé depuis long-temps les législateurs modernes à ne l'admettre qu'avec la plus grande précaution. En conséquence, les principes généraux sur cette matière sont :

1°. Qu'il doit être passé acte, devant notaires ou sous signature privée, pour toutes choses excédant la valeur de 150 fr. La preuve par témoins ne peut donc, en général, être admise au-delà de cette somme ;

1341.

Et 2°., que, s'il existe un acte, la preuve testimoniale ne peut également être admise contre et outre le contenu audit acte, ni sur ce qui seroit allégué avoir été dit avant, lors ou

---

(1) Pour la manière dont on doit procéder à la preuve testimoniale, quand elle est admise, voyez le Code de Procéd. art. 252 à 294.

depuis, quand même il s'agiroit d'une somme ou valeur moindre de 150 fr.

La fixation à 150 fr. ayant été déterminée, afin que le demandeur ne puisse pas trouver dans le résultat de la preuve un profit suffisant pour se procurer des témoins subornés, il s'ensuit que la preuve testimoniale doit être rejetée, toutes les fois que la somme demandée excède cette fixation, de quelques élémens que cette somme soit composée. En conséquence, la règle ci-dessus s'applique à la demande d'un capital moindre, si, au moyen des intérêts échus au moment de la demande, le tout excède 150 fr.

Elle s'applique également au cas où une partie fait, dans la même instance, et contre la même personne, plusieurs demandes excédant la somme fixée, quand même elle allégueroit que ces créances proviennent de différentes causes, et se sont formées en différens temps; et, pour prévenir tout subterfuge à cet égard, on exige que ceux qui ont à intenter, à quelque titre que ce soit, contre la même personne, plusieurs demandes dont aucune n'est justifiée par écrit, les forment toutes par un même exploit; après lequel, toutes les autres demandes qui seroient dans le même cas, ne seront point reçues. Si cependant ces dettes n'ont pas été contractées envers le demandeur lui-même, mais qu'elles lui proviennent du chef de différentes personnes, par succession, donation ou autrement, chacune d'elles pourroit être constatée par le genre de preuve dont elle seroit susceptible. 1345.

De ce que la loi exige impérieusement qu'il soit passé acte pour toutes choses excédant 150 fr., il résulte :

Premièrement, que l'on ne peut admettre la preuve par témoins d'une obligation qui auroit excédé cette somme dans le principe, quand même la demande se trouveroit être d'une somme moindre ; ce qui peut arriver dans deux cas : lorsque la somme demandée est déclarée être le solde ou faire partie d'une créance excédant 150 fr., et non prouvée par écrit ; ou 1344. lorsque la partie restreint elle-même à 150 fr. une demande excédante qu'elle avoit primitivement formée ; 1343.

Et secondement, que le créancier peut être admis à la preuve testimoniale, lorsqu'il a été fait un acte dans le principe, mais que cet acte se trouve perdu par suite d'un cas fortuit et imprévu. 1348.

Les principes que nous venons d'établir admettent cependant plusieurs exceptions. Ainsi, la preuve testimoniale peut être admise :

1°. En matières de commerce ; *Com.*109.

2°. Lorsqu'il existe un commencement de preuve par écrit, c'est-à-dire, un acte émané du défendeur, et qui, sans prouver totalement la demande, la rend cependant vraisemblable (1);

1347.

3°. Enfin, lorsqu'il n'a pas été possible au créancier de se procurer une preuve écrite : cette dernière exception s'applique aux faits de dol ou de violence, aux obligations provenant de quasi contrats, de délits ou de quasi délits, ainsi qu'à celles contractées en cas d'accidens imprévus, tels que les dépôts nécessaires (2) et autres semblables, le tout suivant la qualité des personnes et les circonstances du fait (3).

1348.

Section III.

Des Présomptions.

Les présomptions sont des conséquences que la loi ou le magistrat tire d'un fait connu à un fait inconnu (4).

1349.

---

(1) Voir des exemples dans Pothier, n°*. 767, 768, 770, 771.

(2) Les dépôts nécessaires sont ceux qui sont faits en cas d'incendie, ruine, tumulte ou naufrage, ainsi que ceux des effets apportés par le voyageur dans l'hôtellerie où il loge.

(3) C'est-à-dire, que l'on n'admettra, même dans ce cas, la preuve testimoniale, qu'avec connoissance de cause.

(4) Ainsi, lorsqu'il s'agit de la légitimité des enfans, le fait connu est le mariage de la mère ; le fait inconnu, c'est la pa-

Tit. V. *Des Contrats ou des Obligat.*

La loi ou le magistrat : de-là deux espèces de présomptions : celles qui sont établies par la loi, et celles qui sont abandonnées à la prudence du juge.

§. Ier.

Des Présomptions légales.

L'on distingue deux sortes de présomptions légales : les unes dites *juris*, et les autres *juris et de jure*. Elles ont cela de commun, qu'elles dispensent de toute autre preuve celui qui peut les alléguer en sa faveur ; mais elles diffèrent, en ce que celles dites *juris et de jure* excluent toute preuve contraire. Telle est celle résultant de la chose jugée (1). Mais il faut observer que l'autorité de la chose jugée n'a lieu qu'à l'égard de ce qui a fait l'objet du jugement. Il faut donc que la chose demandée

1352.

---

ternité ; et de ce que la mère est mariée, et de ce qu'on ne doit pas présumer le crime, on en conclut que le mari est le père de l'enfant.

(1) Les jugemens passés en force de chose jugée sont ceux contre lesquels il ne reste aucun moyen ordinaire de se pourvoir ; tels sont :

Ceux auxquels on a acquiescé ;

Ceux de première instance dont l'appel n'est plus recevable, ou dont l'appel est périmé (*Procéd.* 469) ;

Ceux d'appel contradictoires ;

Enfin, ceux d'appel par défaut, auxquels l'opposition n'est plus recevable. (Voyez le Code de Procédure, art. 157, 158, 159, et 443.)

soit la même; que la demande soit formée sur la même cause (1); qu'elle ait lieu entre les mêmes parties (2); et qu'elle soit formée par elles et contre elles en la même qualité (3).

1351.

Le serment décisoire est encore une présomption *juris et de jure*, comme nous le verrons dans la section V, ci-après. Il en est de même, en général, de toute disposition de la loi, lorsqu'elle annulle certains actes (4), ou qu'elle dénie l'action (5), ou qu'elle fait résulter la propriété (6) ou la libération (7) de

---

(1) Ainsi, je vous ai demandé 1200 fr. pour argent prêté; j'ai perdu mon procès : je puis vous demander la même somme, comme ayant été touchée par vous par suite de la gestion de mes affaires.

(2) J'ai été assigné en revendication d'une maison par Pierre; j'ai été renvoyé de la demande : je puis être assigné par Paul en revendication de la même maison. De ce que Pierre n'étoit pas propriétaire, il ne s'ensuit pas que Paul ne le soit pas.

(3) J'ai poursuivi Paul en mon nom pour une somme de 1200 francs, et j'ai perdu : je puis l'assigner pour la même somme, et pour la même cause, du chef de Pierre dont je suis l'héritier.

(4) Comme frauduleux, même sans que l'on puisse prouver qu'ils ne le sont pas. Telles sont les donations faites sous le nom des personnes que la loi répute interposées. (Voyez l'art. 911.)

(5) Comme dans le cas de gageure, de dettes de jeu, qui ne produisent point d'action, quand même la dette seroit constante.

(6) Comme dans la prescription.

(7) Voyez l'art. 1282.

certaines circonstances déterminées, le tout sans réserver la preuve contraire. 1352.

La présomption dite *juris*, dispense bien de toute autre preuve, mais n'exclut pas la preuve contraire. Telles sont celles résultant des marques de non mitoyenneté, de la remise de la grosse, etc. 654. 1283.

§. II.

Des Présomptions qui ne sont pas établies par la loi.

Les présomptions, autres que celles établies par la loi, sont, comme nous l'avons dit, abandonnées à la prudence du juge, qui ne doit les admettre que quand elles sont graves, précises, et concordantes. Il faut, de plus, que la demande à l'appui de laquelle on fait valoir ces présomptions, soit de nature à être prouvée par témoins, sauf toutefois le cas de fraude. 1353.

Section IV.

De l'Aveu de la Partie.

L'aveu est judiciaire ou extrajudiciaire. 1354.

L'aveu judiciaire est celui fait en justice (1) par la partie, ou par son fondé de pouvoir spé-

---

(1) C'est-à-dire devant le juge, et par suite d'un interrogatoire.

1356. cial. Quand il est fait par une personne capable d'ester en jugement, il fait pleine foi contre elle ; et il ne peut être révoqué, à moins qu'il ne soit prouvé avoir été la suite d'une erreur de fait ; mais aussi, il faut le prendre dans son intégrité, sans pouvoir le

Ibid. diviser (1).

L'aveu extrajudiciaire est celui qui est fait hors jugement : il fait également preuve, quand il est fait par une personne capable de disposer de la chose dont il s'agit. Mais c'est à celui qui veut en tirer avantage, à prouver qu'il a été fait : et il faut bien prendre garde que si le fait qui en est l'objet, n'est pas de nature à être prouvé par témoin, l'aveu ne pourra pas être prouvé davantage par la même voie. Si donc, dans ce cas, il est présenté comme ayant été purement verbal, l'alléga-
1355. tion en est absolument inutile.

Section V.

Du Serment.

Le serment est un acte par lequel on prend la Divinité à témoin de la vérité du fait qu'on

---

. (1) Ainsi, je suis assigné en paiement d'une dette pour laquelle il n'existe point de titre : j'avoue que la dette a existé ; mais je prétends qu'elle a été soldée : l'on ne pourra pas user de ma déclaration, en tant qu'elle constate la dette, et la rejeter en tant qu'elle constate le paiement. Il en est autrement en matière criminelle.

allègue. On distingue deux espèces de serment, tous deux judiciaires : celui déféré par la partie, et qui se nomme *décisoire*, et celui déféré d'office par le juge, que l'on nomme *supplétoire*.   1357.

§. Ier.

Du Serment décisoire.

Le serment décisoire est, comme nous venons de le dire, celui qu'une partie défère ou réfère à l'autre, pour en faire dépendre la décision de la cause.   *Ibid.*

On dit que le serment *est référé*, quand celui à qui il est déféré, au lieu de le prêter, propose de s'en rapporter au serment de celui même qui le lui défère.

Le serment peut être déféré, 1°. sur toute espèce de contestation, pourvu qu'il s'agisse d'un fait personnel à la partie à laquelle on le défère (1); et 2°. en tout état de cause, et quand même il n'existeroit aucun commencement de preuve de la demande ou de l'exception sur laquelle il est déféré.   1358. 1359. 1360.

L'effet de la délation du serment, est que celui auquel il a été déféré, doit le prêter ou

---

(1) Ainsi, s'il est déféré au débiteur, il faut qu'il affirme qu'il ne doit pas. Mais si c'est son héritier, il suffit qu'il affirme qu'il n'est pas à sa connoissance que la chose soit due.

le référer; sinon, il perd sa cause. Il en est de même de celui auquel il a été référé, et qui le refuse (1).

1361.

Par l'acceptation du serment déféré ou référé, les parties contractent entr'elles l'obligation de s'en tenir à ce que l'une d'elles aura affirmé. De-là il résulte : premièrement, qu'il n'y a que les personnes capables de disposer de l'objet dont il s'agit, qui puissent déférer le serment, et auxquelles on puisse le référer;

Secondement, que celui qui l'a déféré ou référé, ne peut plus se rétracter, lorsque l'autre partie a déclaré qu'elle étoit prête à le faire.

1364.

Troisièmement enfin, que, quand il a été prêté, tout moyen quelconque qui tendroit à en prouver la fausseté, doit être rejeté. En conséquence, il fait preuve complète entre les parties, leurs héritiers ou ayans-cause, mais non à l'égard des tiers, sauf ce qui est dit ci-dessus, chapitre 3, section *des obligations solidaires*; et ci-après au Titre *du Cautionnement*.

1363.

1365.

---

(1) Bien entendu que le serment ne peut être référé quand l'objet n'est pas commun aux deux parties, mais purement personnel à celui à qui on le défère.

§. II.

Du Serment déféré par le juge.

Le serment déféré par le juge peut avoir deux objets : la décision de la cause au fond, ou seulement le montant des condamnations. Ce serment, même dans le premier cas, diffère du serment décisoire, 1°. en ce que le juge ne peut le déférer que sous deux conditions : la première, que la demande ou exception sur laquelle il le défère, ne soit pas pleinement justifiée ; et la seconde, qu'elle ne soit pas totalement dénuée de preuve (1). L'une de ces deux conditions manquant, le juge doit simplement adjuger ou rejeter la demande. 1366. 1367.

Et 2°. que le serment déféré par le juge ne peut être référé (2). 1368.

Quant au serment sur le montant des condamnations, il a lieu quand, après que le demandeur en restitution d'une chose, a prouvé

---

(1) C'est pour cela que ce serment est nommé par les auteurs, *serment supplétoire*, parce qu'il supplée à l'insuffisance des preuves.

(2) Le juge peut déférer le serment à celle des deux parties qu'il juge convenable de désigner, et en raison de la confiance qu'elle lui paroît mériter. Or, il peut arriver qu'il n'ait pas la même confiance dans l'autre partie. D'ailleurs, comme dit Pothier, le mot *référer* indique qu'on ne peut référer qu'à celui qui a déféré.

qu'il étoit bien fondé, il y a cependant impossibilité de restituer en nature, et incertitude sur la valeur de la chose. Dans ce cas, le juge est bien forcé de s'en rapporter à la déclaration du demandeur; mais cependant pour éviter l'abus, autant que possible, il doit déterminer la somme jusqu'à concurrence de laquelle le demandeur en sera cru sur son serment (1).

---

(1) Pour les formalités à suivre relativement à la prestation de serment, voyez le Code de Procédure, art. 120 et 121.

TITRE VI.

De la Prescription.

CHAPITRE PREMIER.

Dispositions générales.

La sixième et dernière manière d'acquérir, est la prescription ; et comme c'est en même temps un moyen d'éteindre les obligations, le Titre qui y est relatif se trouve naturellement placé après le Titre *des obligations.*

La prescription est un moyen d'acquérir ou de se libérer par un certain laps de temps, et sous les conditions déterminées par la loi. 2219.

Un moyen d'acquérir ou de se libérer : il existe néanmoins une différence essentielle entre la prescription et les autres manières d'acquérir ou de se libérer, dont il a été question jusqu'à présent. Cette différence consiste en ce que, par la prescription, la propriété n'est pas acquise, ni l'obligation éteinte de plein droit. De-là il résulte :

1°. Qu'il faut que la prescription soit opposée (1) ou invoquée (2) par celui qui veut en profiter, et en conséquence que les juges ne peuvent en suppléer le moyen d'office ;

2°. Que l'on peut y renoncer ; mais pour que cette renonciation soit valable, il faut qu'elle n'ait lieu qu'après la prescription acquise ; car ce moyen étant fondé sur des motifs d'utilité générale, l'ordre public exige que l'on ne puisse y renoncer d'avance. Une pareille renonciation deviendroit de style dans tous les contrats, et anéantiroit les résultats bienfaisans de la prescription.

La renonciation à la prescription peut être tacite, c'est-à-dire résulter d'un fait qui suppose clairement l'abandon du droit acquis, comme si, postérieurement à la prescription acquise, le débiteur a demandé terme et délai pour le paiement, ou si le possesseur de l'héritage l'a pris à loyer. Il en est de même, si depuis la même époque la dette a été reconnue par le débiteur, ou s'il est intervenu contre lui une condamnation passée en force de chose jugée.

Nous disons *passée en force de chose jugée* : car, jusque-là, la prescription peut être opposée ; elle peut l'être en tout état de cause,

---

(1) *Opposée* par le défendeur.
(2) *Invoquée* par le demandeur.

Tit. VI. *De la Prescription.*

même en Cour d'appel, à moins que, comme nous l'avons dit, les circonstances ne doivent faire évidemment présumer que la partie y a renoncé. 2224.

La renonciation à la prescription pouvant être regardée, au moins pour ce qui concerne le renonçant, comme une aliénation gratuite d'un droit acquis, elle ne peut avoir lieu que de la part de celui qui peut aliéner. Par la 2222. même raison, elle ne préjudicie point aux créanciers du renonçant, qui peuvent toujours l'invoquer ou l'opposer, nonobstant la renonciation de leur débiteur. Il en est de même de toute autre personne ayant intérêt. 2225.

Par un certain laps de temps : la durée de ce temps varie suivant la nature de l'action et celle de l'objet à prescrire, ainsi que nous le verrons par la suite. Dans tous les cas, il se compte par jours, et non par heures, et la prescription n'est acquise que quand le dernier jour du terme est accompli (1). Dans les pres- 2260. criptions qui s'accomplissent dans un certain nombre de jours (2), le jour intercalaire de

---

(1) Ainsi, quoique j'aie acquis, le 10 mars 1806, avant midi, la prescription de dix ans ne sera accomplie que le 10 mars 1816, à minuit; jusqu'à cette heure elle pourra être interrompue.

(2) Ces sortes de prescription ont lieu, sur-tout en matière de procédure.

février est compté. Dans celles qui s'accomplissent par mois, celui de février est compté pour un mois, soit qu'il ait vingt-huit ou vingt-neuf jours.

2261.

Il faut observer en général : 1°. que les prescriptions commencées à l'époque de la promulgation de la présente loi (1) ont dû et doivent être réglées conformément aux lois anciennes. Cependant celles alors commencées, et pour lesquelles, suivant lesdites lois, il falloit encore plus de trente ans (2), seront accomplies par le laps de trente ans, à partir de l'époque de la promulgation de la loi actuelle ;

2281.

Et 2°. que les règles relatives à la fixation du temps nécessaire pour prescrire, s'appliquent également à l'Etat, aux établissemens publics, et aux communes, qui sont soumis aux mêmes prescriptions que les particuliers,

---

(1) La loi de la prescription est du 24 ventose an 12, promulguée le 4 germinal suivant. Nous avons vu cependant une exception à ce principe, au titre *des Servitudes*, chap. 3, sect. 2. Voyez Tome Ier., page 370, note (4).

(2) En vertu de la loi 7, Cod. *De Præscript.* 30 *vel* 40 *annorum*, qui étoit suivie dans plusieurs pays de droit écrit, et notamment dans ceux du ressort du parlement de Paris, l'action hypothécaire ne se prescrivoit que par quarante ans, quand elle étoit jointe à l'action personnelle, c'est-à-dire, tant que l'immeuble hypothéqué à la dette n'étoit pas sorti de la main du débiteur. C'est cette espèce de prescription que le législateur a eu principalement en vue dans l'art. 2281.

et qui peuvent également les invoquer ou les opposer; mais ces principes ne s'appliquent qu'aux choses qui sont dans le commerce, ou qui sont susceptibles de devenir propriété privée (1). Les autres ne pouvant être aliénées, ne peuvent davantage se prescrire.

2227.

2226.

Et sous les conditions déterminées, etc. Comme ces conditions sont différentes, suivant qu'il s'agit de la prescription considérée comme moyen d'acquérir, ou comme moyen de se libérer, nous les exposerons séparément; et nous traiterons en premier lieu des règles particulières à la prescription comme moyen de se libérer, qui a un rapport plus direct avec le titre que nous venons de terminer.

CHAPITRE II.

De la Prescription comme moyen de se libérer.

Le laps de temps est la seule condition nécessaire pour cette prescription; et le principe général à cet égard est que toutes les actions qui ne sont pas déclarées imprescriptibles par la loi, sont prescrites par trente ans; mais cependant comme il est des créances

2262.

---

(1) Voir les art. 538, 539, 540 et 541.

qui, pour des raisons particulières, se prescrivent par un temps beaucoup plus court, nous diviserons ce chapitre en deux sections, dont la première traitera de la prescription trentenaire ; et la seconde, de celles qui s'accomplissent dans un moindre espace de temps.

Section première.

De la Prescription trentenaire.

Après un intervalle de trente ans écoulés sans poursuites, on peut raisonnablement présumer qu'une créance est acquittée ou remise ; c'est là un des motifs de la prescription trentenaire. Mais ce n'est pas sur cette seule présomption qu'elle est fondée ; et ce qui le prouve, c'est que le créancier ne peut, quand elle est accomplie, déférer le serment au débiteur sur le fait du paiement ou de la remise. Cette prescription est en outre, et principalement, regardée comme une peine infligée à la négligence du créancier qui a laissé passer un temps aussi considérable sans demander son paiement. De-là il suit qu'elle est suspendue, toutes les fois que l'exécution de l'obligation n'a pu être poursuivie. On ne peut alors en effet reprocher de négligence au créancier.

L'impossibilité d'intenter la demande peut

provenir, ou de la qualité du créancier, ou de ce que l'action n'est pas encore ouverte.

A raison *de la qualité du créancier,* la prescription est suspendue,

1°. En faveur des mineurs et interdits, même pourvus de tuteurs, sauf les cas déterminés expressément par la loi (1); 2252.

2°. Entre époux, à l'égard des actions qu'ils pourroient avoir à exercer l'un contre l'autre ; 2253.

3°. En faveur de la femme, pendant le mariage, à l'égard des actions et créances qu'elle auroit à exercer contre des tiers, dans tous les cas où ces actions réfléchiroient contre son mari ; par exemple, si ce dernier avoit vendu, avec garantie, le bien propre de sa femme, sans son consentement. Nous verrons, 2256. au Titre *du Contrat de Mariage,* si et dans quels cas peut se prescrire l'immeuble dotal. Dans tous les autres cas, la prescription court en faveur des tiers, contre la femme mariée, même sous le régime de la communauté, et à l'égard des biens dont son mari a l'administration. 2254.

4°. La prescription est également suspendue en faveur de l'héritier bénéficiaire, à l'égard des créances qu'il a contre la succession. Mais elle court contre une succession

---

(1) Comme dans les art. 1676, 2278, etc.

2258. vacante, même non pourvue de curateur : c'est aux parties intéressées à en faire nommer un. Par la même raison, elle court également pendant les délais pour faire inventaire et pour délibérer : l'héritier présumé peut, sans prendre qualité, faire tous les actes conservatoires nécessaires.

2259.

Nous avons ajouté que l'impossibilité d'intenter la demande peut provenir de ce que *l'action n'est pas encore ouverte*. C'est pour cette raison que la prescription ne court pas à l'égard d'une créance à terme ou sous condition, jusqu'à l'événement du terme ou de la condition ; et à l'égard d'une action en garantie, jusqu'à ce que l'éviction ait lieu (1).

2257.

Ces différentes causes de suspension exceptées, la prescription court dans tous les cas, et contre toutes personnes.

2251.

La prescription étant une peine imposée au créancier négligent, doit cesser du moment qu'il a été fait, avant l'expiration du temps fixé, un acte quelconque, tendant à faire acquitter ou renouveler l'obligation. On dit alors que la prescription est interrompue.

---

(1) De même, s'il s'agit d'une action appartenant à une femme mariée en communauté, mais qui ne puisse être exercée qu'après qu'elle aura déclaré si elle accepte la communauté ou si elle y renonce, il est évident que, tant que la communauté existe, cette action ne peut être prescrite. (Art. 2256.)

Tit. VI. *De la Prescription.*

Il y a cette différence entre la suspension de la prescription et son interruption, que, dans le premier cas, le temps antérieur à la suspension, et pendant lequel la prescription a pu courir, se joint à celui écoulé depuis que la suspension a été levée ; au lieu que, s'il y a eu interruption valable, tout le temps antérieur est nul pour la prescription.

L'interruption de la prescription est naturelle ou civile. 2242.

La prescription est interrompue naturellement par la reconnoissance que fait le débiteur du droit de celui contre lequel il prescrivoit. 2248.

Elle est interrompue civilement par l'interpellation judiciaire. Cette interpellation a lieu par une citation en justice, même donnée devant un juge incompétent, par un commandement (1) ou par une saisie; le tout signifié à celui qu'on veut empêcher de prescrire. La citation en conciliation est également regardée comme une interpellation, pourvu qu'elle soit suivie d'une assignation en justice, donnée dans le délai d'un mois, à dater du jour de la non-comparution, ou de la non-conciliation.

2246.
2244.

2245.

Pr. 57.

---

(1) On ne peut faire de commandement que quand le titre de la créance est exécutoire.

Si l'assignation est nulle par défaut de forme,

Si le demandeur se désiste de sa demande,

S'il laisse périmer l'instance (1),

Ou enfin si la demande est rejetée définitivement,

L'interruption est regardée comme non-avenue.

2247. Pour l'effet de l'interpellation, dans le cas d'obligation solidaire, indivisible, ou accessoire, voyez le Titre *des Contrats en général*, et celui *du Cautionnement*.

Lorsque la dette est d'une rente, comme en cas de paiement exact des arrérages, il peut arriver qu'il s'écoule un très-long espace de temps, sans qu'il y ait d'autres preuves de la prestation, que les quittances qui doivent naturellement rester entre les mains du débiteur : on a prévenu l'inconvénient qui en résulteroit (2), en obligeant ce dernier de fournir, à

---

(1) Une instance est périmée quand les poursuites ont été discontinuées pendant trois ans ; lequel délai est augmenté de six mois, quand il y a lieu à demande en reprise d'instance ou constitution de nouvel avoué. (*Procéd.* 397.)

(2) Un débiteur auroit payé exactement les arrérages pendant trente ans ; il n'y auroit donc eu aucune poursuite pendant ce temps-là : or, son héritier pourroit supprimer les quittances, et prétendre que la créance est prescrite. Le créancier n'auroit aucun moyen de prouver le contraire.

Tit. VI. Dë la Prescription.

ses frais, au créancier, un titre nouvel, tous les vingt-huit ans. 2263.

Section II.

Des Prescriptions autres que celle trentenaire.

Nous allons faire connoître les actions auxquelles s'appliquent ces sortes de prescriptions, en rangeant dans la même classe celles qui exigent, pour être prescrites, un même espace de temps, et sans faire mention de celles dont il a déjà été, ou dont il sera particulièrement question dans le Code, et qui sont traités sous les titres qui les concernent.

1°. Se prescrivent par cinq ans,

Les arrérages de rentes perpétuelles et viagères, et des pensions, même alimentaires. Les rentes dues par le gouvernement sont assujetties également à cette prescription (1);

Le prix des baux à loyer et à ferme;

Les intérêts des sommes prêtées;

Et en général, tout ce qui est payable par année, ou à des termes périodiques plus courts (2); 2277.

---

(1) Loi du 24 août 1793, art. 156.

(2) Aux termes du Code de Commerce, se prescrivent également par cinq ans:

1°. Toute action relative aux lettres-de-change et aux billets

Enfin, les juges et avoués sont également déchargés des pièces, cinq ans après le jugement des procès; et ces derniers ne peuvent, même dans les affaires non terminées, demander des frais et salaires qui remonteroient à plus de cinq ans.

2276.

2273.

3°. Se prescrivent par deux ans (1):

L'action des avoués pour le paiement de leurs frais et salaires dans les affaires terminées, ou dans lesquelles ils ont cessé d'occuper. Le délai court du jour du jugement, ou

---

à ordre, souscrits par des négocians, marchands, ou banquiers, ou pour faits de commerce. Les cinq ans courent du jour du protêt, ou de la dernière poursuite judiciaire. La prescription est interrompue, dans ce cas, par la reconnoissance du débiteur faite par acte séparé ; et même après l'accomplissement de la prescription, les débiteurs prétendus sont tenus d'affirmer, sous serment, qu'ils ne sont plus redevables ; et leurs veuves, héritiers ou ayants-cause, qu'ils croyent de bonne foi qu'il n'est plus rien dû. (Art. 189.)

2°. Toute action dérivant d'un contrat à la grosse, ou d'une police d'assurance. Les cinq ans courent de la date du contrat. (Art. 432.)

3°. Toute action contre les associés non liquidateurs de la société, leurs veuves, héritiers, ou ayants-cause. Les cinq ans courent du jour de la dissolution de la société. Mais cette prescription n'a lieu qu'autant que l'acte de société, qui en énonce la durée, ou l'acte de dissolution, ont été affichés et enregistrés, conformément aux art. 42, 43, 44 et 46 dudit Code, et qu'il n'est intervenu depuis aucune poursuite judiciaire. (Art. 64.)

(1) Aux termes du Code de Commerce, se prescrit par trois ans l'obligation de la caution donnée en cas de paiement d'une lettre-de-change égarée. (Art. 151, 152 et 155.)

Tit. VI. *De la Prescription.*

de la conciliation des parties, ou de la révocation de l'avoué ; 2273.

L'action en restitution de pièces contre les huissiers. Le délai court du jour de l'exécution de la commission, ou de la signification des actes dont ils étoient chargés. 2276.

3°. Se prescrivent par un an :

L'action des officiers de santé, quels qu'ils soient, et des apothicaires, pour leurs visites, opérations et médicamens ;

Celle des huissiers, pour le salaire de leurs significations, et des commissions qu'ils exécutent ;

Celle des marchands, pour les marchandises qu'ils vendent aux particuliers non marchands ;

Celle des maîtres de pension, pour les pensions de leurs élèves, et celle des autres maîtres, pour le prix de l'apprentissage ;

Enfin, celle des domestiques qui se louent à l'année, pour le paiement de leurs salaires (1). 2272.

---

(1) Aux termes du Code de Commerce, se prescrivent aussi par un an : toute action contre le commissionnaire et le voiturier, à raison de la perte ou de l'avarie des marchandises expédiées à l'étranger. La prescription a lieu par six mois, pour les expéditions faites dans l'intérieur de la France. Le délai court, pour les cas de perte, du jour où le transport des marchandises auroit dû être effectué ; et pour les cas d'avarie, du jour où la remise des marchandises aura été faite, le tout sans préjudice des cas de fraude ou infidélité. (Art. 108.)

Toute action en paiement pour fret de navires, gages et

4°. Se prescrivent par six mois :

L'action des maîtres et instituteurs des sciences et arts, pour les leçons qu'ils donnent au mois ;

Celle des hôteliers et traiteurs, pour les frais de logement et nourriture ;

2271. Enfin, celle des ouvriers et gens de travail, pour leurs journées, fournitures, et salaires.

Toutes ces prescriptions ont lieu, quoiqu'il y ait eu continuation de fournitures, livraisons, services, ou travaux ; et elles cessent de courir, lorsqu'il y a eu compte arrêté, cédule, obligation (1), ou interpellation judiciaire non 2274. périmée (2).

---

loyers des officiers, matelots, et autres gens de l'équipage, à compter de la fin du voyage ;

Pour nourriture fournie aux matelots par l'ordre du capitaine, à compter de la livraison ;

Pour fourniture de bois et autres choses nécessaires aux construction, équipement, et avictuaillement du navire, à compter de la date des fournitures ;

Pour salaires d'ouvriers et façons d'ouvrages, à compter de la réception des ouvrages ;

Enfin toute demande en délivrance de marchandises, à compter de l'arrivée du navire.

Le tout, à moins qu'il n'y ait cédule, obligation, arrêté de compte, ou interpellation judiciaire. (Art. 433 et 434.)

(1) On entend ici par *cédule*, un acte sous seing-privé ; par *obligation*, un acte devant notaire ; et par un *arrêté de compte*, une reconnoissance de la dette au bas du mémoire des fournitures.

(2) Dans tous ces cas, l'action ne se prescriroit que par trente ans, sauf l'exécution des lois relatives à la prescription en matière de commerce.

En général, et sauf les exceptions que nous indiquerons ci-après, ces prescriptions ont cela de particulier, qu'elles ne sont point établies, comme celle trentenaire, comme une peine de la négligence du créancier, mais uniquement sur la présomption de paiement, résultant de ce qu'on n'attend pas ordinairement aussi long-temps pour se faire payer de ces sortes de dettes. De-là il suit :

Premièrement, que ces prescriptions courent contre toutes personnes, même mineures ou interdites, sauf leur recours contre qui de droit; 2278.

Et secondement, que ceux auxquels elles sont opposées, peuvent déférer le serment à ceux qui les opposent, sur la question de savoir si l'obligation a été réellement acquittée. Le serment peut même être déféré, soit aux veuves, soit aux héritiers du débiteur, ou à leur tuteur s'ils sont mineurs, pour qu'ils aient à déclarer s'ils ont connoissance que la chose soit encore due. 2275.

La disposition relative au serment ne s'applique pas à l'action en restitution de pièces contre les juges, avoués, ou huissiers, ni à la prescription des arrérages de rentes, pensions, loyers, etc., parce que, outre la présomption de paiement ou de remise des pièces, ces prescriptions sont encore établies, comme celle trentenaire, en punition de la négligence du créancier (1).

CHAPITRE III.

De la Prescription comme moyen d'acquérir.

Avant d'entamer ce chapitre, je dois observer que les principes qui y sont contenus ne concernent que les immeubles. En fait de meubles, 2279. la prescription n'est pas nécessaire. La simple possession vaut titre. Cependant, s'il s'agit d'une chose perdue ou volée, elle peut être revendiquée pendant trois ans, à compter du jour de la 2279. perte ou du vol, sans indemnité pour le possesseur, même de bonne foi, à moins qu'il ne justifie l'avoir achetée dans une foire, dans un marché, dans une vente publique, ou d'un marchand vendant des choses pareilles ; auquel cas, il peut exiger du propriétaire le prix qu'elle lui 2280. a coûté, et la retenir jusqu'au remboursement.

Pour ce qui concerne les immeubles, la prescription à l'effet d'acquérir exige, comme celle à l'effet de se libérer, le laps de temps prescrit par la loi; mais elle exige, en outre,

---

(1) Et d'ailleurs, pour ce qui concerne la prescription des arrérages, on a pensé que ce seroit mettre souvent le débiteur dans un très-grand embarras, que de venir lui demander tout-à-la-fois des arrérages accumulés, qu'il eût pu acquitter bien plus facilement chaque année.

la possession de la part de celui qui prescrit. En conséquence, les règles qui concernent particulièrement cette espèce de prescription, sont celles qui déterminent la nature de la possession nécessaire pour l'acquérir.

La possession, en général, est la détention d'une chose, ou l'exercice d'un droit (1); car la possession s'applique également aux choses corporelles et incorporelles. Dans ce dernier cas, cependant, elle est ordinairement nommée *quasi possession*. 2228.

Nous disons *en général*, parce que la possession considérée simplement comme la détention d'une chose, ou l'exercice d'un droit, ne suffit pas pour acquérir la propriété par la prescription; il faut encore qu'elle réunisse plusieurs qualités essentielles. Elle doit être civile ou à titre de propriétaire, paisible, publique, non équivoque, et continuée sans interruption pendant le temps déterminé par la loi. 2229.

A titre de propriétaire : en conséquence, ceux qui possèdent pour autrui, comme le fermier, l'usufruitier, etc., et en général tous ceux qui détiennent la chose précairement (2)

---

(1) Soit que l'on détienne ou que l'on exerce par soi-même, ou par un autre qui détient ou qui exerce en notre nom.

(2) On dit en général qu'une personne possède *précairement*, quand elle ne possède pas à titre de propriétaire.

d'un autre, ne peuvent la prescrire par quelque laps de temps que ce soit (1). Ils possèdent, à la vérité, ou plutôt ils détiennent ; mais c'est une possession purement de fait, qui ne leur profite pas pour la prescription, mais qui profite, au contraire, à ceux au nom desquels ils possèdent, si ceux-ci en ont eux-mêmes besoin pour prescrire.

Quant à leurs successeurs, il faut distinguer : s'ils sont à titre universel, ils ne peuvent davantage prescrire, parce qu'ils représentent leurs auteurs, et qu'ils sont tenus de leurs faits. Il n'en est pas de même de ceux à qui le détenteur précaire, ou ses héritiers, ont transmis la possession de la chose à titre particulier. Ceux-là peuvent prescrire, mais seulement par l'effet de leur propre possession, et sans pouvoir y joindre celle de leur auteur.

Ces mots, *à titre de propriétaire,* signifient aussi *avec l'intention d'être, ou au moins de devenir propriétaire de la chose ;* car sans l'intention il n'y a pas de possession ; *qui nescit, non possidet.* Ainsi, le possesseur d'un fonds où est un trésor qu'il ne connoît pas, ne possède pas pour cela le trésor. Quoiqu'il puisse

---

(1) C'est pour cette raison que le capitaine d'un navire ne peut en acquérir la propriété par la prescription. (*Code de Commerce*, art. 430.)

donc acquérir la propriété du fonds par la prescription, il ne peut acquérir de même celle du trésor, mais seulement par l'occupation, comme nous l'avons vu au Livre second.

Paisible : c'est-à-dire, acquise paisiblement. En conséquence, les actes de violence ne peuvent servir de base à la prescription; mais elle peut commencer lorsque la violence a cessé. 2233.

Publique : c'est-à-dire, qu'il faut que la possession de celui qui veut prescrire, ait pu probablement être connue de celui contre lequel il veut prescrire. C'est pour cela que les servitudes non apparentes ne peuvent s'acquérir par prescription. 691.

Non équivoque : c'est-à-dire, qu'il soit légalement certain que le détenteur a possédé pour lui, et non pour autrui. Nous disons *légalement*, parce qu'il n'eût pas été possible d'astreindre le possesseur à justifier de la nature de sa possession pour tous les instans de sa durée. La loi supplée donc à cette impossibilité par les présomptions suivantes (1):

Premièrement : en toute possession, il faut considérer le principe; en conséquence, quand on a commencé à posséder pour soi, et à titre de propriétaire, on est toujours présumé, jus-

---

(1) Qui sont seulement des présomptions *juris*, puisqu'elles n'excluent pas la preuve contraire.

qu'à preuve contraire, posséder au même titre; et l'on est toujours censé avoir commencé à posséder pour soi, tant qu'il n'est pas prouvé que l'on a commencé à posséder pour autrui. Par la même raison, s'il est une fois prouvé que l'on a commencé à posséder pour autrui, on est toujours présumé, à moins de preuve contraire, posséder au même titre. De-là il résulte: d'abord, que les actes de pure faculté, et ceux de simple tolérance, ne peuvent fonder ni possession ni prescription (1); et en second lieu, qu'on ne peut prescrire contre son titre, c'est-à-dire qu'on ne peut seul se changer à soi-même la cause et le principe de sa possession.

Nous disons qu'*on ne peut seul,* etc., parce que le principe de la possession peut se trouver interverti, soit par une cause venant d'un tiers (2), soit par la contradiction (3) opposée

---

(1) Ainsi j'ai été cent ans sans bâtir sur mon terrain; acte de faculté: on ne pourra argumenter de cela pour m'empêcher d'y bâtir. Je vous ai laissé passer sur mon terrain pendant cent ans; acte de tolérance: vous ne pouvez argumenter de cette possession pour prétendre avoir droit d'y passer toujours.

(2) *Par une cause venant d'un tiers:* J'ai pris un fonds à bail de Paul: Jacques se présente comme ayant acquis de Paul ce même fonds, et me le vend. Si je suis de bonne foi, c'est-à-dire, si j'ai des raisons probables de croire que Jacques est propriétaire, je puis prescrire, à dater du jour de la vente qui m'a été faite par lui.

(3) *Soit par la contradiction:* Il faut qu'il y ait contra-

à l'exercice du droit du propriétaire ; et alors la prescription peut avoir lieu, à compter de l'époque de l'interversion. 2238.

Au surplus, il est clair que la maxime, qu'on ne peut prescrire contre son titre, ne s'applique point à la prescription à l'effet de se libérer (1). 2241.

La seconde présomption légale, en fait de possession, est que celui qui possède actuellement, et qui prouve avoir possédé anciennement, est présumé avoir possédé pendant tout le temps intermédiaire, sauf la preuve contraire. 2234.

Continuée sans interruption : on distingue également ici l'interruption naturelle et civile.

L'interruption naturelle a lieu, 1°. lorsque la chose a été possédée pendant plus d'un an (2), soit par l'ancien propriétaire, soit même 2243. par un tiers ; et 2°. lorsque le droit du propriétaire a été reconnu par le possesseur. 2248.

L'interruption civile est la même que pour

---

diction. Le simple silence du propriétaire ne suffiroit pas : ainsi un fermier, eût-il été trente ans sans payer de fermages, n'a point interverti, si on ne les lui a pas demandés : mais s'il a refusé de les payer, se prétendant propriétaire, il a interverti, et peut dès-lors prescrire, si le véritable propriétaire ne fait aucunes poursuites ultérieures.

(1) Parce qu'en effet, dans cette espèce de prescription, on prescrit toujours contre son titre.

(2) Voyez Code de Procédure, art. 23.

la prescription à l'effet de se libérer. Les principes sont également les mêmes, quant à la suspension.

Pendant le temps déterminé par la loi : ce temps varie suivant le principe de la possession.

2262. Lorsque le possesseur ne peut représenter de juste titre, il ne peut prescrire que par trente ans de possession non interrompue, et alors on ne peut lui opposer l'exception déduite de la mauvaise foi ; mais s'il n'est pas nécessaire, pour cette prescription, que celui qui l'invoque représente un titre, il faut au moins qu'on ne puisse lui en opposer un qui répugne à la prescription. Si, par exemple, ainsi que nous l'avons vu, il est prouvé que sa possession a été précaire dans le principe, et que la cause n'en a pas été intervertie depuis, la possession même trentenaire est absolument inutile. C'est dans ce sens que l'on dit que *melius est non habere titulum, quàm habere vitiosum.*

2267. 2265. Le même intervalle de trente ans est exigé, lorsqu'il y a un titre, mais qu'il est nul par défaut de forme ; ou si, le titre étant valable, il est prouvé (1) que le possesseur a acquis de mauvaise foi.

---

(1) *S'il est prouvé :* Parce que la bonne foi se présume toujours, comme nous l'allons voir.

Mais s'il a acquis de bonne foi, et par juste titre, il peut prescrire par dix ans de possession, si le propriétaire est présent, et par vingt ans, s'il est absent. 2265.

On entend par *juste titre*, celui qui eût transféré la propriété, s'il fût émané du véritable propriétaire, comme la vente, le legs, la donation, etc.

La bonne foi est la juste opinion dans laquelle est le possesseur, qu'il a acquis la propriété de la chose qu'il possède. Il suffit qu'elle ait existé au moment de l'acquisition ; et elle est 2269. toujours présumée, sauf la preuve contraire. 2268.

Le propriétaire est censé *présent*, lorsqu'il habite dans le ressort de la Cour d'appel dans l'arrondissement de laquelle est situé l'immeuble que l'on prescrit. S'il a habité, en 2265. différens temps, dans le ressort et hors du ressort, il faut, pour compléter la prescription de dix ans, ajouter au temps de présence un temps double de celui d'absence, ou, en d'autres termes, compter deux années d'absence pour une de présence (1). 2266.

Il n'est pas nécessaire que la possession ait appartenu à la même personne pendant tout le temps requis par la loi. On peut, en géné-

_____

(1) Si donc le propriétaire a, par exemple, demeuré six ans dans le ressort, et quatre ans hors du ressort, il faudra quatorze ans de possession pour prescrire l'immeuble.

ral, joindre à sa propre possession celle de son auteur, soit qu'on lui ait succédé à titre onéreux ou lucratif, universel ou particulier (1).

2255. En terminant le traité de la prescription, il ne faut pas omettre une observation importante, sous le rapport de la morale ; c'est que tout ce qui a été dit à ce sujet, se rapporte uniquement au for extérieur. Dans le for intérieur, à l'exception de quelques cas qui sont très-rares, le débiteur ne peut jamais opposer la prescription à l'effet de se libérer. Quant à celle à l'effet d'acquérir, il ne peut l'invoquer ou l'opposer, qu'autant qu'il a été de bonne foi pendant tout le temps requis pour la prescription.

---

(1) Ceci a besoin d'explication. En effet, il est constant, en premier lieu, que si le titre de l'auteur étoit vicieux, c'est-à-dire précaire, le successeur à titre universel, même de bonne foi, ne pourra prescrire. Et si l'auteur, sans avoir de titre vicieux, a cependant acquis de mauvaise foi, le successeur universel, même de bonne foi, ne pourra prescrire que par trente ans. En un mot, il n'a point d'autre titre, d'autre possession que ceux de son auteur, et il ne peut prescrire qu'autant et de la même manière que son auteur pouvoit prescrire.

Quant au successeur à titre singulier, comme il a une cause de possession qui lui est propre, il pourra, ou commencer par lui-même la prescription, *à se ipso incipere usucapionem*, ou joindre à sa possession celle de son auteur, suivant qu'il y trouvera plus d'avantage.

FIN DU TOME SECOND.

TABLE
DES LIVRES, TITRES,
CHAPITRES,
SECTIONS ET PARAGRAPHES

CONTENUS DANS CE SECOND VOLUME.

LIVRE TROISIÈME.

Des différentes Manières d'acquérir la Propriété.

Division générale. . . . . Page 1

TITRE PREMIER.

De l'Occupation. 2

TITRE II.

De l'Accession. 6
CHAP. Ier. *Du Droit d'accession sur ce qui est produit par la chose..* . . . . . : . . . Ibid.
CHAP. II. *Du Droit d'accession sur ce qui est uni ou incorporé à la chose.* 8
Sect. Ire. *De l'Accession par union ou incorporation, relativement aux choses mobilières.* 9

§. Ier. *Union de deux choses appartenantes à divers propriétaires.* 9

§. II. *Formation d'une nouvelle espèce avec une matière appartenante à autrui.* . 1 L

§. III. *Formation d'une chose par le mélange de plusieurs matières appartenantes à divers propriétaires.* 13

§. IV. *Dispositions applicables aux trois cas ci-dessus.* 14

Sect. II. *De l'Accession par union ou incorporation, relativement aux choses immobilières.* 15

§. Ier. *Des Constructions, Plantations, etc.* Ibid.

§. II. *De l'Alluvion.* 17

§. III. *Des Iles formées dans les Rivières.* . 19

TITRE III.

Des Successions. 21

Chap. Ier. *De l'Ouverture des Successions.* . 23

Chap. II. *Des divers Ordres de succéder.* . . 25

Sect. Ire. *De la Représentation.* 27

Sect. II. *Des Successions régulières et en particulier de celle en ligne directe descendante.* 30

§. Ier. *Ligne directe ascendante.* . . . 31

§. II. *Ligne collatérale.* 36

Sect. III. *Des Successions irrégulières.* . . 37

§. Ier. *De la Succession des Hospices.* . Ibid.

§. II. *De la Succession des Enfans naturels.* 38

§. III. *De la Succession du Conjoint survivant, et de celle du Domaine.* . . . 43

Chap. III. *Des Qualités requises pour succéder.* 44

Chap. IV. *De l'Acceptation et de la Répudiation des Successions.* 47

Sect. Ire. *De l'Acceptation des Successions.* . 49
§. Ier. *De l'Acceptation pure et simple.* . 50
§. II. *De l'Acceptation sous bénéfice d'inventaire.* 58
Sect. II. *De la Répudiation des Successions.* . 62
Sect. III. *Des Successions vacantes.* . . . 64
CHAP. V. *Des Obligations de l'héritier qui a accepté, tant à l'égard de ses co-héritiers, qu'envers les créanciers de la succession.* 66
Sect. Ire. *Des Obligations respectives des co-héritiers.* . . . . Ibid.
§. Ier. *Des Rapports.* 68
§. II. *Du Partage et de la Manière d'y procéder.* 78
§. III. *De la Garantie respective des Lots.* 90
§. IV. *De la Rescision en matière de Partage.* 92
§. V. *De l'Effet du Partage.* . . . 95
Sect. II. *Des Obligations des héritiers envers les créanciers de la Succession.* . . 98

TITRE IV.

Des Donations entre-vifs et testamentaires. . 106
CHAP. Ier. *Dispositions générales.* 107
Sect. Ire. *Du Mode de disposer.* . . . . Ibid.
Sect. II. *De la Capacité de donner ou de recevoir.* 109
Sect. III. *De la Portion disponible.* . . . 113
§. Ier. *De la Quotité de la Portion disponible.* 114
§. II. *De la Réduction des Donations excédant la quotité disponible.* 118
CHAP. II. *Des Donations entre-vifs, proprement dites.* 125
Sect. Ire. *De l'Acceptation des Donations.* . 128

Sect. II. *Il faut que le donateur se dépouille actuellement.* 132
Sect. III. *Il faut que le donateur se dépouille gratuitement.* 136
Sect. IV. *Il faut que le donateur se dépouille irrévocablement.* 137
§. Ier. *Du Droit de Retour.* 139
§. II. *De l'Inexécution des Conditions.* . 140
§. III. *De l'Ingratitude du Donataire.* . . 141
§. IV. *De la Survenance d'Enfans.* . . . 143
Chap. III. *Des Dispositions testamentaires.* . 147
Sect. Ire. *Des Règles générales sur la forme des Testamens.* 148
§. Ier. *Des Formalités ordinaires des Testamens autres que l'Olographe.* . . . 150
Du Testament par acte public. . Ibid.
Du Testament mystique. . . . 151
§. II. *Des Formalités des Testamens dans les cas d'exception.* 154
Sect. II. *Des Différentes dispositions qui peuvent avoir lieu par testament, et de leurs Effets.* 160
§. Ier. *Des Legs en général.* 161
§. II. *Du Legs universel.* 166
§. III. *Du Legs à titre universel.* . . . 168
§. IV. *Du Legs particulier.* 171
§. V. *De l'Exécution testamentaire.* . . 175
Sect. III. *De la Révocation des dispositions testamentaires.* 178
Sect. IV. *Des Formalités prescrites pour constater l'existence, et assurer la conservation des Testamens.* 179
Chap. IV. *Des Dispositions à charge de restituer, ou Substitutions fidéicommissaires.* 181

Sect. Ire. *Des Conditions nécessaires pour la validité des Substitutions.* . . . 184
Sect. II. *Des Obligations du Grevé, et du Droit des Appelés.* 185
§. Ier. *Des Formalités prescrites dans l'intérêt des Appelés.* 187
§. II. *Des Formalités prescrites dans l'intérêt des Tiers.* 191
CHAP. V. *Des Donations faites aux époux par contrat de mariage.* 193
CHAP. VI. *Des Donations entre époux.* . . . 197
Sect. Ire. *Des Donations entre époux par contrat de Mariage.* 200
Sect. II. *Des Donations entre époux pendant le Mariage.* 201

TITRE V.

Des Contrats, ou des Obligations conventionnelles en général. 203
CHAP. Ier. *Du Contrat et de ses diverses espèces.* 208
CHAP. II. *Des Conditions nécessaires pour la validité des obligat. conventionnelles.* 214
Sect. Ire. *De la Capacité des Parties contractantes.* 215
Sect. II. *Des différentes Causes qui peuvent vicier le consentement.* . . . . . Ibid.
§. Ier. *De l'Erreur.* 216
§. II. *De la Violence.* 218
§. III. *Du Dol.* 219
§. IV. *De la Lésion.* 220
Sect. III. *De l'Objet des Contrats.* . . . 221
Sect. IV. *De la Cause des Contrats.* . . . 226
CHAP. III. *Des diverses Modifications de l'Obligation conventionnelle.* . . . 227

Sect. Ire. *De l'Obligation conditionnelle.* . Ibid.
  §. Ier. *Des Conditions en général, et de leur Accomplissement.* 227
  §. II. *Des différentes Manières dont une Obligation peut être contractée sous condition.* 231
Sect. II. *De l'Obligation à terme.* 235
Sect. III. *De l'Obligation alternative.* . . 238
Sect. IV. *De l'Obligation facultative.* . . 241
Sect. V. *De l'Obligation indéterminée.* . 242
Sect. VI. *De l'Obligation solidaire.* . . . 244
  §. Ier. *De la Solidarité entre créanciers.* . 246
  §. II. *De la Solidarité entre débiteurs.* . 247
Sect. VII. *Des Obligations divisibles et indivisibles.* 254
  §. Ier. *Des Effets de l'Obligation divisible.* 257
  §. II. *Des Effets de l'Obligat. indivisible.* 260
Sect. VIII. *Des Obligations avec clause pénale.* 263
  §. Ier. *Quand y a t-il lieu à l'application de la clause pénale ?* 264
  §. II. *Comment la Clause pénale doit-elle être appliquée ?* 265
Chap. IV. *De l'Effet des Obligations conventionnelles.* 267
Sect. Ire. *Des Effets de l'Obligat. de donner.* 269
Sect. II. *Des Effets de l'Obligation de faire ou de ne pas faire.* 272
Sect. III. *De l'Interprétation des conventions.* 273
Sect. IV. *Des Dommages-Intérêts résultans de l'inexécution, ou du retard dans l'exécution des Conventions.* . . . 277
Chap. V. *De l'Extinction des Obligations.* . 281
Sect. Ire. *Du Paiement.* 282
  §. Ier. *Par qui le Paiement doit-il être fait ?* 283

§. II. *A qui le Paiement doit-il être fait ?* 284
§. III. *Quand le Paiement doit-il être fait ?* 290
§. IV. *Où le Paiement doit-il être fait ?* . 291
§. V. *Comment le Paiement doit-il être fait ?* 292
§. VI. *De l'Imputation des Paiemens*. . . 294
§. VII. *De l'Effet du Paiement, et de la Subrogation.* 295
Sect. II. *De la Novation.* 299
Sect. III. *De la Remise de la Dette.* . . . 303
Sect. IV. *De la Compensation.* 306
Sect. V. *De la Confusion.* 311
Sect. VI. *De la Perte de la Chose due.* . . 313
Sect. VII. *De l'Action en nullité ou en rescision des Conventions.* 314
§. Ier. *Des diverses Causes de Nullité.* . 317
§. II. *Du délai pour intenter l'Action en nullité ou en rescision.* 321
§. III. *De la Ratification des Actes sujets à la nullité ou à la rescision.* . . . 322
Chap. VI. *De la Preuve de l'existence et de l'extinction des Obligations.* . . . 323
Sect. Ire. *De la Preuve par écrit.* 324
§. Ier. *Du Titre authentique.* . . . . . Ibid.
§. II. *Des Actes sous seing-privé.* . . . 327
§. III. *Des Écrits non signés* 331
§. IV. *Des Titres originaux et des Copies.* 334
§. V. *Des Titres primordiaux et recognitifs.* 337
Sect. II. *De la Preuve testimoniale.* . . . 339
Sect. III. *Des Présomptions.* 342
§. Ier. *Des Présomptions légales.* . . . 343
§. II. *Des Présomptions qui ne sont pas établies par la loi.* 345
Sect. IV. *De l'Aveu de la Partie.* . . . . Ibid.

Sect. V. *Du Serment.* 346
    §. Ier. *Du Serment décisoire.* 347
    §. II. *Du Serment déféré par le juge.* . . 349

TITRE VI.

De la Prescription. 351
Chap. Ier. *Dispositions générales.* . . . . . Ibid.
Chap. II. *De la Prescription comme moyen de se libérer.* 355
    Sect. Ire. *De la Prescription trentenaire.* . . 356
    Sect. II. *Des Prescriptions autres que celle trentenaire.* 361
Chap. III. *De la Prescription comme moyen d'acquérir.* 366

Fin de la Table.

DE L'IMPRIMERIE DE P. GUEFFIER.

www.ingramcontent.com/pod-product-compliance
Lightning Source LLC
Chambersburg PA
CBHW060606170426
43201CB00009B/918